ALTERNATIV HEILEN

Dieses Buch wurde auf chlor- und säurefreiem Papier gedruckt.

Deutsche Erstausgabe April 1994

Titel der Originalausgabe: »Reflexology«

Originalverlag: Hodder & Stoughton Ltd, Dunton Green, Großbritannien
Umschlaggestaltung: Susannah zu Knyphausen, München
Satz: Ventura Publisher im Verlag
Druck und Bindung: Ebner Ulm
Printed in Germany
ISBN 3-426-76052-5

5 4

Chris Stormer

Reflexzonenmassage

Aus dem Englischen
von Clemens Wilhelm

Knaur

Danksagungen

Mein tiefer Dank gilt meinen Eltern Dick und Daphne Corner für ihre Hilfe bei der Bearbeitung des Manuskripts, der Photographin Sue Risi, der Graphikerin Rhys Claause für ihre Kreativität und Catherine Jamieson – für ihre Füße. Ich danke meiner Familie, meinen Freunden, meinen Schülern, Therapeuten, Lehrern, Kollegen und meiner wunderbaren Hilfe Angelina für ihre großartige Unterstützung und Geduld. Ohne diese Menschen hätte ich niemals die Zeit oder die Kraft gefunden, das Manuskript fertigzustellen.

Inhalt

Für meine wunderbaren Söhne Andrew und David

Einleitung

Skeptiker, und ich selbst zählte einmal zu ihnen, könnten vielleicht recht haben – wenn sich die Wirksamkeit der Reflexzonentherapie nicht immer wieder erweisen würde. Daß man die Füße massiert, um zu heilen und um die Ursache von Krankheiten festzustellen, ist freilich nicht ohne weiteres zu verstehen. Immer mehr Ärzte erkennen aber heute, welche Vorteile die Integration komplementärer Heilweisen, zu denen eben auch die Reflexzonentherapie gehört, in der modernen ärztlichen Praxis für den Patienten hat.

Mit meiner Partnerin Wendy Hunter habe ich in einem Gesundheitszentrum umfassende Forschungen über die Reflexzonentherapie durchgeführt. Später habe ich als Rektor einer Reflexzonenakademie aus den Diplomarbeiten von Studenten und Lehrern viele wertvolle Erkenntnisse gewonnen. Dieses Wissen ist zusammen mit meinen Erfahrungen aus meiner früheren medizinischen Praxis in dieses Buch eingegangen.

Die Reflexzonenarbeit ist im Prinzip eine auf natürlichem Wege stimulierende Therapieform. Weil sie so einfach ist, lockt sie Menschen in Scharen an, die sich ebenfalls als Therapeut(in) versuchen wollen, und jedermann glaubt, sie anwenden zu können. Dies gefährdet aber den Fortschritt der Reflexzonenarbeit und kann nicht im Interesse der breiten Öffentlichkeit sein.

Dieses Buch will etwas zur Besserung dieser Situation beitragen, indem in Einzelschritte gegliederte Anleitungen für die Praxis der Reflexzonentherapie gegeben werden, wie sie seit Jahrhunderten verstanden und praktiziert wurde.

Während es hinsichtlich des Prinzips der Reflexzonentherapie keine Neuerungen gegeben hat – unsere Vorfahren praktizierten sie einfach dadurch, daß sie barfuß gingen –, wurden die Verfahren den modernen

Bedürfnissen angepaßt. Ein wichtiges und konkretes Beispiel ist die Fußkarte (siehe die Abbildungen in Kapitel 14 dieses Buchs), die Wendy und ich entwickelten, um den Zusammenhang zwischen Fußbereichen und den verschiedenen Körperbereichen auf anschauliche Weise darzustellen.

Die meisten Menschen treten mit dem Potential zu guter Gesundheit ins Leben, und viele Krankheiten werden erst durch Mißbrauch des Körpers und falschen Gebrauch des Geistes erzeugt. Das hieraus entstehende Ungleichgewicht führt zur Ansammlung von Giftstoffen, die den für das Wohlbefinden unerläßlichen freien Energiestrom behindern. Reflexzonentherapie entspannt den Körper, bewirkt einen ungehinderten Strom der Lebenskräfte und stellt das Gleichgewicht wieder her, wodurch die Selbstheilungskräfte des Körpers wieder zum Zuge kommen können. Die Erneuerung der Energievorräte des Körpers durch eine Stunde Entspannung und Massage aller Fußreflexe verleiht neue körperliche und emotionelle Kraft, damit man den täglichen Anforderungen des modernen Lebens wieder gewachsen ist.

Im Rahmen dieses Handbuchs ist es nicht möglich, alle Aspekte der Reflexzonentherapie zu behandeln, doch wird es jeden mit Ausnahme der Jüngsten befähigen, mehr Eigenverantwortung für seine Gesundheit zu übernehmen.

Die Darstellung der Massageverfahren ist nach den Körpersystemen geordnet. Der Zusammenhang der Körperteile mit den Fußreflexen ist in Wort und Bild erläutert. Eine Beschreibung der einzelnen Organe und ihrer Beeinflussung durch Streßfaktoren soll es dem Leser erleichtern, die dynamischen Wirkungen der Reflexzonenmassage zu verstehen. Wichtig ist die Erkenntnis, daß sämtliche Bereiche und Teile des Körpers, physische, seelische und geistige, in einem großen Gesamtzusammenhang und in wechselseitiger Abhängigkeit stehen.

Die Reflexzonentherapie wirkt Streß entgegen. Damit sie jedoch ihre volle Wirksamkeit entfalten kann, muß die Massage in geeigneter Weise durchgeführt werden. Außerdem müssen psychosomatische

Symptome beachtet werden, damit die Massage optimal wirken kann. Alle diese Aspekte werden in den einzelnen Anleitungsschritten besprochen.

Dieses Handbuch ist als praktische Anleitung gedacht. Leser, die sich zum Therapeuten berufen fühlen, bitten wir im Interesse der breiten Öffentlichkeit dringend, sich in einem anerkannten Institut um eine entsprechende Qualifikation zu bemühen.

1 Streß

»Sei dankbar für das Gestern,
und lasse das Morgen in den
Händen des Heute.«

Streß ist ein essentielles Element des menschlichen Daseins. Allerdings liegt die Toleranzschwelle bei den einzelnen Menschen unterschiedlich hoch. Selbstvertrauen auf gesunder Basis macht Streß erträglicher. Weil uns Streß einen intensiven Ansporn verleiht, ist er sogar für Höchstleistungen unerläßlich. Das Problem ist nicht der Streß, sondern die Unfähigkeit, ihn zu ertragen.
Falsche Abwehrstrategien gegen Streß in Form eines Mißbrauchs des Körpers sind die Ursache vieler Erkrankungen. Die Wiederherstellung eines harmonischen Energieflusses im Körper ist ein therapeutischer Hauptzweck der Reflexzonenarbeit. Die Entspannungswirkung ist ebenso wichtig wie die körperliche Wohltat der Fußmassage. Körper, Seele und Geist werden wieder ins Gleichgewicht gebracht. Man braucht dann keine Angst mehr vor Streß zu haben. Und schließlich sollten wir uns nicht den Luxus des Selbstmitleids leisten: Wenn wir es jetzt nicht schaffen, glücklich zu sein, dann bleibt dieses Ziel in eine ewig ferne Zukunft verbannt. Die Reflexzonentherapie gibt Ihnen die Kraft, die Herausforderungen des Lebens zu bestehen. Diese Kraft sollte Sie in Verbindung mit dem Wunsch, selbst etwas für die eigene Gesundheit zu tun, zur Aufbietung einer gewissen Selbstdisziplin ermuntern, damit Sie wieder zu einer gesunden Lebensweise finden, die es Ihnen erlaubt, Streß willkommen zu heißen, weil Sie wissen, daß Sie damit zurechtkommen können. Regelmaß ohne Starre und Gleichgewicht ohne Fanatismus sind die Schlussel zur Gesundheit. Regelmaß in Ihren Eß- und Schlafgewohnheiten, bei Ihrer Arbeit und Freizeit, vernünftige Ernährung und Vermeidung von Extremen im Denken, Reden und Handeln sind die Säulen eines gesunden Körpers. So ist es nur noch ein kleiner Schritt zu einem erfüllten und glücklichen Leben. Wer sich einredet, er befände sich in den Klauen des Stresses und werde von allen Seiten vom Bösen bedroht, wird anfälliger für Krankheiten, Verletzungen und Dysfunktionen. Es besteht ein erhöhtes Risiko für Herzerkrankungen, Schlaganfälle, Magengeschwüre und andere schwere Erkrankungen.

Beim Atemvorgang wird Sauerstoff aufgenommen und Kohlensäure abgegeben. Die feste und flüssige Nahrung wird verdaut, und Stuhl und Harn werden ausgeschieden. Streß dagegen wird fortwährend aufgenommen, ohne daß es ein körperliches Auslaßventil gäbe. Die dadurch entstehende Ansammlung von Giftstoffen in den Energieströmen des Körpers beeinträchtigt die normalen Körperfunktionen. Diese Hemmung der natürlichen Zyklen erzeugt in uns Negativität, Müdigkeit, Anspannung und körperliche Krankheiten. Niedergeschlagenheit und düstere Gedanken an vergangene Ereignisse schwächen das Immunsystem. Die Bildung von Killerzellen, die Infektionen bekämpfen, nimmt ab, so daß Beschwerden und Krankheiten die Tür geöffnet wird und der Zyklus der Selbstzerstörung seinen Lauf nehmen kann.

Streßsymptome beeinträchtigen die Leistungsfähigkeit und Produktivität, lassen die Qualität der Arbeit sinken und vermehren die persönliche Frustration. Die Reflexzonentherapie durchbricht diesen Teufelskreis, indem sie jeden Aspekt des Körpers entspannt, die natürlichen inneren Heilkräfte mobilisiert und die Ursache des schädlichen Stresses (Distreß) angeht. Rückfälle können vermieden werden, indem man seine Lebenseinstellung und/oder seinen Lebensstil in entsprechender Weise ändert.

Streßsymptome treten bevorzugt im Zusammenhang mit Veränderungen im engeren oder weiteren persönlichen Umfeld auf; meist sträubt man sich dagegen, Bekanntes gegen Unbekanntes einzutauschen. Unter solchen Umständen kann es innerhalb der Familie zu Streitigkeiten kommen, die die Familienmitglieder in das weitere Umfeld hinaustragen. Der hemmungslose Materialismus vieler Gesellschaften treibt die Menschen oft zu falschen Zielen, weil sie sich dem Irrglauben hingeben, daß reich gleichbedeutend mit glücklich ist. Dabei wird die persönliche Integrität ausgehöhlt und geht der Sinn für das rechte Maß verloren. Die Folgen sind völlige Erschöpfung und Desillusionierung. Wenn die Reflexzonentherapie dauerhafte Wirkung haben soll, muß man den Willen aufbringen, »höheren Werten« nachzustreben.

Streß kann natürlich auch durch Ereignisse ausgelöst werden, über die man keine unmittelbare Kontrolle hat. In diese Kategorie fallen Ängste und Befürchtungen aufgrund aktueller Ereignisse oder im allgemeinen Zusammenhang mit der Zukunft. *Dieser* Streß ist eine konkrete, aber selbstverursachte Wunde, die Fußmassage alleine nicht heilen kann. Man muß selbst die Kraft zu einer positiven Haltung aufbringen.

Was auch immer die Ursachen sind – Streß hemmt den Strom der Lebenskräfte im Körper und zehrt seine inneren Ressourcen auf. Der hieraus entstehende innere Druck schneidet die Organe und Zellen des Körpers von wichtigen Lebensenergien ab. Entspannung, wie sie die Reflexzonentherapie bewirkt, regt die träge Durchblutung an und stellt den Gleichgewichtszustand wieder her.

Mit anderen Worten: Indem die Reflexzonenarbeit den Körper von physischen Beschwerden entlastet, macht sie den Weg frei und verleiht die Kraft, zu neuen Ufern aufzubrechen. Die positiven Wirkungen der Wiedergewinnung und Aufrechterhaltung der Kontrolle über den eigenen Geist und die eigenen Emotionen sind unermeßlich.

Man hat heute wieder ein verstärktes Bewußtsein für das Überbewußte, einstmals als der Geist bezeichnet, der rein ist und in Frieden mit der Schöpfung. Es steht für das Göttliche und wird als der Gott im Innern personalisiert. Das Unterbewußte ist die Seele, die Überzeugungen und Prinzipien speichert, die im Laufe des Lebens erzeugt und konditioniert werden. Erfahrungen, Eindrücke, Frustrationen, Zorn und Schuldgefühle werden auf dieser Ebene gespeichert und tönen und verzerren die Art, wie das Bewußte das Überbewußte wahrnimmt. Die Seele repräsentiert den ganzen, den heilen, den Heiligen Geist.

Wenn man sich das Überbewußte als die Sonne und das Unterbewußte als eine Sonnenbrille vorstellt, dann nimmt das Auge des Geistes das Sonnenlicht weniger hell wahr, als es in Wirklichkeit ist, und der Körper reagiert in entsprechender Weise darauf. Eine solche Filterung wirkt verzerrend und läßt mentale Konflikte entstehen, die klare

Entscheidungen erschweren. Der Kampf im Inneren findet zwischen der Seele und dem Geist statt. Die Praxis der Reflexzonenarbeit bringt es mit sich, daß man sich der Unterscheidung zwischen dem Ich der Seele und der Reinheit des Geistes bewußt sein muß.

Die lebenslange Konditionierung von Geist und Seele durch Eltern, Lehrer, Geistliche, Altersgenossen usw. formt die Persönlichkeit. Normalerweise hat jeder die Gabe der freien Entscheidung: Wie schwierig es auch sein mag – es ist wichtig, sich vom Ich und seinen altvertrauten Überzeugungen zu lösen, um die innere Unrast zu stillen und Widerstreit in Gedanken, Worten und Taten zu befrieden.

Die Reflexzonentherapie ist ein positiver Schritt zur Befreiung des Geistes von seinen Fesseln. Man wird man selbst, und man stellt fest, daß Raum für Liebe ist, die Krankheit ausschließt. Liebe, die schöpferische Lebenskraft, beseitigt den Konflikt, der durch Furcht, Sorgen, Zorn, Habgier, Selbstsucht, Unzufriedenheit und andere Grundursachen von Streß entsteht: »Die Furcht klopfte an die Tür, das Vertrauen öffnete, und niemand war da« (altes chinesisches Sprichwort).

Kummer ist fehlende Freude,
Dunkelheit fehlendes Licht,
Täuschung fehlende Wahrheit,
Unwissenheit fehlendes Wissen,
Furcht fehlende Liebe und Sicherheit.

2 Die Rolle der Reflexzonentherapie

»Der Körper ist eines unserer kostbarsten Besitztümer.«

Die menschliche Gestalt

Der Körper verlangt außer Liebe, Nahrung, Wärme und Schutz wenig Aufmerksamkeit, und doch vernehmen viele die Schwingungen seiner natürlichen Bedürfnisse nicht mehr. Durch Vernachlässigung kann er ineffizient werden und zusammenbrechen. Er versucht selbsttätig, sich wiederaufzurichten, und er verlangt nur dann Aufmerksamkeit, wenn er Unterstützung braucht. Wenn dies geschieht, vertrauen viele ihren Körper und ihr Leben anderen an. Dann verlassen sie sich darauf, daß andere Menschen sich um ihre Gesundheit, ihr Glück, ihr Wohlbefinden und ihre Sicherheit kümmern, statt die Antwort in sich selbst zu suchen.

Ein lebendiger, harmonischer und fortwährender Austausch zwischen allen Zellen eines entspannten Körpers ist eine der Grundvoraussetzungen für gute Gesundheit. Der Körper bemüht sich von sich aus ständig um die Erhaltung seiner Gesundheit, und Krankheit ist das Zeichen dafür, daß er Schlimmeres verhüten will. Statt die Krankheit zu bekämpfen und zu unterdrücken, sollte man mit ihr arbeiten und herauszufinden versuchen, warum sie aufgetreten ist.

Krankheiten und Mißbefindlichkeiten sind letztlich die Folge anhaltender Belastungen und Spannungen, die zu einer Erschöpfung der Lebenskräfte führen. So wie Pflanzen bei Mangel an Sonnenlicht, Wasser oder Nährstoffen dahinwelken, verkümmern, sich verfärben oder krankheitsanfällig werden, so leidet auch der Körper. Es kommt zum Auftreten von verformten und kranken Zellen wie z. B. bei Krebs. Physische Anspannung, die durch emotionellen Streß ausgelöst wird, wirkt sich auf die spezialisierten Gewebe unterschiedlich aus.

Nervengewebe

Dieses Gewebe wird bei Streß sehr reizbar, erregt, überempfindlich und angespannt, so daß es auf relativ schwache Reize übermäßig reagiert.

Eine Irritierung in einem Teil des Körpers hat weitreichende Wirkungen, weil Nervenzellen und -fasern überall vorhanden sind.

Muskelgewebe

Bei der Vorbereitung zur Abwehr bedrohlicher Situationen wird das Muskelgewebe in einen Alarmzustand versetzt und strafft sich dadurch. Es entspannt sich nicht mehr und geht beim geringsten Anlaß in einen Krampf über. Die ohnehin straffen Bänder und Sehnen werden sehr stark belastet, weshalb sie verletzungsanfällig werden. Blutgefäße werden zusammengedrückt und in einigen Fällen völlig abgeschnürt. Ihre verringerte Aufnahmefähigkeit schränkt die Durchblutung ein, so daß die Zellen nicht mehr mit lebenswichtigen Nährstoffen versorgt werden und sich giftige Abbauprodukte ansammeln können.

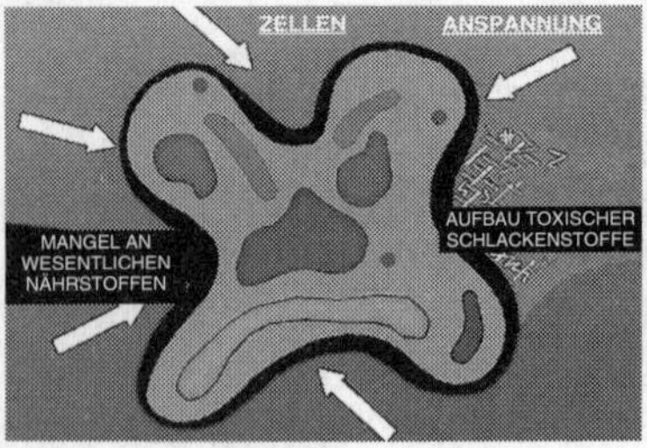

Unterversorgte Zelle

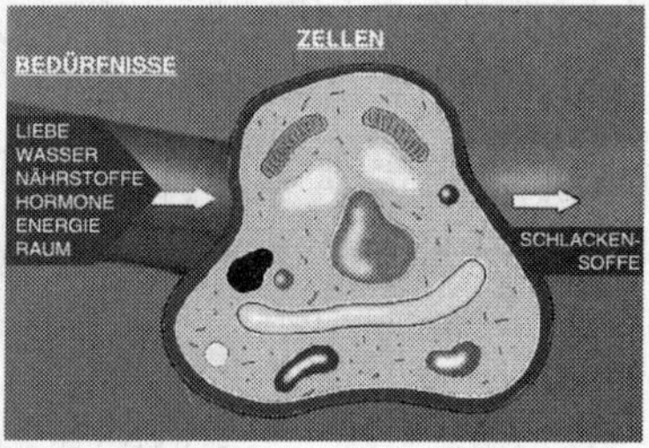

Gesunde Zelle

Schleimhaut

Der Körper erhöht die Schleimabsonderung, um reizende Fremdkörper auszuschwemmen, die seine empfindlichen Auskleidungen irritieren. Diese heftige Reaktion ist mit Schwellungen und Rötung verbunden. Je nach seinem Aufbau reagiert ein Organ unterschiedlich auf Belastungen. So besteht z. B. der Magen aus allen dreien der vorgenannten Gewebe, weshalb er sowohl mit Reizung wie mit Anspannung und einer gesteigerten Absonderung von Magensekret reagiert.

Aus diesem Grund schafft man lediglich eine vorübergehende Erleichterung, wenn man nur den Problembereich behandelt, weil man sich allein mit dem Symptom, nicht mit der Ursache auseinandersetzt.

Die Reflexzonentherapie erkennt die wunderbare Regenerationsfähigkeit des Körpers an und unterstützt ihn bei seinen »Instandsetzungen«, durch die er verbrauchte Zellen durch neues Material aus dem Blut fortlaufend ersetzt. Der Körper tauscht alljährlich 98 Prozent seiner Atome und innerhalb weniger Monate seine DNA aus. Die roten Blutzellen werden alle 120 Tage ersetzt, das Skelett im Laufe einiger Monate, die Leberzellen im Laufe einiger Wochen, die Magenschleimhaut nach einigen Tagen und die Hautzellen nach einigen Monaten, was bedeutet, daß auch schwersterkrankte und beschädigte Organe sich wiederherstellen können, sofern gesunde Umgebungsbedingungen herrschen.

Die Reflexzonentherapie beschleunigt die Ausscheidung von Abbauprodukten, die andernfalls den Körper vergiften und einen Nährboden für Krankheiten schaffen würden. Keime können unter hygienischen, gesunden Bedingungen nicht gedeihen.

Der Nutzen der Reflexzonentherapie

Die Reflexzonentherapie ist praktisch für jeden ein Genuß und ein Gewinn. Wenn die innere Kommunikation und Abstimmung im Körper wiederhergestellt ist, fällt es einem instinktiv schwerer, den Körper zu mißbrauchen.

Entspannung ist eine wesentliche Voraussetzung für Gesundheit. Die Reflexzonenmassage kann den sogenannten Alpha-Zustand der Entspannung herbeiführen, der den Geist von Störfeldern befreit und für Gelassenheit öffnet. Der Alpha-Zustand ist die Bewußtseinsebene zwischen Wachen und Schlafen. Es ist die Ebene äußerster Gelassenheit, auf der eine effektive Heilung stattfinden kann.

Die anfänglichen Reaktionen auf die Reflexzonenmassage sind unterschiedlich. Letztlich sollte sich jedoch ein Schub lebenspendender Vitalität und von Wohlbefinden einstellen, das auch den Geist und das Unterbewußte erfaßt. Jedermann möchte eine schnelle Wiederherstellung, doch kann man vernünftigerweise nicht erwarten, daß eine einmalige Massage Probleme behebt, die sich im Laufe vieler Jahre entwickelt haben. Die individuelle Reaktion hängt aber nicht von der Schwere der Erkrankung ab, sondern vom Vertrauen in die Selbstheilungskräfte des Körpers. Alle Reaktionen sind als positiv zu betrachten, weil sie ein Hinweis darauf sind, daß der Körper aktiv versucht, sich von unerwünschten Giftstoffen zu befreien, weshalb sogenannte »Nebenwirkungen« in der Regel nur von kurzer Dauer sind. Es *können* die folgenden Beschwerden auftreten:

- leichte Hautausschläge,
- vermehrte Transpiration,
- Verlust von Körperwärme,
- leichte Erkältung,
- starker Nasenschleim,
- vermehrte Absonderungen in Rachen und Bronchien,
- Sekretionen im hinteren Nasenraum,

- Heiserkeit,
- Husten,
- vermehrte Schleimbildung,
- Niesen,
- tränende Augen,
- Übelkeit,
- Erbrechen (vor allem während einer Medikation),
- Blähungen,
- vermehrte Stuhlmenge, vermehrter Stuhldrang,
- Diarrhöe,
- saurer, reizender Scheidenausfluß,
- gesteigerte Harnausscheidung,
- veränderte Farbe und veränderter Geruch des Urins,
- extremer Durst (ein Hinweis darauf, daß der Körper Giftstoffe ausschwemmen will),
- Stimmungsschwankungen,
- verändertes Schlafverhalten, das schließlich zu einem tiefen, erfrischenden Schlaf führt,
- auffällige Träume,,
- gesteigertes Bedürfnis für die Füße und anschließend für die Bedürfnisse des Körpers.

Die Reflexzonenmassage behebt Stauungen, unterstützt den Kreislauf, entspannt die Muskeln, beruhigt Überaktivität in allen Körperteilen und stimuliert bei zu geringer Aktivität. Sie verbessert die Zusammenarbeit und Koordination zwischen den Körpersystemen.

3 Massagetechnik

»Je leichter die Berührung,
desto größer die Wirkung.«

Die Massage

Die Reflexzonenmassage kann für den Gebenden ebenso erfrischend und wohltuend sein wie für den Empfangenden! Im Gegensatz zur verbreiteten Meinung ist hierfür keine besondere Körperkraft notwendig. Als »Gebender« tut man nichts weiter, als die Heilungskräfte im Körper des Empfängers zu aktivieren. Etwas anderes zu wollen hieße, sich eine zu große Verantwortung aufzubürden. Die Massage darf nicht schmerzhaft sein. Wenn man einem völlig »gestreßten« Körper weitere Belastungen zumutet, behindert man den freien Fluß der Energien.

Die Rolle der Hände und Füße

Durch den Kontakt zwischen den Händen des Gebenden und den Füßen des Empfangenden entsteht eine wechselseitige Kommunikation. Zunächst haben die Hände die aktive und die Füße die passive Rolle; diese Rollenverteilung kehrt sich jedoch fortwährend um, weil die Füße Meldungen über die Innenwelt ihres Besitzers zurücksenden, die die Hände empfangen und auf die sie entsprechend reagieren. Durch diesen Prozeß entsteht eine sehr wichtige Rückkopplung.

Die Gesellschaft hat wegen der sexuellen Assoziationen einen großen Teil des natürlichen Ausdrucks durch Berührung unterdrückt. Berührung ist aber für eine optimale Gesundheit, für die körperliche und emotionelle Entwicklung des jungen Menschen, für die emotionelle Entlastung und für das Gefühl der Sicherheit und Liebe unverzichtbar.

Die Haltung des Gebenden

Nehmen Sie den Empfangenden so, wie er ist; vermeiden Sie Kritik, Beurteilungen oder Ratschläge. Wenn der Empfangende vor oder nach der Massage sprechen möchte, sollte man ihm die Möglichkeit hierzu geben. Helfen Sie ihm, indem Sie immer wieder Fragen stellen wie: »Wie empfinden Sie dies?« und »Was ist Ihrer Meinung nach die Lösung?«, weil er praktisch immer die Antwort weiß, die ihm nur nicht bewußt ist. Durch das Sprechen werden seine Gedanken und Empfindungen in einen Zusammenhang gestellt, und dies gibt ihm Erleichterung.

Wichtige Aspekte

- Die rechte Körperhälfte hat ihre Entspannung am rechten Fuß, die linke am linken Fuß.
- Arbeiten Sie stets vom empfangenden und empfänglichen linken Fuß zum gebenden und der Außenwelt zugewandten rechten Fuß.
- Die Wirkung ist harmonischer, wenn paarige Organe und Drüsen beidseitig massiert werden. Weil sich der Körper bei der Entspannung streckt, kann ein unangenehmes, wenn auch vorübergehendes Gefühl der Einseitigkeit entstehen, wenn eine Seite entspannter ist als die andere.
- Die schöpferische rechte Seite ist positiv, feurig und steht für das Männliche, während die logische, analytische linke Seite negativ und kühler ist und für das Weibliche steht, wobei mit den Begriffen »positiv« und »negativ« keinerlei moralische o. dgl. Wertung verbunden ist. Konflikte mit anderen Menschen oder mit einem bestimmten Aspekt der eigenen Persönlichkeit äußern sich sofort in Verspannungen am betreffenden Fuß. Ein Mann, der mit (s)einer Frau Streit hat, hat einen verhärteten linken Fuß! Viele alleinerziehende Frauen, die

in der wenig beneidenswerten Lage sind, für die Kinder Haushälterin, Mutter und Vater, Chauffeurin und Ernährerin zugleich sein zu müssen, leiden unter einem starken inneren Konflikt zwischen den männlichen und weiblichen Aspekten ihrer Persönlichkeit, und dies drückt sich in den Füßen aus.

- Jede Zelle und jedes Atom des Körpers hat positive (männliche) und negative (weibliche) Eigenschaften.
- Soweit möglich, sollte immer am linken Fuß die rechte Hand und am rechten Fuß die linke Hand benutzt werden.
- Viele Organe liegen im Körper übereinander, und dies ist am Fuß ebenso. Die Zehen z. B. umfassen Augen-, Ohren-, Nasen-, Mund-, Nebenhöhlen-, Zähne-, Gaumen- und Halsreflexe in einem relativ kleinen Bereich, weshalb sie bis zur kleinen Zehe ausgedehnt wurden.
- Alle großen Organe, Blut- und Lymphgefäße liegen in der Mitte des Körpers. Daher muß die Massage immer vom äußeren (geringerwertigen) Aspekt des Fußes zum inneren (höherwertigen) Aspekt und von den Zehenspitzen zum Körper gehen, damit das Lymphsystem Giftstoffe ausschwemmen kann.
- Wenn man einen Reflex behandelt, erreicht man oft indirekt auch andere Reflexe. Wenn man z. B. den Rückenreflex am Fußrücken massiert, hat man gleichzeitig auch Zugang zu Lungen, Herz und Brüsten.
- Achten Sie auf pralle, blasige Schwellungen, körnige Ablagerungen und schwammige Bereiche. Dies sind gestaute, verspannte oder erschlaffte Zonen.
- Überzählige Knochen oder Drüsen, beschädigte Wirbel, Transplantate, entfernte Knochen, Narbengewebe oder sonstige körperliche Abweichungen spiegeln sich immer am Fuß. Körperliche Steifigkeit führt zu einer Unbeweglichkeit der Füße. Wenn umgekehrt die Füße gelockert werden können, wird die Verspannung des Körpers abgebaut.

• Die Farbe und Oberflächentemperatur des Fußes gibt einen Hinweis auf den Zustand des Kreislaufs.
• Wenn eine Zehe oder ein Teil des Fußes amputiert wurde, ist dieser Bereich so zu massieren, wie wenn er noch vorhanden wäre, weil der Energiefluß noch intakt sein sollte oder in Bewegung gebracht werden kann.
• Die Massage sollte eine Stunde vor der Einnahme von Medikamenten gegeben werden, wenn der Körper am empfindlichsten ist.
• Mindestens 24 Stunden nach der Massage muß reichlich *gutes* Wasser getrunken werden, damit der Körper die Giftstoffe ausschwemmen kann.

Die Grundtechnik

Die sanfte Massage der Reflexzonen basiert auf dem homöopathischen Prinzip, daß die Wirkung um so stärker ist, je schwächer die Dosis ist. Im Bereich der Reflexzonentherapie ist der Nutzen um so größer, je leichter die Berührung ist. Zu starker Druck beeinträchtigt die unglaublichen Selbstheilungskräfte, über die jeder Mensch verfügt.
Machen Sie sich den Energiestrom bewußt, indem Sie die Handflächen in einem geringen Abstand einander gegenüberhalten. Spüren Sie die vibrierende Wärme und das leichte Prickeln. Machen Sie sich keine Gedanken, wenn Sie diese Empfindung nicht sofort haben – sie wird sich einstellen. Führen Sie die Hände auseinander und wieder zusammen, als würden Sie Akkordeon spielen. Sie werden einen magnetischen Zug wahrnehmen und ein Gefühl haben, wie wenn die Handflächen mit Milliarden unsichtbarer Fäden verbunden wären. Das Heilungspotential wird um so stärker, je intensiver das Bewußtsein hierfür ist.

Wenden Sie stets nur leichten Druck an, auch wenn der Empfangende dringend darum bittet, den Druck zu steigern. Die Menschen werden süchtig nach schädlichen Dingen wie Nikotin, Alkohol und Koffein, und das Bedürfnis, Schmerz zu empfinden, kann eine Manifestation eines Drangs nach Selbstbestrafung sein. Menschen, denen es an liebevoller Zuwendung mangelt, ist die Ehrlichkeit der Massage vielleicht zunächst unangenehm, doch wird ihnen die sanfte Vorgehensweise letztlich guttun.
Üben Sie die nachfolgenden Techniken zunächst an der Hand. Variieren Sie den Druck, damit Sie die verschiedenen Intensitäten und Wirkungen erfahren können.

Die Druck- oder »Raupengang«-Massage

1 Legen Sie die Daumenkuppe am Rand der Handfläche so auf die Haut, daß der Daumen zur Mitte der Handfläche zeigt.
2 Schieben Sie den Daumen auf der fleischigen Kuppe in einer Wellenbewegung sanft nach vorwärts. Dies ist die aktive und stimulierendste Phase der Bewegung.
3 Rollen Sie den Daumen wieder auf die Daumenkuppe. Dies ist die passive oder Ruhephase. Wiederholen Sie Schritt 2, und fahren Sie abwechselnd mit dem aktiven und dem passiven Bewegungsablauf fort, wobei sich der Daumen fortwährend nach vorne bewegt.

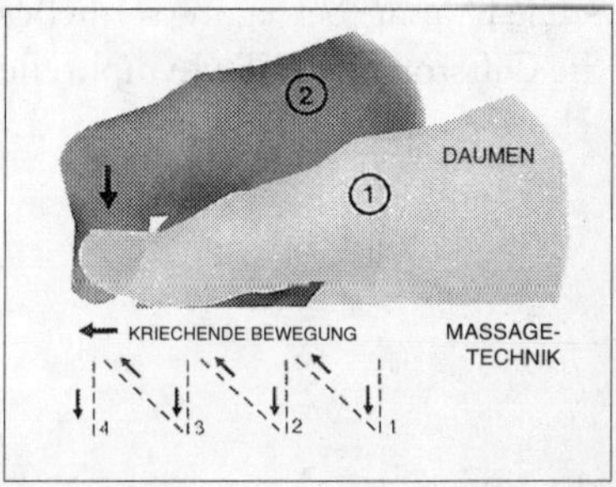

Anmerkungen

- Alles im Leben ist ein Fortschreiten, und der Daumen sollte sich immer nach vorwärts bewegen.
- Druckintensität und Arbeitsgeschwindigkeit muß man während

der Massage anpassen. Ein stark angespannter Bereich erfordert eine sehr leichte, beruhigende Bewegung. Ein schwammiger, erschlaffter Bereich braucht eine kräftigere, belebendere Bewegung. Manche Bereiche brauchen beides! Man wird die Bedürfnisse des Empfangenden bald instinktiv erfassen lernen.

- Stauungen und Blockierungen entdeckt man leichter, wenn man über die Oberfläche streicht.
- Der »Raupengang« muntert den Körper auf und durchpulst ihn mit Energie. Wenn die Energie auf Widerstand stößt, drückt sich dies sofort am Fuß aus. Der Fuß ist um so empfindlicher, je größer die Kraft der an der Haut zurückprallenden Energie ist; zu großer Druck erzeugt dagegen unnötige Schmerzen am Fuß.

Die Lymphdränage oder »melkende« Bewegung

1 Legen Sie die Daumenkuppe leicht auf die Handfläche.
2 Schieben Sie den Daumen mit sanftem Druck vorwärts, als ob Sie eine Zahnpastatube ausdrücken würden. Dies kann entweder eine lange durchgängige Bewegung oder eine unterbrochene Bewegung mit kürzeren Strichen sein.

Anmerkung

- Die Dränagebewegung schließt sich stets dem Raupengang an, damit die Giftstoffe über die Lymphreflexe ausgeschwemmt werden.

Die »heilende« Bewegung

1 Mit beiden Daumen oder zwei Fingern arbeiten. Diesmal am Fuß üben.
2 Mit kurzen Streichbewegungen fortwährend zunächst mit einem Finger (bzw. Daumen), dann mit dem anderen sehr leicht über die Oberfläche der Haut streichen, bis die Energie zu strömen beginnt.
3 Stets in kurzen Strichen in Richtung des Körpers arbeiten.

Anmerkungen

- Dies ist außerordentlich beruhigend und heilend, insbesondere für die Nerven.
- Mit dieser Technik sollten die einzelnen Sequenzen abgeschlossen werden.
- An allen nervösen und endokrinen (mit innerer Sekretion verbundenen) Systemen sowie in angespannten, gestauten Bereichen anwenden.

Schaffung der richtigen Atmosphäre

Reflexzonenmassage kann zwar überall und jederzeit angewandt werden, doch ist eine ruhige, gedämpfte Atmosphäre mit leiser Hintergrundmusik am besten. Die Musik Mozarts beispielsweise hat heilende Wirkung auf Körper und Geist. Die besten Ergebnisse erzielt man, wenn man die Massagebehandlung wie folgt beginnt:

1 Tauchen Sie die Füße in Wasser mit einem Tropfen Pfefferminz- und/oder Lavendelessenz oder einem Zweiglein frischer Pfefferminze und Lavendel, um die Füße zu entspannen und zu reinigen. Dies kühlt warme Füße im Sommer und erwärmt kalte Füße im Winter. Ein Badezusatz ist hilfreich.

2 Erklären Sie dem Empfangenden die Wirkungen der Reflexzonenarbeit, falls er noch keine Erfahrung damit hat, und weisen Sie ihn auf mögliche Nebenwirkungen hin.

3 Wenn eine der nachfolgenden Wirkungen auftritt, sagen Sie dem Empfangenden, daß dies eine gesunde Reaktion seines Körpers ist:

- ein Wärmegefühl, wenn die Energie wieder auf ihrer Bahn zu strömen beginnt,
- ein Schlafbedürfnis, dem der Betreffende jederzeit nachgeben darf,
- ein Zustand der Euphorie,
- das Gefühl, daß man schwebt und sich ausdehnt, weil die Spannung gelöst wird und der Körper sich dadurch lockert,
- möglicherweise ein Schweregefühl, weil der Körper sich entspannt,
- ein reißendes Gefühl, wenn Spannungen aufgehoben werden,
- eine dumpfe Schmerzempfindung, wenn die Blockierung massiert wird,
- Temperaturextreme, während sich die Energien neu organisieren,
- ein Kneifen, Reißen und Kribbeln im ganzen Körper, wenn die Energie wieder in ihre Bahnen einschießt,

– spontane Körperreaktionen, wie z. B. Hautrötung, leichte Bauchkrämpfe, laufendes Sekret im hinteren Nasenraum (der Schleim tropft hinten in den Rachen), Husten oder eine volle Blase.

4 Während der Massage sollte nicht gesprochen werden. Durch Gespräche entstehen innere Bilder, die körperliche Reaktionen hervorrufen. Störende Gedanken führen zu einer unbewußten Anspannung der Muskulatur und zu einer Beschleunigung des Pulses.

5 Damit die Energien frei strömen können, sollten Gebender und Empfangender Schuhe, Schmuck und beengende Kleidung ablegen.

6 Lassen Sie den Empfangenden in einem Ruhesessel mit den Füßen auf einem Kissen oder auf einer Massagebank mit einem Kissen unter dem Kopf und mindestens zwei Kissen unter den Knien Platz nehmen. Bei Rückenbeschwerden weitere Kissen unter die Knie schieben. Den Körper im Sommer mit einem leichten Leintuch und im Winter mit warmen Decken zudecken, da die Körpertemperatur durch Entspannung automatisch sinkt. Gegebenenfalls dem Klienten während der Massage eine weitere Decke geben.

7 Der Empfangende sollte gerade mit seitlich ausgestreckten Armen liegen, die Handflächen möglichst nach oben weisend, damit die Energie ungehindert strömen kann. Wenn die Fäuste geschlossen sind, dem Klienten glatte Kieselsteine oder zwei Stücke Rosenquarz in die Hand geben. Diese sollten am Ende der Massage leicht gegen das Sonnengeflecht gedrückt werden.

8 Der Gebende setzt sich bequem zum Empfangenden, so daß er dessen Füße in Brusthöhe hat. Beine und Knie sind leicht gespreizt, der Rücken ist gerade, und Schultern, Nacken und Kiefer sind entspannt. Der Gebende muß unbedingt entspannt sein, damit die Energien frei und ungehindert strömen können und sich nicht erschöpfen.

9 Die Füße abdecken und sanft in beide Hände nehmen.

10 Gebender und Empfangender sollten die Augen schließen und neun tiefe Atemzüge nehmen; dabei die eingeatmete Luft einige Augenblicke halten und anschließend die Luft restlos ausatmen. Versuchen Sie sich möglichst vollständig zu entspannen. Nur der Gebende öffnet dann die Augen. Wenn Gebender oder Empfangender sich nicht entspannen können, kann man gähnen, um die Gesichtsmuskulatur und den Kiefer zu lockern.

11 Keine Öle und Cremes verwenden, die eine Barriere bilden und den Daumen ausrutschen lassen. Falls unbedingt notwendig, an Füßen und Händen, die zu Transpiration neigen, einen leichten Puder verwenden.

12 Nach diesen Vorbereitungen kann man mit dem Aufwärmen beginnen. Die ganze Massage sollte etwa eine Stunde dauern.

1 Die rechte Hand am linken Fuß lassen und die linke Hand an die rechte legen. Den Fußrücken einige Sekunden mit beiden Händen sanft zu sich her streichen (nur in diesem einen Fall streicht man in dieser Richtung). Die linke Hand auf den rechten Fuß legen, die rechte Hand davorlegen und die *Streich*bewegung wiederholen.

2 Den rechten Mittelfinger außen auf den linken Knöchel und den linken Mittelfinger auf den Innenknöchel desselben Fußes legen. Die Haut nur ganz leicht berühren und einige Sekunden an beiden Knöcheln langsame Kreisbewegungen ausführen. Den linken Mittelfinger außen auf den rechten Knöchel legen, den rechten Mittelfinger außen auf den inneren rechten Knöchel und die *Kreis*bewegung wiederholen.

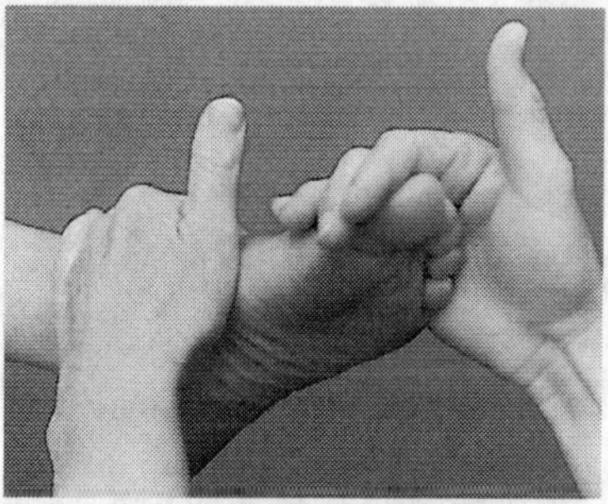

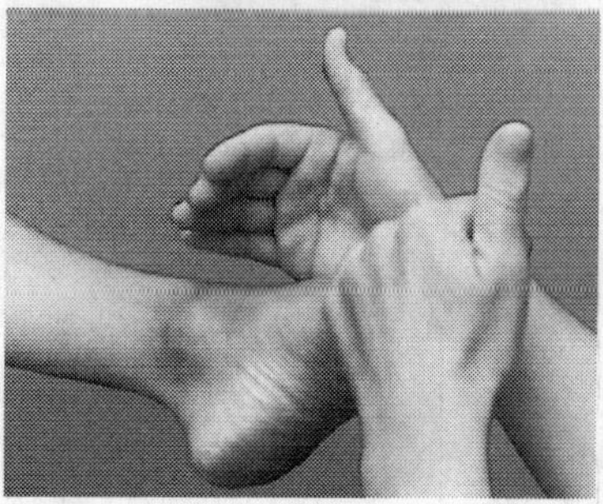

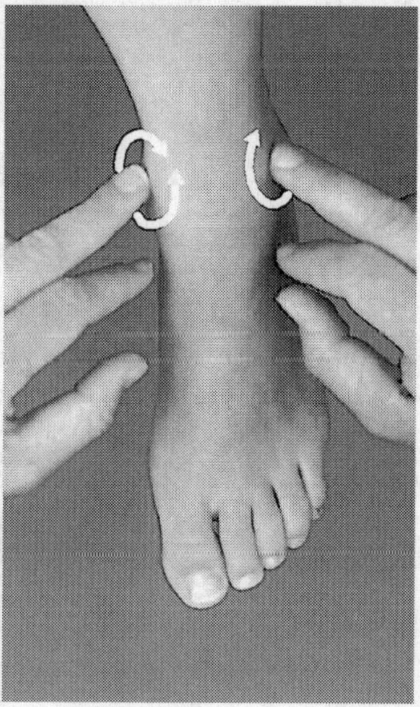

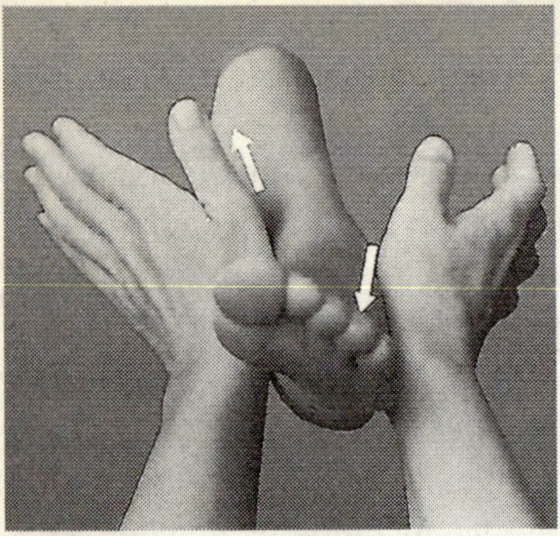

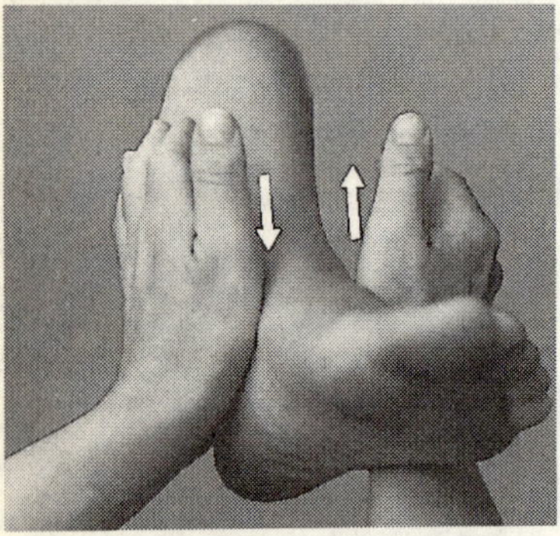

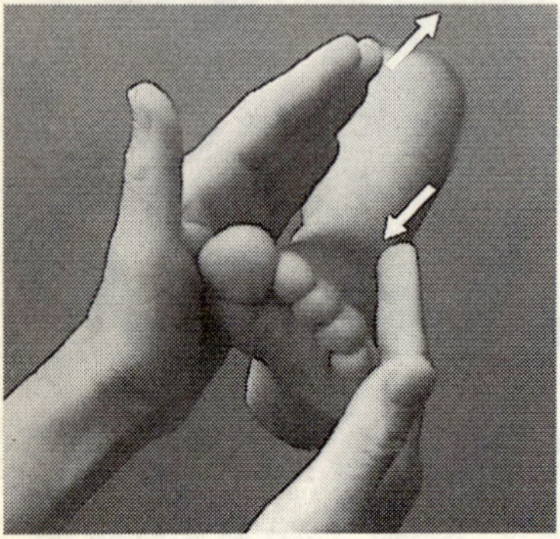

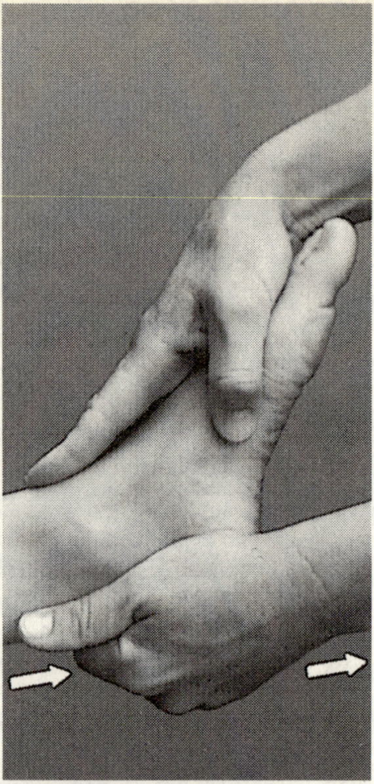

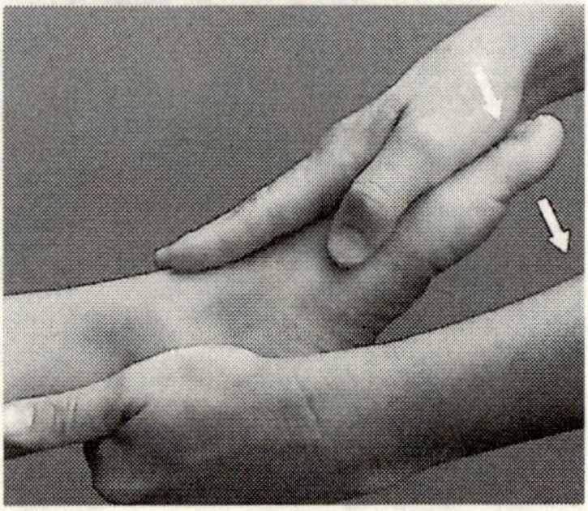

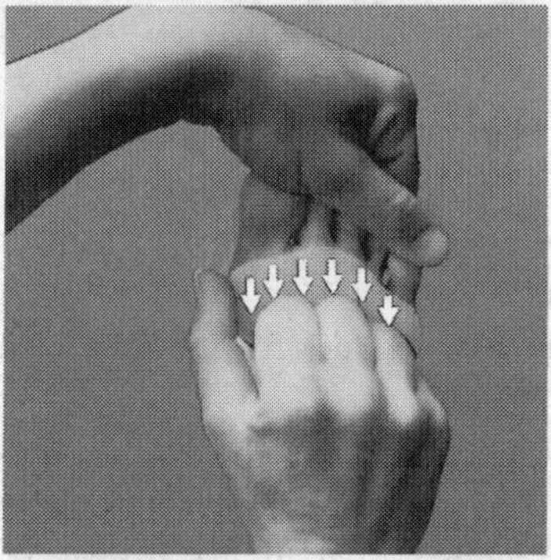

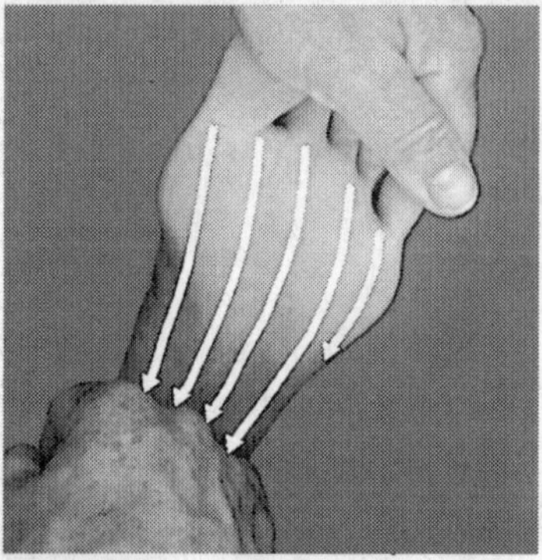

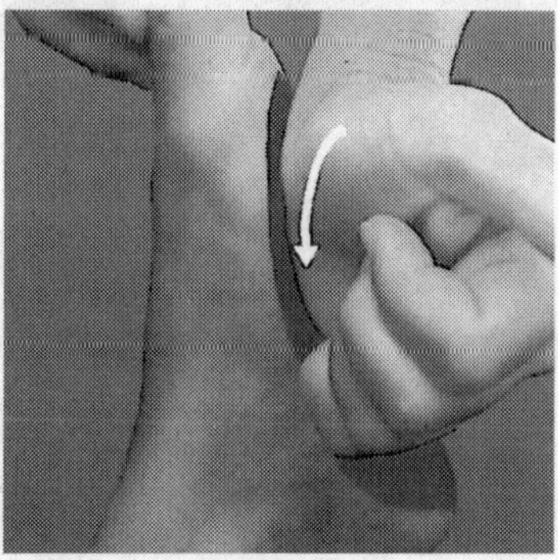

3 Den rechten Daumenballen in die Vertiefung unterhalb des linken äußeren Knöchels und den linken Daumenballen in die Vertiefung unterhalb des linken inneren Knöchels legen. In dieser Stellung die Hand vorwärts und rückwärts bewegen, um den Knöchel zu schütteln und zu lockern. Je entspannter man ist, desto größer die Beweglichkeit! Rechts mit dem linken Daumenballen an der äußeren Vertiefung und dem rechten Daumenballen an der inneren Vertiefung wiederholen. Das *Fußgelenkschütteln* wiederholen.

4 Mit beiden Händen sanft an den Flanken des linken Fußes nach oben und unten massieren; dieses Fußreiben am rechten Fuß wiederholen.

5 Eine Hand unter das linke Sprunggelenk legen, während die andere auf dem Fußrücken liegt. Darauf achten, daß der Empfangende ganz gerade liegt; dann mit einer sanften, kontinuierlichen Bewegung mit der unteren Hand ziehen, so daß sich die Wirbelsäule streckt und lockert. Mit der flach am Fuß aufliegenden oberen Hand den Fuß so weit wie möglich nach unten strecken. Dieses *Wirbelsäulenstrecken* am rechten Fuß wiederholen.

6 Die linken Zehen mit der linken Hand nach hinten drücken und mit der ebenen Fläche zwischen den Knöcheln der rechten Hand die linke Fußsohle von der Basis der Zehen zum Knöchel massieren; dabei von außen nach innen arbeiten. Dieses *Knöchelreiben* mit der linken Hand am rechten Fuß wiederholen, während die rechte Hand die Zehen nach hinten drückt.

7 Mit dem linken Handballen sanft im linken Fußgewölbe reiben und beim Reiben nach unten zum Körper etwas mehr Druck anwenden und beim Reiben zu sich her die Haut nur leicht streichen. Das *Wirbelsäulenreiben* mit dem rechten Handballen am rechten Fußgewölbe wiederholen.

8 Nun kann man mit dem Zentralnervensystem fortfahren (siehe Kapitel 4, »Das Gehirn«).

Anmerkung

• Das Nervensystem und das Drüsensystem koordinieren und steuern gemeinsam alle Körperprozesse und sollten daher stets unmittelbar nach dem Aufwärmen massiert werden.

4 Das Nervensystem

Das für die Erhaltung der Lebensfunktionen unerläßliche Nervensystem bildet ein außerordentlich leistungsfähiges Kommunikationsnetz, durch das der physische, der geistige und der seelische Bereich koordiniert und gesteuert werden. Es verrichtet weitgehend unbemerkt die schwierige Aufgabe, die Flut der Reize aufzunehmen und zu verarbeiten, die unaufhörlich auf den Körper einströmen.

Lage im Körper
Nerven und Nervenzellen durchziehen alle Teile des Körpers.

Lage am Fuß
Die Reflexe befinden sich am ganzen Fuß.

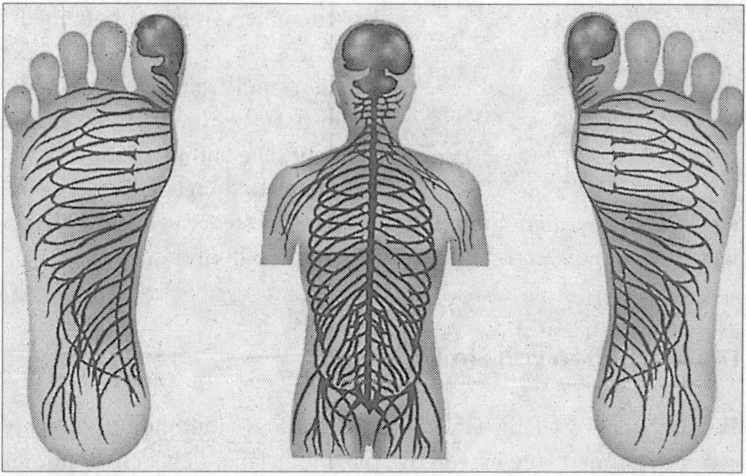

Merkmale

Das *Zentralnervensystem* ist die Hauptschaltstation des Körpers, von dem die peripheren Nerven ausstrahlen. Die empfindungsleitenden Sinnesnerven liegen auf der Hautoberfläche und in den Sinnesorganen (Tast-, Geruchs-, Hör- und Gesichtssinn), wo sie vorteilhafte und nachteilige Reize aus der inneren und äußeren Umwelt registrieren. Sie schicken Sinnesimpulse zum Gehirn, das diese verarbeitet und entsprechende Reaktionen einleitet. Ein beständiger Strom dieser nicht wahrnehmbaren Impulse ist unerläßlich für die Aufrechterhaltung der Lebensprozesse des Körpers.

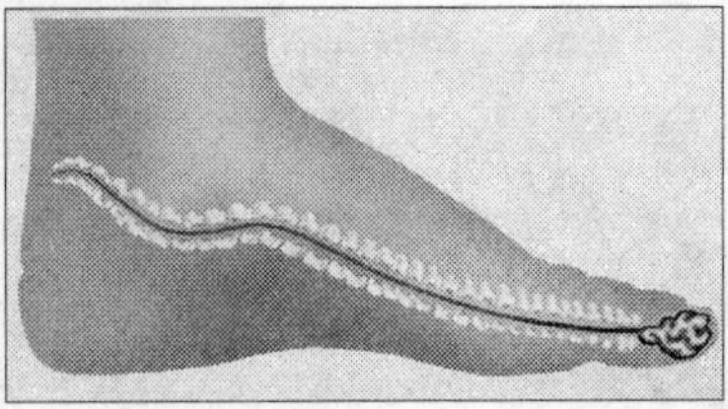

Die bewegungsauslösenden motorischen Nerven leiten Befehle des Gehirns zu den Muskeln oder Zellen und rufen bewußt oder selbsttätig bestimmte Bewegungen hervor. Die automatischen Bewegungen erhalten auf der unbewußten Ebene die innere Stabilität aufrecht und steuern Atmung, Kreislauf, Verdauung, Ausscheidung und die Sexualfunktion.

Die Wirkungen von Streß

Bei drohender Gefahr wird das unwillkürliche (autonome) Nervensystem alarmiert; dieses verengt die Blutgefäße, läßt den Blutdruck ansteigen und beschleunigt den Puls, um den Körper auf einen erhöhten Energieumsatz vorzubereiten. Diese kurzfristig vorteilhafte Reaktion führt jedoch als Dauerzustand zu einer Erschöpfung und Schädigung des Körpers. Die Daumenschraube beständiger Anspannung beraubt die Nerven wesentlicher Lebenskräfte und führt zur Ansammlung von Giftstoffen. Hierdurch werden die Nerven gereizt

und in ihrer Wirksamkeit beeinträchtigt, was zu nervösen Störungen führen kann.
Die Reflexzonentherapie wirkt stabilisierend und schützt und erhält die Ressourcen des Körpers.

Reflexzonenverfahren

Periphere Nerven durchziehen den ganzen Körper und werden automatisch stimuliert, wenn die Füße eine Vollmassage erhalten. Zunächst ist es jedoch notwendig, den ganzen Körper über das Zentralnervensystem zu beruhigen, dem besondere Aufmerksamkeit gewidmet werden muß und das zuerst massiert wird.

Das Zentralnervensystem

Das Zentralnervensystem steuert alle überlebenswichtigen körperlichen und geistigen Prozesse. Das Gehirn ist die zentrale Schaltstelle; es personifiziert das innere Selbst und wirkt als dessen Bewußtsein.

Bau und Funktion

Körper und Geist können sich in Gedanken, Worten und Taten dann optimal äußern, wenn sie in einem vollkommenen Gleichgewichtszustand sind. Es besteht eine wechselseitige Abhängigkeit zwischen Körper und Geist; der Körper braucht das Nervensystem für das Überleben durch geistige und physische Aktivität, und das Gehirn braucht den Körper für eine gute Versorgung mit essentiellen Lebenskräften

und für die Ausscheidung von toxischen Stoffen oder körperfremden Substanzen. Die gesamte Steuerung erfolgt über die Zentrale des Nervensystems, das Gehirn.
Das gesunde Gehirn unterscheidet sich vom übrigen Körper dadurch, daß es nur zu rhythmischer Ausdehnung und Zusammenziehung fähig ist. Seine Stabilität und relative Unbeweglichkeit werden durch die starr miteinander verbundenen zwanzig Schädelknochen sichergestellt; Störungen äußern sich in Kopfschmerzen oder Migräne.
Durch die gefurchte Struktur hat eine sehr große Gehirnoberfläche auf relativ kleinem Raum Platz. Die graue Substanz auf der Gehirnoberfläche enthält die höherentwickelten Zentren und ist reich an Nervenzellen. Darunter schließt sich die dickere weiße Substanz mit Abermillionen von Nervenfasern an, die die verschiedenen Teile des Gehirns miteinander verbinden und fast eintausend Signale pro Sekunde übertragen.
Das Gehirn hat einen gesunden Appetit: Es verbraucht je nach den Aktivitäten des Menschen etwa ein Fünftel des Nahrungsbedarfs des Körpers. Schon eine kurze Unterbrechung der Nährstoffzufuhr führt zu Ohnmacht. Nach einer Unterbrechung von zehn Sekunden tritt Bewußtlosigkeit, nach einigen Minuten eine bleibende Schädigung oder der Tod ein, da keine lebenswichtigen Nährstoffe gespeichert werden können. Eine Verengung oder Verkalkung der Gehirnarterien führt zu einem allmählichen Verlust der Verstandeskräfte.
Die Lebenskraft im menschlichen Gehirn hat Empfindungen, die sich in schöpferischen und/oder zerstörerischen Gedanken äußern und die für einen steten Strom von Bildern sorgen. Diese Bilder werden fortwährend durch neue Gedanken konditioniert, die die Natur und Intensität des Gefühlslebens prägen.
Das Bewußtsein und die Verstandeskraft passen Handlungen und Reaktionen an die Umwelt an und bilden zusammen die einmaligen Wesensmerkmale eines Menschen. Menschen oder Gruppen von Menschen können niemals identische Lebenserfahrungen haben, was

die Notwendigkeit verdeutlicht, jeden Menschen als Individuum zu behandeln.

Das *Großhirn* steuert die emotionellen Reaktionen, und seine beständige Aktivität beansprucht – selbst während des Schlafs – bis zu 20 Prozent des Sauerstoffbedarfs. Als Sitz der Intelligenz und des Gedächtnisses ist es für Wahrnehmung, Denken und Entscheidungen zuständig. Die rechte Gehirnhälfte ist künstlerisch und kreativ, die linke logisch und analytisch. Die meisten Menschen beanspruchen überwiegend eine der beiden Seiten, wodurch ein unnatürliches Ungleichgewicht entsteht.

Der *Hypothalamus* an der Basis des Gehirns ist zuständig für die Koordination und Steuerung aller wesentlichen Lebensprozesse und reagiert sofort auf Stimmungsschwankungen.

Der *Hirnstamm* ist der Hauptteil des Gehirns und enthält das Mittelhirn, das ständig alarmbereit ist. Es verbindet Tast-, Geruchs-, Temperatur- und Schmerzempfindungen mit den höherentwickelten Zentren. Einige Muskelreflexe wie z. B. das Augenzwinkern werden vom Zwischengehirn gesteuert.

Das *Kleinhirn* wölbt sich hinter dem Stammhirn hervor und hat in den letzten Jahrmillionen seine Größe verdreifacht. Seine Hauptaufgabe ist die Integration von Befehlen aus dem Großhirn bezüglich Körperhaltung und Muskeltonus und die Koordination der Muskeltätigkeit.

Das *Rückenmark* erstreckt sich von der Basis des Gehirns bis zum Kreuzbereich. An dieser Stelle überkreuzen sich über 900 000 der Millionen Nervenfasern, weshalb die beiden Gehirnhälften jeweils die gegenüberliegende Körperseite steuern. Über die ganze Länge strahlen Nerven vom Rückenmark paarweise in den übrigen Körper aus, bis es im Steißbein ausläuft.

Das Rückenmark dient hauptsächlich als reflektorisches Zentrum und überträgt Nervenimpulse. Ein Rückenmarkreflex ist eine automatische, angeborene Reaktion, durch die man auf potentiell gefährliche Situationen schneller reagieren kann.

Das *Sonnengeflecht*, das unterhalb des Zwerchfells liegt, ist eine Quelle von Lebenskraft und körperlicher Energie und besitzt sonnenhafte Eigenschaften. Als Zentrum der Gefühle und Gemütsbewegungen spielt es in der Reflexzonentherapie eine sehr wichtige Rolle. Von seinem Schwingungskern strahlen Nerven aus, die ein Netz sympathischer Ganglien bilden, welche die Bauchorgane versorgen; es wird daher manchmal auch das »Bauchgehirn« genannt.

Wirkungen von Streß

Schöpferische Gedanken und Ideen werden durch Furcht und Angst unvermeidlich erstickt. Ein langweiliger Geist wohnt auch in einem trägen Körper, der stärker für Krankheiten und Mißbefindlichkeiten anfällig ist, während ein lebhafter, forschender Geist den Körper mit Vitalität und Begeisterung erfüllt.

Vom Zeitpunkt der Empfängnis an und während der ersten Lebensjahre speichert das Gehirn eine Vielzahl von Eindrücken, auf die es während des ganzen Lebens immer wieder zurückgreift. Kritiksucht und unvernünftige Beschränkungen erzeugen Widerwillen und Mangel an Vertrauen. Die daraus entstehende Abwehrhaltung wirkt sich später auf die Urteilskraft, die Denkmuster und die Beziehungen sowie auf das physische und emotionelle Wohlbefinden aus. Sie wird verschärft durch Zwänge seitens der Eltern, Gleichaltriger und der Gesellschaft. Solche überholten oder verzerrten Gedächtnisinhalte können aber verändert, modifiziert oder gelöscht werden, so daß das Gehirn entlastet wird und sein unglaubliches Potential entdecken kann. Eltern können daher die Fehler ihrer Vorfahren bei der Erziehung ihrer Kinder vermeiden.

Glaubenssysteme sind ihrem Urheber lieb und teuer, und wenn sie bedroht werden, entsteht Zorn. Verspannungen aufgrund von Abneigung, Frustration, Zorn usw. infolge von Unterdrückung und erzwungener Anpassung führen zu einer Zusammenziehung der Rückenmuskulatur und im Laufe der Zeit zu einer Verkrümmung der Wirbelsäule. Wenn die Muskeln auf einer Seite stärker gespannt sind als auf der anderen, knickt die Wirbelsäule seitlich ab (Skoliose), was zu einer Einklemmung von Nerven führen kann. Es kommt zu Haltungsfehlern. Durch eine Krümmung nach vorne (Lordose) werden die Bauchorgane zusammengedrückt, während bei einer Krümmung nach hinten (Kyphose) der Bauchraum in unnatürlicher Weise angespannt wird.

Psychosomatische Aspekte

Langeweile, Zorn und Frustration sind die Urheber akuter und chronischer körperlicher Beschwerden, die oft zu physischen Einschränkungen führen. Kopfschmerzen entstehen auch durch starke Furcht oder Angst. Wer ständig unter Kopfschmerzen leidet, ist oft übermäßig streng gegenüber sich selbst und leidet an mangelndem Selbstvertrauen. Wer von Migräne geplagt wird, staut in sich Ärger auf, weil er von anderen umhergestoßen wird, oder er sperrt sich beständig gegen den Strom der Lebenskräfte.

Die Wirbelsäule repräsentiert Flexibilität und ist die tragende Säule des Körpers, und sie spielt eine wichtige Rolle bei Kreuzbeschwerden. Ein steifer Nacken bedeutet eine Starrheit der Ideen, oder man versucht, hierdurch etwas nicht zur Kenntnis nehmen zu müssen, was hinter dem eigenen Rücken geschieht. Der obere Kreuzbereich unterstützt das Gefühlsleben, und es können hier Probleme entstehen, wenn keine emotionelle Unterstützung besteht oder wenn der Betreffende die Last einer schweren Verantwortung auf sich fühlt. Schuldgefühle setzen sich in der Mitte des Kreuzbereichs fest, während finanzieller Rückhalt die Basis der Wirbelsäule stützt. Ständiges Beschäftigtsein mit Geld führt oft zu Schmerzen im unteren Kreuzbereich. Die Unfähigkeit, sich dem Strom der Lebensprozesse anzuvertrauen, kann zu einer Verkrümmung der Wirbelsäule führen.

Reflexzonenverfahren

Das Zentralnervensystem wird zum Zwecke der Massage in Abschnitte gegliedert, die individuell an jedem Fuß behandelt werden, wobei stets vom linken zum rechten Fuß gearbeitet wird.

Das Gehirn

Lage im Körper
Oberer Teil des Kopfes.

Lage am Fuß
Der Reflex liegt auf der oberen Hälfte der Ballen der großen Zehe; in dieser Phase wird jedoch der ganze Zehenballen massiert, um die Gesichts- und Sinnesreflexe mit zu behandeln.

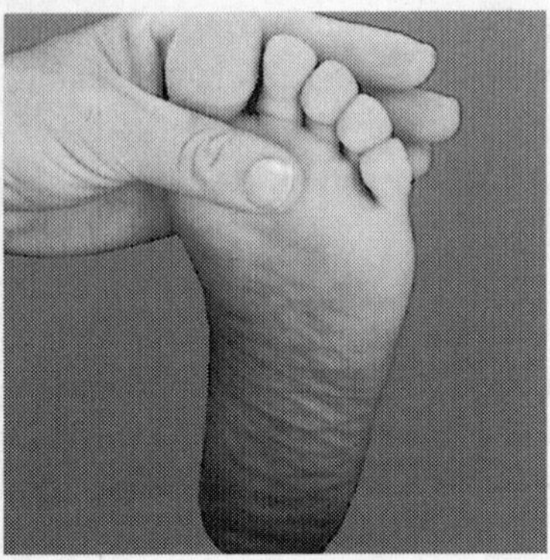

Reflexzonenverfahren

1 Die linke große Zehe mit der linken Hand so unterstützen, daß der Ballen zugänglich bleibt.
2 Den rechten Daumen so auf die

Spitze der linken großen Zehe legen, daß der Daumen nach unten weist.

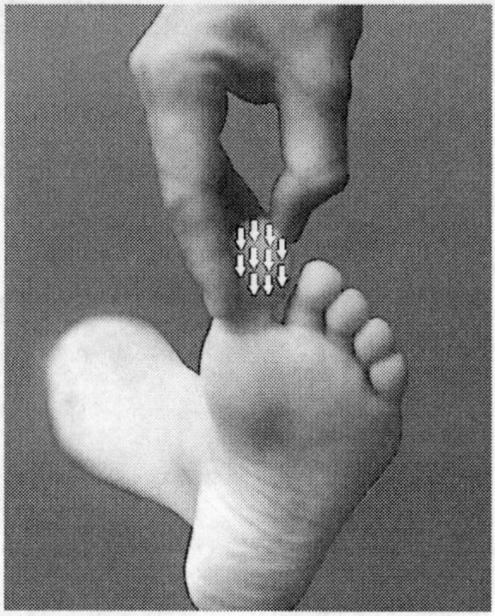

3 Im »Raupengang« (siehe Seite 35) von der Zehenspitze an der Innenkante der großen Zehe nach unten zur Hautfalte an der Basis des Zehenballens gehen.

4 Diesen Streifen weitere drei- bis viermal von oben nach unten im Raupengang bearbeiten.

5 Weitere Streifen jeweils drei- bis viermal senkrecht von oben nach unten bearbeiten; dabei über den Ballen der großen Zehe zur anderen Seite gehen.

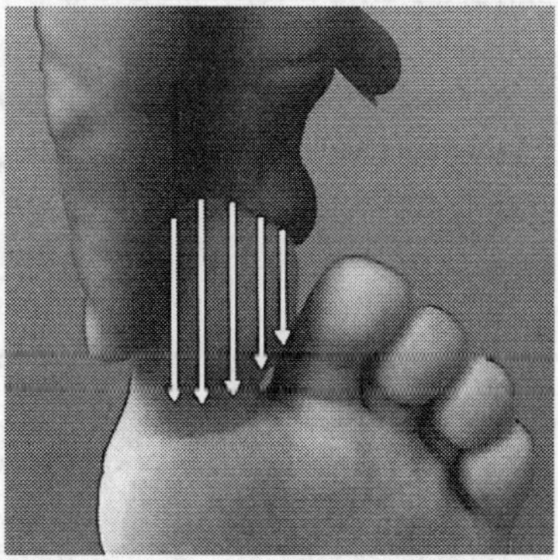

6 Den rechten Daumen wieder auf die Spitze der rechten großen Zehe legen und die senkrechten Streifen jeweils zwei- bis dreimal mit einer »melkenden« Bewegung bearbeiten (siehe Seite 36).

7 Mit beiden Daumen oder zwei Fingern den ganzen Bereich mit (streichelnden) Abwärtsbewegungen von außen nach innen gehend heilen (siehe Seite 37).

8 Die rechte Hand auf dem linken Fuß lassen und die linke Hand auf den rechten Fuß legen. Wenn der Kontakt hergestellt ist, die rechte Hand auf den rechten Fuß legen. Während der gesamten Massage muß ständig mit einer Hand Kontakt gehalten werden, damit der Energiefluß nicht unterbrochen wird.

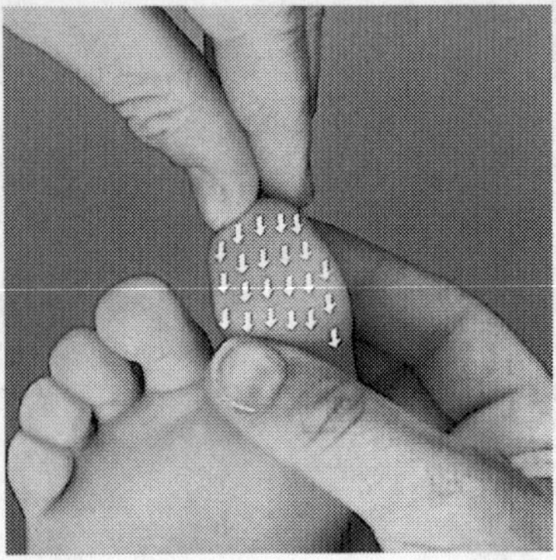

9 Die rechte große Zehe mit der rechten Hand unterstützen, den linken Daumen so auf die linke Kuppe der rechten Zehe legen, daß der Daumen nach unten weist, und längs der Innenkante der Zehe drei- bis viermal mit einer Raupenbewegung nach unten arbeiten.

10 Schritte 5 bis 9 an der rechten Zehe wiederholen, jedoch den linken Daumen verwenden.

Anmerkungen

- Konzentrieren Sie sich auf die Gehirn-Kopf-Reflexe, wenn Stauungen oder kleine körnige Ablagerungen feststellbar sind, sowie in folgenden Fällen: Kopfschmerzen, nervöse Störungen, Nebenhöhlenbeschwerden, Augen-, Ohren- oder Nasenbeschwerden, Akne, Kieferverspannung, Beschwerden im Mundbereich, hormonelles Ungleichgewicht, Störungen der Temperaturregelung, Appetitstörungen, Stoffwechseldysfunktionen, schwacher Muskeltonus oder verzögerte Reflexe, schlechte Koordination, Schwindel, Gleichgewichtsstörungen, hoher oder niedriger Blutdruck, sexuelle Abweichungen, Schmerzbekämpfung und Haltungsschäden.
- Zur Behandlung von Niedergeschlagenheit, Stimmungstrübungen, Ich-Schwäche, Eigensinn und bei Menschen, die an überholten Überzeugungen festhalten, diesen Bereich ausgiebiger behandeln.

Das Mittelhirn

Lage im Körper
Im Hinterhaupt an der Schädelbasis.

Lage am Fuß
Die Reflexe liegen an der Außenseite der großen Zehen zwischen den obersten Kuppen der großen Zehen und dem knöchernen Vorsprung seitlich in der Mitte.

Reflexzonenverfahren

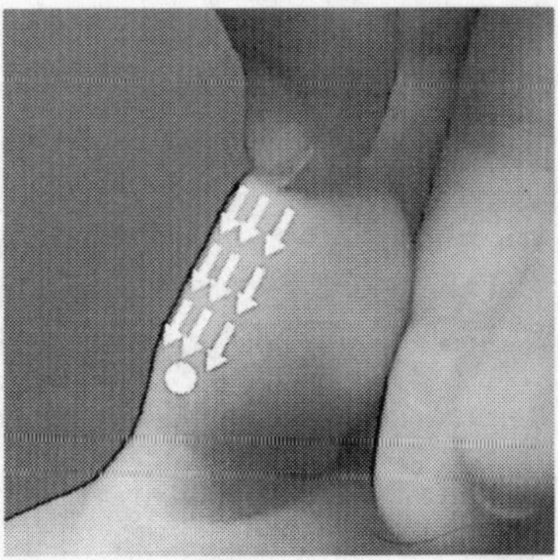

1 Die linke große Zehe mit der linken Hand wie oben gezeigt unterstützen.
2 Mit dem rechten Daumen im »Raupengang« auf den drei Streifen von der Kuppe der großen Zehe bis unterhalb des knöchernen Vorsprungs auf halber Höhe der Außenkante der linken großen Zehe gehen. Dreimal wiederholen.
3 Die linke große Zehe weiterhin halten und mit dem rechten Daumen die drei Streifen von der Kuppe der Zehe bis unterhalb des knöchernen Vorsprungs in einer »melkenden« Bewegung bearbeiten. Diese Bewegung je nach dem Grad der Stauung mehrmals wiederholen.
4 Die Stützhand wegnehmen und mit den Daumen oder Fingern beider Hände an den Streifen mit leichten Streichbewegungen von der Zehenkuppe zum knöchernen Vorsprung gehen.

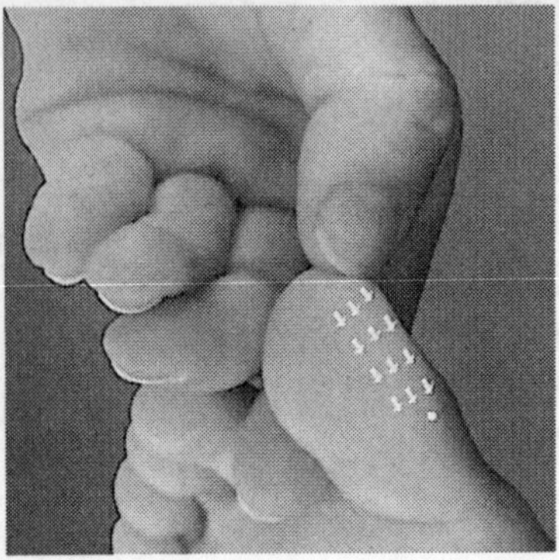

5 Unter Aufrechterhaltung des Kontakts zum rechten Fuß übergehen.

6 Das obige Verfahren mit dem linken Daumen wiederholen, während die linke Hand den rechten Fuß stützt.

7 Nach Abschluß die Hände auf den linken Fuß legen, ohne dabei den Kontakt zu unterbrechen.

Anmerkung

• Auf den Mittelhirnreflex besonders achten, wenn Stauungen oder körnige Ablagerungen bestehen – oder zur Beseitigung von Störungen des Drüsen-, Kreislauf-, Atem- oder Muskelsystems.

Die Halswirbel

Lage am Körper
Im Nackenbereich auf der zweiten Hälfte der Strecke vom Hinterhaupt (wo ein knöcherner Höcker tastbar ist) nach unten zu dem vorspringenden Knochen an der Basis des Nackens.

Lage am Fuß
Der Reflex erstreckt sich von dem knöchernen Vorsprung in der Mitte der Innenseite der großen Zehe bis zu dem knöchernen Vorsprung an der Basis der großen Zehe.

Reflexzonenverfahren

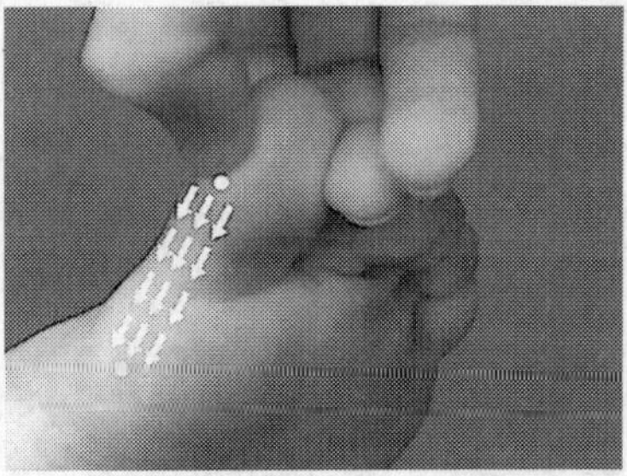

1 Die linke große Zehe wie oben gezeigt unterstützen. Wie beim Mittelhirn vorgehen, jedoch die Raupenbewegung über *beide* Vorsprünge ausführen.
2 Nach Bearbeitung des linken Halswirbelreflexes unter Aufrechterhaltung des Kontakts zum rechten Fuß übergehen.
3 Nach der Massage des rechten Fußes die Hände nacheinander auf den linken Fuß legen.

Anmerkung
• Achten Sie bei Steifigkeit des Nackens oder Starre der Denkprozesse besonders auf den Nackenreflex. In solchen Fällen kann sich in diesem Bereich Spannung aufbauen, die sich als Stauung manifestiert. Bei

Nackenverletzungen sind körnige, zerkrümelnde Ablagerungen tastbar. Mit sehr leichtem Druck arbeiten.

Das Rückenmark

Lage im Körper
Das Rückenmark durchzieht die Wirbelsäule von der Basis des Gehirns bis zum unteren Kreuzbereich.

Lage am Fuß
Dieser Reflex verläuft von der Knochenkante an der Basis der großen Zehe zum inneren Knöchel.

Reflexzonenverfahren

1 Mit dem rechten Daumen leicht über den knöchernen Vorsprung fahren, um die genaue Lage des Rückenmarkreflexes festzustellen.

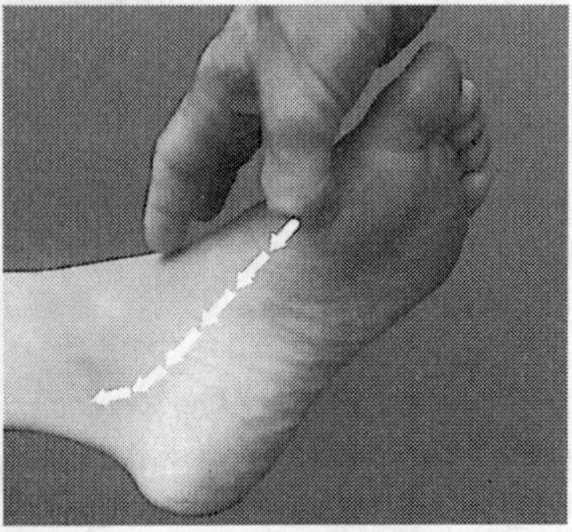

2 Mit abgewinkeltem rechten Daumen wie folgt in einer »Raupenbewegung« längs des linken Reflexes von der Zehe zum Knöchel gehen:
Position a: Den Daumen abwinkeln, so daß er nach oben unter den knöchernen Vorsprung drückt. Damit erreicht man die motorischen Nervenreflexe, die auf der Bauchseite der Wirbelsäule liegen.

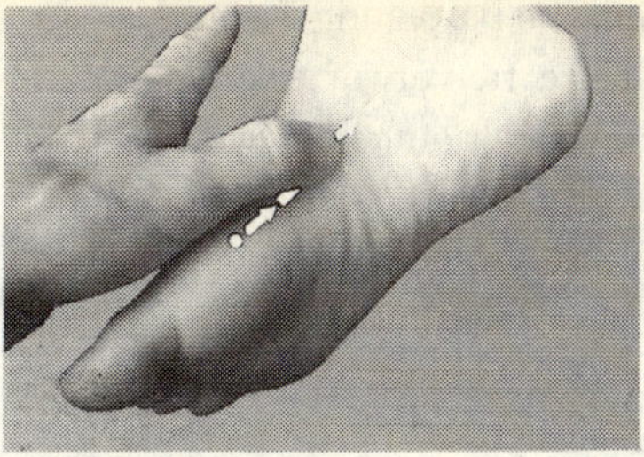

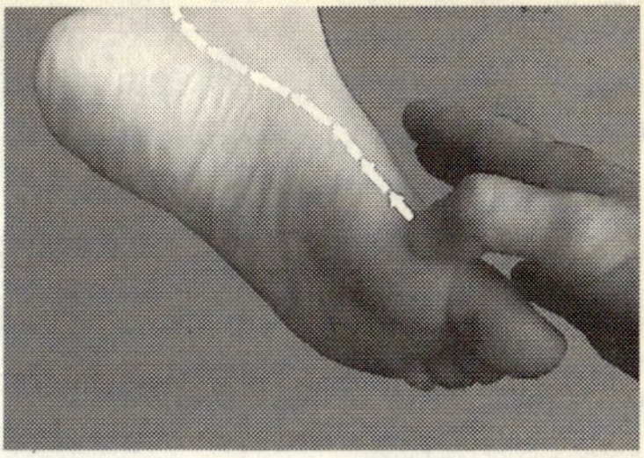

Konzentrieren Sie sich bei Lähmungserscheinungen auf diesen Reflex.
Position b: Den Daumen genau auf den knöchernen Vorsprung legen, um Zugang zu den Wirbeln, zu den Bandscheiben und zum Rückenmark zu erhalten.
Position c: Den Daumen so abwinkeln, daß er oben auf den Knochenkamm drückt. Dadurch erhält man direkten Zugang zu den Sinnesnervenreflexen, die sich auf der Hautseite der Wirbelsäule befinden. Auf diese muß man sich bei Empfindungsausfall konzentrieren.

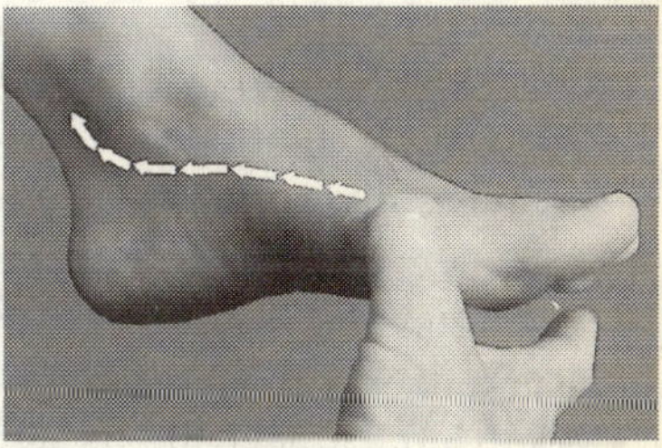

3 Diese Positionen mindestens dreimal massieren.

4 Alle drei Reflexe mindestens dreimal von der Zehe zum Knöchel in einer »melkenden« Bewegung bearbeiten.

5 Die Reflexe von der Zehe zum Knöchel durch mehrmalige leichte Streichbewegungen heilen.

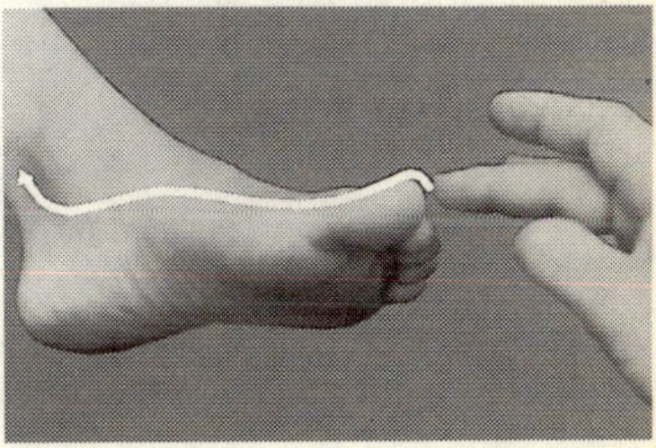

6 Mit dem Mittelfinger der rechten Hand mit einem Strich von der Kuppe der linken großen Zehe zum Knöchel gehen.

Diese außerordentlich leichte, dynamische Bewegung dreimal wiederholen. Die spezielle Bewegung befreit alte, tiefverwurzelte Ängste und Sorgen, die entweder bewußt oder unbewußt aufgelöst werden. Jeder Abschnitt der Wirbelsäule steht für bestimmte Phasen der fötalen Entwicklung, wobei die Empfängnis das Großzehengrundgelenk und die Geburt die Extremität unterhalb des Innenknöchels ist. Das Rükkenmark ist über das unwillkürliche (autonome) Nervensystem mit jeder Zelle des Körpers verbunden.

7 Zum rechten Fuß gehen, ohne den Kontakt zu unterbrechen, und Schritte 1 bis 6 mit der linken Hand wiederholen.

8 Nach Abschluß der Massage des rechten Fußes beide Füße mit beiden Händen halten, um den Sonnengeflechtreflex zu entspannen.

Anmerkungen

- Konzentrieren Sie sich auf den Wirbelsäulenreflex, wenn Stauungen, körnige Ablagerungen oder Schwellungen vorhanden sind – sowie in den folgenden Fällen:
  - Wenn das Gefühl mangelnder Unterstützung besteht.
    Mangelnde emotionelle Unterstützung: obere Wirbelsäule.
  - Schuldgefühle und das Gefühl, von der Vergangenheit nicht loszukommen: mittlerer Kreuzbereich.
  - Schwere finanzielle Sorgen: unterer Kreuzbereich.
  - Rückenverletzungen.
- Wenn ein Wirbel fehlt, besteht eine Lücke im Rückenmarksreflex.
- Verkrümmungen oder Abweichungen der Wirbelsäule sind tastbar und optisch feststellbar.

Das Sonnengeflecht

Lage am Körper
In der Mitte des Körpers genau unterhalb des Zwerchfells.

Lage am Fuß
Der Sonnengeflechtreflex liegt genau unterhalb des harten Fußballens und zieht von der Mitte zur Innenseite des Fußes.

Reflexzonenverfahren

1 Den rechten Daumen auf den linken Sonnengeflechtreflex und den linken Daumen auf den rechten Sonnengeflechtreflex legen. Die Finger nicht auf die Füße legen.

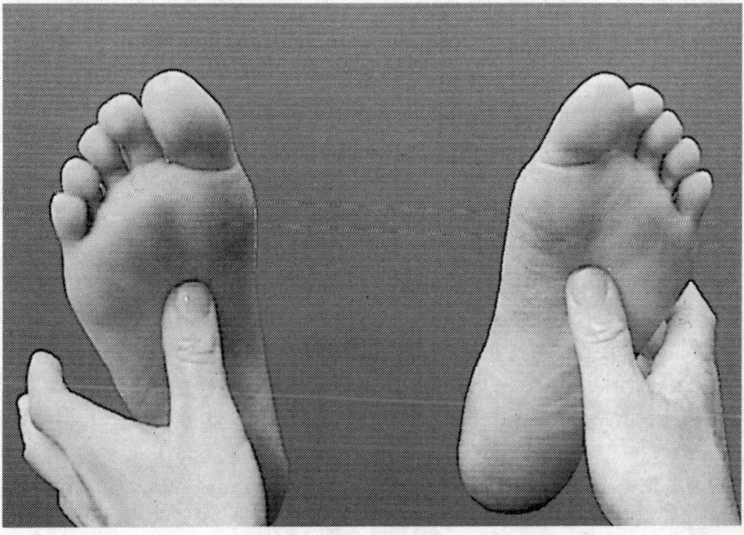

2 Die eigene Haltung kontrollieren. Sind Schultern, Kiefer und Körper völlig entspannt? Augen schließen und tief einatmen.

3 In diesem entspannten Zustand sehr milden und sanft einsetzenden Druck mit beiden Daumen anwenden, bis man einen Widerstand verspürt. Anhalten und eine Weile gleichmäßigen Druck anwenden.

4 Dem Druck der Haut des Empfangenden nachgebend, den Daumen zurücknehmen, bis man ein Pochen verspürt. Dieses Pochen tritt nicht immer sofort auf, doch sollte man nicht gleich aufgeben. Um es wahrzunehmen, nochmals sanft drücken und langsam loslassen oder die Position des Daumens geringfügig verändern. Wenn das Pulsieren wahrgenommen wird oder wenn die Daumen nur noch minimalen Druck ausüben, ruhig halten und den Körper zwei bis fünf Minuten entspannen. Die ganze Zeit tief atmen und bei jedem Einatmen sich vorstellen, daß man eine goldene Flüssigkeit in sich aufnimmt. Beim Ausatmen sich vorstellen, daß diese goldene Flüssigkeit durch die Daumen zum Empfangenden geht. Dabei nicht einschlafen! Häufig vom Empfangenden wahrgenommene Empfindungen sind:

- eine unglaubliche Leichtigkeit oder das Gefühl, auf Luft zu schweben,
- ein beruhigendes Wärmegefühl unterhalb des Zwerchfells,
- »Flattern« im Bauchbereich,
- eine »reißende« Empfindung, der eine herrliche Spannungslösung folgt,
- Abfallen einer »Last«, wenn Sie Ihre Daumen zurückziehen.

5 Nach zwei bis fünf Minuten die Daumen nochmals einsetzen, entspannen und sich *sehr langsam* zurückziehen, während die Daumen über der Haut schweben. Eine Weile in dieser Stellung bleiben, während Sie eine starke Hitze oder Vibration empfinden.

6 Sofort anschließend erst den linken, dann den rechten Reflex heilen.

7 Den linken Fuß mit beiden Händen halten und danach zum Drüsensystem übergehen (siehe Kapitel 5).

Anmerkungen

- Das Sonnengeflecht ist ein unglaublich wirkungsvoller Reflex. Er beruhigt und löst sehr effektiv aufgestaute Spannungen. Widerstände oder Anspannung im Reflexbereich deuten auf starke Ängste hin. Die Beruhigung dieses Reflexes ist vor allem für Menschen mit nervösen Störungen, Allergien, Asthma oder Hautirritationen eine Wohltat. Man bringt damit sogar kleine Kinder zum Einschlafen – sofern sie müde sind.
- Die besten Ergebnisse mit der Reflexzonenarbeit erzielt man durch einen ganzheitlichen Ansatz, wobei folgendes zu berücksichtigen ist:

– Erlangen Sie seelischen Frieden durch Versöhnlichkeit und ein gutes Gewissen.
– Stellen Sie vorgefaßte Ideen in Frage, und geben Sie ungerechtfertigte Vorurteile auf.
– Seien Sie wach für »wertvolle Dinge« in der Welt, bei anderen und in sich selbst, und pflegen Sie eine liebevolle Haltung zu diesen Dingen. Geld ist nur als Mittel zur Schaffung von Unabhängigkeit und Mobilität notwendig.
– Gehen Sie den »Mittelweg«; Extreme sind niemals gesund.
– Seien Sie Sie selbst. Vergleiche mit anderen sind nutzlos, denn zwei Menschen sind niemals gleich.
– Pflegen Sie eine offene Haltung, und hören Sie verständnisvoll die Auffassungen anderer.
– Wenden Sie Ihre Zeit und Energie für das Hier und Jetzt auf.
– Regeln Sie Ihre Lebensweise. Gesundheit und Glück sind nicht käuflich.
– Glauben Sie an sich selbst; schließlich sind Sie der einzige, auf den Sie sich verlassen können!
– Haben Sie Zutrauen zu den Lebensprozessen, und vermeiden Sie Enttäuschungen.
– Genießen Sie das Leben.

• Die sanft wirkenden Bach-Blüten wirken auf die Stimmungslage und die Gemütsverfassung und helfen dadurch, sich von belastenden Emotionen und negativen seelischen Zuständen zu befreien. Sie helfen, auch bei Müdigkeit, in einer Notlage oder irgendeiner schwierigen Situation die Ruhe und heitere Gelassenheit zu bewahren.

5 Das Drüsensystem

Das Drüsensystem stellt Veränderungen innerhalb und außerhalb des Körpers fest. Es hat einen außerordentlich starken Einfluß auf Gefühle und körperliche Reaktionen.

Lage im Körper
Die endokrinen Drüsen (Hormondrüsen) sind sehr kleine, unregelmäßig geformte Organe, die an verschiedenen Stellen des Körpers verborgen liegen.

Lage am Fuß
Die winzigen Reflexe der Drüsen befinden sich in einer entsprechenden Lage am Fuß.

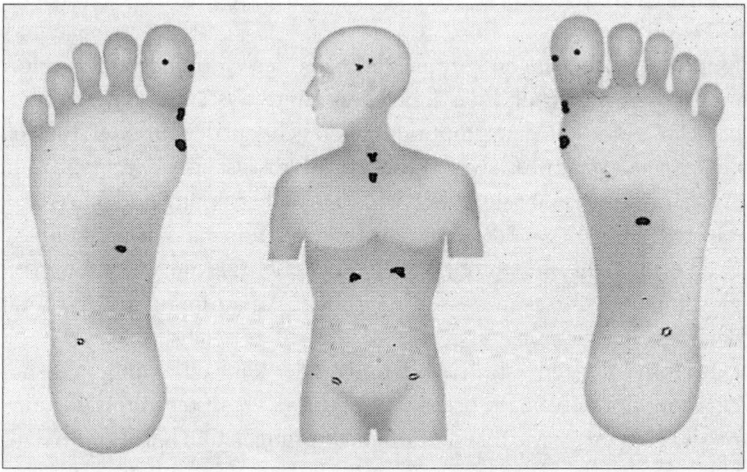

Bau und Funktion

Die endokrinen Drüsen sind die chemischen Regulatoren der Körperfunktionen, die für ein gleichbleibendes inneres Milieu sorgen. Sie geben ihre hochwirksamen Hormone direkt in den Blutstrom ab und steuern dadurch die Zelltätigkeit. In dieser Weise sorgen sie für ein harmonisches Gleichgewicht im Körper. Im Blut sind ständig über hundert Hormone vorhanden, wenn auch in unterschiedlichen Mengen entsprechend den Bedürfnissen des Körpers. Man kann dieses System mit einem Orchester vergleichen, dessen Dirigent die Hypophyse ist. Richtig »gestimmte« Drüsen sondern die richtige Menge Hormone zur richtigen Zeit ab und schaffen Harmonie. Zwar hat jede Drüse eine eigenständige Funktion, doch besteht eine wechselseitige Abhängigkeit.

Wirkungen von Streß

Emotionelle Störungen können verheerende Wirkungen auf das Hormonsystem haben und das feinabgestimmte System durcheinanderbringen. Seine extreme Empfindlichkeit geht auf den direkten Einfluß des *Hypothalamus* im Gehirn zurück. Jede Drüse ist ein Energiezentrum; Anspannung beraubt sie jedoch wichtiger Lebenskräfte und führt dazu, daß toxische Abbauprodukte den Energiestrom blockieren können. Die verschlechterte Durchblutung beeinträchtigt die Verteilung von Hormonen, während der eiserne Griff der Anspannung die Aktivität der Zielzellen hemmt.

Das Hormonsystem ist für Änderungen der Umweltbedingungen äußerst empfindlich, wie z. B. das Wetter und das Selbsterhaltungsbedürfnis des Körpers, sowie für emotionelle Störungen und negative Gedanken. Seelische Zufriedenheit mit frohen Gedanken hat eine beruhigende, harmonisierende Wirkung, während negative Emotionen schädliche Folgen haben.

Reflexzonenverfahren

Die Reflexzonenarbeit normalisiert die Wirkungen aller Drüsen. Überaktive Drüsen werden beruhigt, während unteraktive Drüsen stimuliert werden. Bei gefühlvoller Massage ist es nicht möglich, eine Drüse übermäßig zu stimulieren. Der durch die Massage herbeigeführte Entspannungszustand ermöglicht eine gute Versorgung des Hypothalamus und der Hypophyse mit Blut und Nährstoffen, so daß beide ihre steuernde Funktion wahrnehmen können. Falls Zellen zerstört sind, werden die verbliebenen Zellen zur bestmöglichen Funktion angeregt, und die Möglichkeit einer Entwicklung abnormaler Zellen wird durch die Schaffung einer günstigen Umgebung verringert. Die Massage beruhigt den Körper und sorgt für eine gute hormonelle Versorgung.
Ein harmonisches Drüsensystem fördert einen Gleichgewichtszustand (Homöostase), weil es alle Körperaktivitäten harmonisiert; aus diesem Grund wird es unmittelbar nach dem Zentralnervensystem massiert.
Alle Hormondrüsenreflexe sind (möglicherweise mit Ausnahme der Zirbeldrüsen- und Thymusreflexe) von Natur aus empfindlich, insbesondere bei einer Blockierung des Energieflusses.
Für die Massage dieser Reflexe muß man sich Zeit nehmen und alle Hast vermeiden. Jeder Reflex wird einzeln in drei einfachen Schritten massiert, und zwar zuerst der linke Fuß. Üben Sie zunächst auf Ihrer Handfläche, damit Sie die Wirkung erfahren und den geeignetsten Druck ermitteln können. Je leichter die Berührung ist, desto stärker ist die Wirkung.

1 Legen Sie Daumen oder Zeigefinger auf den Reflexpunkt. Wenden Sie in dieser Stellung sanften Druck an, und beginnen Sie, den Punkt im Uhrzeigersinn zu massieren. Bis zu einer Minute lang behandeln.
2 Lassen Sie den Daumen bzw. Finger auf dem Reflex, und massieren Sie nicht mehr. Wenden Sie dann sanften, aber direkten Druck auf den Reflex an; dies darf nicht als unangenehm empfunden werden.

Lassen Sie los, und nehmen Sie den Finger, mit dem Druck der Haut des Empfangenden mitgehend, ganz langsam zurück.

3 Mit beiden Daumen oder beiden Fingern leicht in Richtung des Körpers streichen, wobei Sie die Haut am Reflexpunkt kaum berühren.

Anmerkungen

- Wenn Sie sich bezüglich der genauen Lage des Reflexpunkts unsicher sind oder wenn Sie wissen möchten, wie empfindlich diese Reflexe sind, setzen Sie den Knöchel am Reflex ein, und drücken Sie tief in den Punkt. *Vorsicht:* Ein Ungleichgewicht der Drüse bewirkt einen sehr empfindlichen Reflex, und der Empfangende könnte dies als sehr unangenehm oder als reißenden Schmerz empfinden. Wenn keine Empfindung auftritt, muß man möglicherweise den Finger ein klein wenig verschieben oder den Winkel ändern, mit dem man drückt, um an die richtige Stelle zu gelangen.
- Farben haben eine tiefreichende Wirkung auf die chemische Zusammensetzung des feinabgestimmten Körpers. Damit haben Sie auch einen erheblichen Einfluß auf die Selbstheilungskräfte des Körpers.
- Kleidung, Nahrungsmittel und die Umgebung filtern Farben; daher ist es möglich, auf diesem Wege mit Hilfe bestimmter Farben die individuellen endokrinen Drüsen ins Gleichgewicht zu bringen.

Die Hypophyse

Die Hypophyse hat direkten Einfluß auf alle übrigen Drüsen und reguliert dabei alle Stoffwechselprozesse.

Lage im Körper
Die Hypophyse ist eine erbsengroße Drüse am Boden des Zwischenhirns direkt unterhalb des Hypothalamus. Sie ist durch Knochen und Gewebe gut geschützt.

Lage am Fuß
Der Hypophysenreflex liegt auf halber Höhe seitlich an der großen Zehe hinter dem Knochenvorsprung, der eine Schutzfunktion hat. Es ist ein sehr kleiner Reflex, der jeweils zur Hälfte auf beiden großen Zehen liegt.

Bau und Funktion

Diese winzige ovale Drüse ist aus zwei Lappen aufgebaut, die unabhängig voneinander arbeiten. Die von ihr erzeugten Hormone fördern das Wachstum bei Kindern und regeln den Stoffumsatz und die Zellreparatur bei Erwachsenen. Weiterhin steuern Hypophysenhormone den Wasserhaushalt, den Blutdruck und wirken auf die Zusammenziehung der Gebärmutter und das Einschießen der Milch nach der Geburt.

Psychosomatischer Aspekt

Die Hypophyse ist das hormonelle Steuerzentrum. Bei Verlust der emotionellen Kontrolle treten Ungleichgewichte auf.

1 Den linken Fuß mit der linken Hand stützen. Die rechte Daumenkuppe so unter den Knochenvorsprung legen, daß die Innenseite des Daumens in einer Linie zur Oberseite des Knochenvorsprungs liegt.
2 Die Seite des Daumens über den Knochenvorsprung rollen und nach innen und unten drücken. Dabei muß eine kleine Erhöhung von etwa Stecknadelgröße oder kleiner spürbar sein. Bei Stauungen ist die Stelle allgemein angespannt, ohne feststellbare Schwellungen.
3 Mit leichtem Druck im Uhrzeigersinn kreisen, wobei der Daumen auf dem Reflex bleibt.

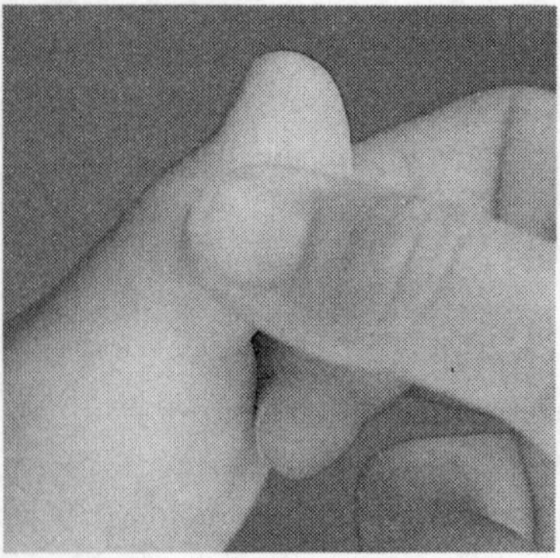

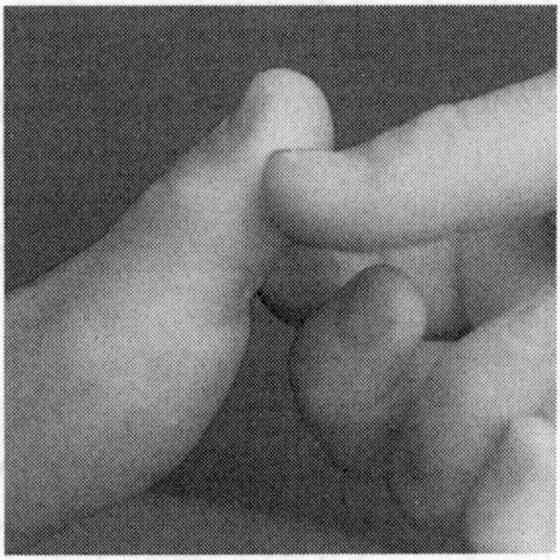

4 Den Daumen auf dem Reflex lassen, nicht mehr kreisen und langsam festen Druck einsetzen, der für den Empfangenden nicht unangenehm sein darf. Entspannen und den Daumen, mit dem Druck der Haut des Empfangenden mitgehend, zurücknehmen.
5 Mit ganz leichten Strichen in Richtung der Körpermitte arbeiten.
6 Unter Beibehaltung des Kontakts den rechten Fuß mit der rechten Hand fassen. Den linken Daumen auf die rechte Zehe legen und die Massage am rechten Hypophysenreflex wiederholen.
7 Den linken Daumen am rechten Hypophysenreflex ruhen lassen und

gleichzeitig den rechten Daumen auf den linken Hypophysenreflex legen, um die beiden Seiten der Hypophyse zu harmonisieren.

Anmerkungen

• Falls es schwierig ist, den Reflex am rechten Fuß mit dem linken Daumen zu finden, diesen mit dem rechten Daumen lokalisieren, aber mit dem linken massieren. In folgenden Fällen besonders auf die Hypophyse achten:

– Störungen des Hormonsystems,
– Stoffwechselstörungen,
– Störungen der Sexualfunktion,
– Wachstumsstörungen,
– Schwankungen der Körpertemperatur,
– emotionelle Belastungen,
– Negativität.

• Die Hypophyse bleibt eher im Gleichgewicht, wenn man auf der geistigen, seelischen und körperlichen Ebene im Gleichgewicht ist. Eine positive Einstellung und Lebensfreude sind von wesentlicher Bedeutung. Lernen Sie, mit Ihren täglichen Aufgaben zurechtzukommen, und überprüfen Sie gegebenenfalls Ihre Lebensweise, um Störfaktoren auszuschalten. Die Hypophyse spricht gut auf die Farbe Indigo an.

Die Zirbeldrüse

Die Zirbeldrüse oder Epiphyse, die manchmal auch das »dritte Auge« genannt wird, koordiniert die biologischen Zyklen.

Lage im Körper
Hinter der Hypophyse am Boden des Gehirns.

Lage am Fuß
Den Zirbeldrüsenreflex erreicht man über die sichtbaren Vertiefungen in der Mitte des Großzehenballens, wo eine leichte Vertiefung tastbar ist (dies sind auch die Reflexe für das Auge).

Bau und Funktion

Die Zirbeldrüse ist eine kleine kiefernzapfenähnliche Drüse, die etwa halb so groß ist wie die Hypophyse. Diese Drüse liegt zwar an einem dunklen Ort, doch schwankt die Menge der von dieser Drüse ausgeschiedenen Substanzen entsprechend der Menge des natürlichen Lichts, die das Auge wahrnimmt. Das von der Zirbeldrüse erzeugte Melatonin hat Einfluß auf das Einsetzen der sexuellen Reife und ist an der Regulierung des Fruchtbarkeitszyklus der Frau beteiligt.

Reflexzonenverfahren

Stauungen oder Abweichungen des Auges führen dazu, daß weniger Licht in den Körper gelangt, und dies kann direkten Einfluß auf die Funktion der Zirbeldrüse haben. Die Massage des Augenhöhlenreflexes stellt die Energie und die Durchblutung wieder her und baut die Stauung ab.

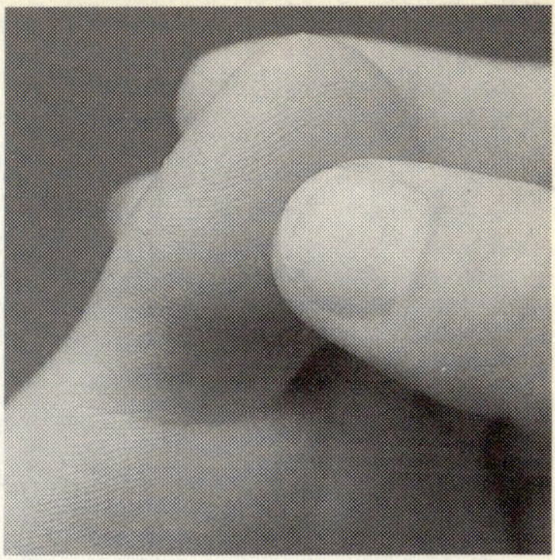

1 Den linken Fuß mit der linken Hand halten. Die Kuppe des rechten Daumens auf die Mitte des Ballens der linken großen Zehe legen. Wenn man sanft drückt, kann man unter der Oberfläche eine leichte Vertiefung fühlen. Dies ist die Augenhöhle. Sie befindet sich üblicherweise in einer »Bullaugen«position auf den großen Zehen.

2 Den Reflex mit leichtem Druck im Uhrzeigersinn massieren.

3 Nicht mehr kreisen, jedoch den Daumen auf dem Reflex lassen. Langsam den Druck steigern, ohne dem Patienten Schmerzen zu bereiten, bis man auf Widerstand trifft. Loslassen und, dem Druck der Haut des Empfangenden nachgebend, mit dem Daumen zurückgehen.

4 Mit beiden Fingern in einer Abwärtsbewegung leicht über die Oberfläche streichen.

5 Den rechten Fuß mit der rechten Hand abstützen und die Massage mit dem linken Daumen an der rechten großen Zehe wiederholen.

6 Den Daumen am rechten Zirbeldrusenreflex ruhen lassen und den rechten Daumen eine Weile auf den linken Zirbeldrüsenreflex legen, um die Zirbeldrüse zu harmonisieren.

Anmerkung

• Der Empfangende verspürt möglicherweise bei der Massage dieses Reflexes eine kreisende Bewegung im Auge. Konzentrieren Sie sich bei Unregelmäßigkeiten des weiblichen Zyklus, insbesondere bei Amenorrhöe (Ausbleiben bzw. Fehlen der Menstruation) und Schwankungen der Zyklusdauer, auf diesen Reflex. Bei Frauen mit

Brustkrebs wurde ein Rückgang des Zirbeldrüsenhormons festgestellt. Stauungen haben eher mit Augenbeschwerden zu tun (siehe Kapitel 6, »Die Augen«). Die Zirbeldrüse spricht gut auf Violett an.

Die Schilddrüse

Die Schilddrüse schüttet Thyroxin aus, ein Hormon, das auf alle wichtigen Körpersysteme wirkt.

Lage im Körper
Die Schilddrüse liegt vor dem Kehlkopf hinter der Falte am unteren Hals.

Lage am Fuß
Der Schilddrüsenreflex liegt auf der unteren Falte an der Basis beider großer Zehen. Er befindet sich jeweils zur Hälfte an der Innenseite der Füße.

Bau und Funktion

Die Schilddrüse ist eine außerordentlich aktive Drüse mit zwei kleinen Lappen, die die vier Nebenschilddrüsen enthalten. Thyroxin ist wichtig für Wachstum, geistige Wachheit, Verdauungsprozesse, Herzfunktion und die Widerstandskraft gegen Infektionen.
Die Nebenschilddrüsen regulieren den Phosphor- und Kalziumspiegel im Blut. Sie haben die Kontrolle über das in einer Menge von einem Kilogramm im Körper enthaltene Kalzium und speichern 99 Prozent davon in den Knochen. Kalzium ist wichtig für die Nervenfunktion, die Blutgerinnung und die Drüsensekretion.

Psychosomatische Aspekte

Die Schilddrüse hat mit dem Selbstwertgefühl zu tun. Ungleichgewichte treten auf, wenn jemand sich zu sehr für andere verausgabt und wenig oder keine Zeit mehr für sich selbst hat. Dies führt zu Ärger und unterdrücktem Selbstmitleid.

Unterfunktion

Die meisten Menschen leiden an einer leichten Schilddrüsenunterfunktion (Hypothyreose) und haben mit einer oder mehreren der nachfolgenden Beschwerden zu tun: Kopfschmerzen; körperliche und emotionelle Erschöpfung; Antriebsschwäche, Hypoglykämie (niedriger Blutzucker); Rückenschmerzen; Krämpfe; Schwankungen der Körpertemperatur; Libidoschwäche; Schlaflosigkeit; Depressionen; Schwankungen des Cholesterinspiegels; Gedächtnisschwäche; trockene, schuppige Haut; harte, brüchige Nägel; Gewichtsprobleme; Menstruationsbeschwerden; hoher oder niedriger Blutdruck; Flüssigkeitsretention; ein allgemeines Gefühl der Mattigkeit; Wachstumsstörungen bei Kindern.

Es kann vorkommen, daß die richtige Thyroxinmenge im Blut vorhanden ist, aber ohne Wert ist, weil sie aufgrund von Anspannungen von spezifischen Zielzellen nicht aufgenommen und verwertet wird.

Überfunktion der Schilddrüse

Schilddrüsenüberfunktion (Hyperthyreose) führt zu extremer Nervosität und einer Unfähigkeit, sich zu entspannen. Aufgrund der hohen Stoffwechselrate kommt es trotz der Aufnahme großer Mengen von Nahrungsmitteln zu keiner Gewichtszunahme. Verdauungsstörungen, ein beschleunigter Puls und erhöhte Körpertemperatur belasten den Körper zusätzlich.

Überfunktion der Nebenschilddrüsen

Zuviel Parathormon (Parathyrin) entzieht den Knochen Kalzium, wodurch sie porös und brüchig werden. Der angestiegene Kalziumspiegel des Blutes erhöht das Risiko von Nierensteinen.

Reflexzonenverfahren

1 Den linken Fuß mit der linken Hand stützen. Die obere Kante des rechten Daumens auf das innere Drittel der Falte an der Basis der großen linken Zehe legen.

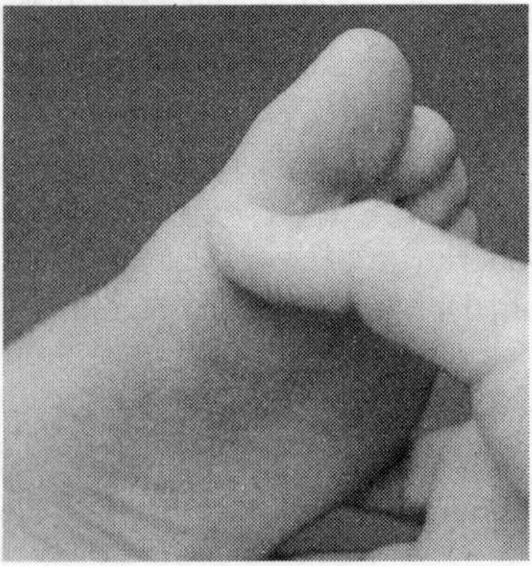

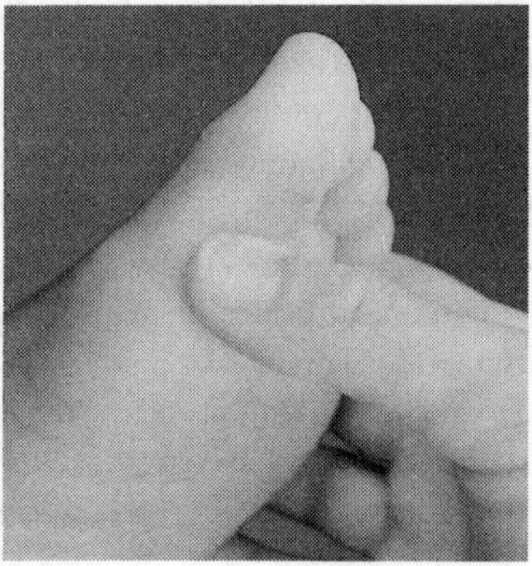

2 Den rechten Daumen über der Falte abrollen und durch Anwendung leichten Drucks nach einer kleinen typischen Vorwölbung tasten, die sich hinter der Falte verbirgt. Bei Stauungen kommt es zu Gespanntheit in diesem Bereich.

3 Wenn der Reflex lokalisiert ist, mit einer kreisenden Bewegung im Uhrzeigersinn massieren.

4 Leicht auf den Reflex drücken, soweit dies für den Empfangenden angenehm ist, bis ein leichter Widerstand spürbar ist; nachlassen und mit dem Druck des Gewebes zurückgehen.

5 Mit zwei Fingern die Oberfläche des Reflexes mit leichten Abwärtsstrichen streichen.

6 Den rechten Fuß mit der rechten Hand abstützen und die Massage wiederholen. Wenn Sie Schwierigkeiten haben, den Reflex mit der linken Hand zu finden, mit dem rechten Daumen aufsuchen, aber mit dem linken Daumen massieren.

7 Den linken Daumen auf dem rechten Schilddrüsenreflex ruhen lassen und gleichzeitig den rechten Daumen auf den linken Reflex legen. Einige Sekunden halten, um die Schilddrüse zu harmonisieren.

Anmerkungen

• Der Reflex wird sich geschwollen, körnig oder stark gespannt anfühlen, wenn der Energiefluß blockiert ist. Achten Sie besonders auf diesen Reflex, wenn der Betreffende über Stoffwechselstörungen, allgemeine Erschöpfung, Schlaflosigkeit, Kopfschmerzen, Störungen der Sexualfunktion, Muskelsteifigkeit, starke Reizbarkeit oder Erregbarkeit, Wachstumsstörungen oder eine der oben erwähnten Beschwerden klagt. Frauen nach der Menopause neigen zu brüchigen Knochen, weshalb diese Drüse insbesondere bei Frauen über dreißig stimuliert werden sollte. Die Schilddrüse spricht gut auf Türkis an.

• Bei Verdacht einer Schilddrüsenunterfunktion wende man sich an einen Heilpraktiker oder homöopathischen Arzt, der ein natürliches Thyroxin-Ergänzungsmittel verordnet.

• Regelmäßige Reflexzonenbehandlung normalisiert die Funktion im Laufe der Zeit.

• Nehmen Sie sich Zeit für sich selbst, seien Sie Sie selbst, und tun Sie, was Sie gerne tun. Befreien Sie Ihre Kreativität durch den freien Ausdruck Ihrer Bedürfnisse.

Die Thymusdrüse

Die Thymusdrüse steuert aktiv die Immunabwehr des Körpers, insbesondere dann, wenn der Körper am stärksten für Krankheiten anfällig ist – bei sehr kleinen Kindern und bei älteren Menschen.

Lage im Körper
Die Thymusdrüse liegt genau unterhalb der Schilddrüse an der Stelle, wo die beiden Schlüsselbeine zusammenlaufen, in einer kleinen Vertiefung am Brustbein.

Lage am Fuß
Der Thymusdrüsenreflex liegt auf der Fußsohle etwa in der Mitte des Fußballens in Richtung der Körpermitte.

Bau und Funktion

Die graurosa Thymusdrüse umkleidet bei der Geburt einen großen Teil des Brustbeins und verdoppelt bis zum dreizehnten Lebensjahr ihre Größe. Danach bildet sie sich zurück und bleibt während der längsten Zeit des Lebens in einem verkalkten Zustand, bis sie in höherem Alter wieder zu wachsen beginnt; man nimmt an, daß sie eine wesentliche Rolle im Alterungsprozeß spielt.
Thymosin, der Wirkstoff der Thymusdrüse, ist an der Umwandlung weißer Blutzellen in Killerzellen (T-Zellen) beteiligt, die bestimmte Bakterien, Krebszellen, Pilze, Viren und andere schädliche Substanzen angreifen. Thymuszellen wandern in andere Körperteile, wo sie als Zentren lymphatischer Aktivität wirken. Die Peyer-Plaques oder -Haufen, kleine Ansammlungen von Lymphfollikeln im Krummdarm (Ileum), spielen eine besonders wichtige Rolle, da ein Zusammenhang

zwischen einer verringerten Zahl von Plaques und einem geschwächten Körper besteht.
Krieger und Gorillas trommeln instinktiv auf ihre Brust, bevor sie in den Kampf ziehen, um die Thymusdrüse zu stimulieren und die Immunabwehr für den Fall von Verletzungen anzuregen!

Unterfunktion

Unterfunktion der Thymusdrüse schwächt unmittelbar das Immunsystem, so daß der Körper anfälliger für Krankheiten und Infektionen wird, insbesondere in Zeiten psychischer Belastungen.
Menschen, die an Aids oder multipler Sklerose leiden, haben eine geschwächte Immunabwehr mit teilweisem oder völligem Ausfall der Thymusdrüse. Das chronische Ermüdungssyndrom, früher auch »Yuppie-Grippe« genannt, tritt auf, wenn hartnäckige Virusinfekte die Muskeln, das Gehirn und das Zentralnervensystem angreifen.

Überfunktion

Eine vermehrte Aktivität der Thymusdrüse führt zu einer Überstimulierung des Immunsystems, was in extremen Fällen zur Selbstzerstörung führen kann.

Psychosomatische Aspekte

Eine aus dem Gleichgewicht geratene Thymusdrüse weist auf äußerste Verletzlichkeit und Überempfindlichkeit hin. Dies geht mit der Überzeugung einher, daß alle Handlungen, Glaubenssysteme und Äußerungen der Individualität Ziel von Angriffen sind. Menschen, die an Aids oder dem chronischen Ermüdungssyndrom leiden, sind überzeugt, daß sie von allen Seiten verfolgt werden, sie haben kein Vertrauen in ihren Selbstwert. Aids-Opfer leiden oft unter sexuellen Schuldgefühlen.

Reflexzonenverfahren

1 Den rechten Daumen oder den Mittelfinger in die leichte Vertiefung in der Mitte der Innenseite des linken Fußballens direkt unterhalb der Thymusdrüse legen.

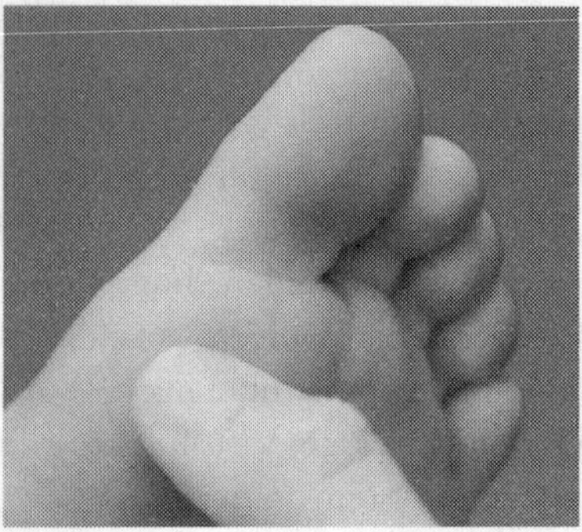

2 Den Reflex sanft im Uhrzeigersinn massieren.

3 Die kreisende Bewegung beenden und den Finger auf dem Reflex lassen. Den Bereich sanft drücken, loslassen und den Daumen bzw. den Finger, mit der Haut des Empfangenden mitgehend, zurücknehmen.

4 Den Bereich mit Abwärts-Streichbewegungen in Richtung der Ferse heilen.

5 Die Massage mit dem linken Daumen am rechten Thymusdrüsenreflex wiederholen.

6 Den linken Daumen auf dem rechten Thymusdrüsenreflex lassen und gleichzeitig den rechten Daumen einige Sekunden auf den linken Thymusdrüsenreflex legen, um die beiden Seiten der Thymusdrüse zu harmonisieren.

Anmerkungen

- Dieser Reflex ist besonders für Babys, Kleinkinder und ältere Menschen wichtig. Achten Sie vor allem im Winter auf den Thymusreflex. Er ist im allgemeinen besonders empfindlich und verlangt besondere Aufmerksamkeit, wenn der Körper einen Infekt abwehrt, z. B. HIV oder das Epstein-Barr-Virus.
- Für die Wiederherstellung einer leistungsfähigen Immunabwehr ist es wichtig, daß man in einer gelassenen Weise Vertrauen zu seinen

eigenen Überzeugungen hat. Lieben Sie sich selbst, damit auch andere angeregt werden, Ihnen Liebe entgegenzubringen. Lernen Sie, sich in der Welt und unter den Menschen sicher zu fühlen. Die Thymusdrüse spricht gut auf Grün an.

Die Nebennieren

Die Nebennieren spielen eine wichtige Rolle, wenn der Körper auf Notsituationen reagieren muß. Außerdem treten sie bei der Bekämpfung von Entzündungszuständen in Funktion und regeln den Salz- und Wasserhaushalt des Körpers.

Lage im Körper
Die Nebennieren liegen im hinteren Bauchraum auf dem oberen Pol der Niere. Die rechte Nebenniere liegt etwas tiefer und weiter in der Mitte als die linke, weil die Hauptmasse der Leber auf der rechten Körperhälfte liegt.

Lage am Fuß
Die Nebennierenreflexe liegen unmittelbar unterhalb des Sonnengeflechtreflexes, wobei die rechte Nebenniere geringfügig tiefer und etwas mehr zur Mitte liegt.

Bau und Funktion

Die Nebennieren erzeugen mindestens dreißig Hormone, die man als Corticosteroide bezeichnet. Die rechte Nebenniere hat Pyramidenform, die linke ist halbmondförmig. Die Nebennieren bestehen aus

zwei verschiedenen Organen, der äußeren Rinde und einem sehr gefäßreichen inneren Mark, und sie sind vom Sonnengeflecht aus reich mit vegetativen Nerven versorgt.
Die Nebennierenrinde erzeugt Corticosteroide, die den Elektrolythaushalt regeln, für einen stabilen Wassergehalt des Körpers sorgen, am Kohlenhydratstoffwechsel beteiligt sind, den Blutzuckerspiegel beeinflussen, Entzündungen und Allergien bekämpfen und die Entwicklung und Funktion der Sexualorgane beeinflussen, die die körperlichen Merkmale und die psychische Veranlagung von Mann und Frau bestimmen.
Adrenalin und Noradrenalin, die beiden Sekrete des Marks, lösen eine Reihe ähnlicher Reaktionen im sympathischen Nervensystem aus, die den Körper auf »Kampf oder Flucht« vorbereiten. Adrenalin reagiert sofort auf physiologischen und psychologischen Streß, indem es unverzüglich aus der Leber Muskelbrennstoff bereitstellt, der übermenschliche Kraft verleiht, wenn sich der Körper in einer Notsituation befindet.

Unterfunktion

Primärchronische Polyarthritis, Allergien und sonstige Entzündungszustände treten bei einem verringerten Cortisonspiegel verstärkt auf. Ständiger Energiemangel mit niedrigem Blutzuckerspiegel und Magen-Darm-Störungen kann zu starkem Gewichtsverlust führen.

Überfunktion

Der Hydrocortisonspiegel steigt in Streßsituationen um das Zehnfache an. Bei ständigem hohem Hydrocortisonspiegel steigt die Krankheitsanfälligkeit.

Wirkungen von Streß

Wenn sich der Körper in einer Streßsituation befindet, stellt sich eine Verteidigungssituation ein, bei der Adrenalin ausgeschüttet wird – ein Mechanismus, der eigentlich für Notsituationen »gedacht« ist. Heute besteht jedoch in der Regel wegen der beständigen emotionellen, physischen und Umweltbelastungen, die den Körper fortwährend in einem Alarmzustand halten, ein ständig hoher Adrenalinspiegel im Blut. Die Muskeln sind stets angespannt, und das Herz arbeitet zu schnell, Energie wird zu rasch verbraucht, bis schließlich der ganze Körper erschöpft ist. Wenn dann eine Notsituation eintritt, können Körper und Geist nicht mehr reagieren. Durch die entzündungshemmende Wirkung wird das Schmerzempfinden herabgesetzt, wodurch die Schwere von Symptomen oft nicht wahrgenommen wird.

Psychosomatische Aspekte

Disharmonien der Nebennieren treten bevorzugt auf, wenn Gefühle wie Hoffnungslosigkeit, Kummer oder Defätismus überwiegen. Das Gefühl der Unzulänglichkeit kann den Betreffenden veranlassen, sich selbst aufzugeben.

Reflexzonenverfahren

1 Den rechten Daumen auf den linken Fuß unmittelbar unterhalb des Sonnengeflechtreflexes legen. Nach einer markanten Vorwölbung unterhalb der Haut tasten. Sie kann bei manchen Menschen geringfügig tiefer oder etwas der Mitte zu liegen. Ändern Sie bei Schwierigkeiten den Winkel des Daumens, um den Druck neu zu verteilen.

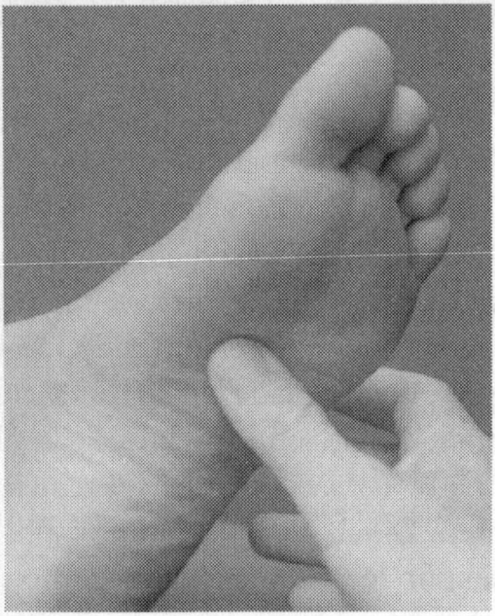

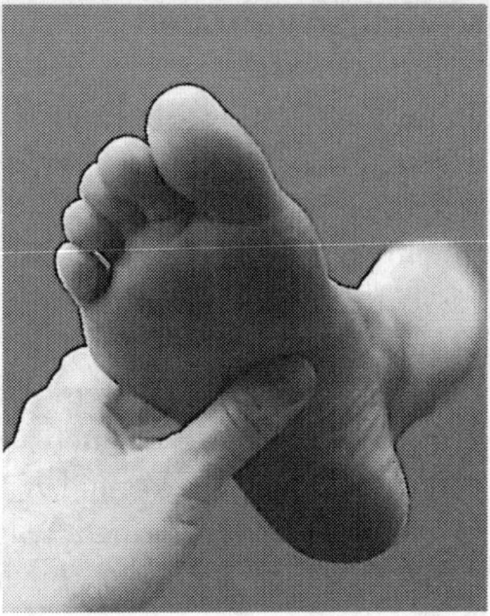

2 Mit dem Daumen mindestens eine Minute lang im Uhrzeigersinn eine sanfte kreisende Bewegung ausführen.

3 Nicht mehr kreisen, den Daumen auf dem Reflex lassen und sanften Druck anwenden. Loslassen und, mit dem Druck der Haut des Empfangenden mitgehend, den Daumen wegnehmen.

4 Den Bereich mit leichten Abwärtsstrichen in Richtung der Ferse heilen.

5 Die Behandlung mit dem linken Daumen am rechten Nebennierenreflex wiederholen, der etwas tiefer und weiter in der Mitte liegt. Wiederum nach einer tiefen Vorwölbung tasten.

6 Den linken Daumen am rechten Nebennierenreflex liegen lassen und gleichzeitig den rechten Daumen einige Sekunden auf den linken Nebennierenreflex legen, um die beiden Nebennieren zu harmonisieren.

Anmerkungen

- Bei Blockierungen des Energiestroms können am Reflex kleine »Wasserblasen« oder körnige Ablagerungen vorhanden sein. Ein gestörter Nebennierenreflex ist äußerst empfindlich, und es kann eine unangenehme »quetschende« Empfindung auftreten, wenn mit zu starkem Druck gearbeitet wird.

- Eine einfühlsamere und umfassendere Massage ist erforderlich bei allen nervösen Störungen, schweren Erschöpfungszuständen, Allergien (einschließlich Asthma), Entzündungszuständen von Furunkeln bis Arthritis, Störungen des Wasser- und Mineralstoffhaushalts wie Ödem und Harnproblemen, bei sexuellen Störungen, Frauenleiden, Hypoglykämie, hohem oder niedrigem Blutdruck, Herzbeschwerden, Muskelkrämpfen und geschwächter Abwehr.
- Selbstanerkennung schafft Selbstvertrauen und Selbstachtung, die für die Wahrnehmung des Selbstwerts wichtig sind. Die Nebennieren sprechen gut auf Orange an.

Die Bauchspeicheldrüse

Die Bauchspeicheldrüse ist eine endokrine und exokrine Drüse. Beide Funktionen hängen mit dem Verdauungsprozeß zusammen, weshalb sie im Rahmen der Reflexzonenarbeit zusammen mit dem Verdauungstrakt massiert werden (siehe Kapitel 10, »Die Bauchspeicheldrüse«).

Gonadotropine oder Geschlechtshormone

Beim Mann: Die Hoden erzeugen Testosteron, das die männlichen Geschlechtsmerkmale prägt. *Bei der Frau:* Die Eierstöcke erzeugen Östrogen und Progesteron, die für die Entwicklung der weiblichen Geschlechtsmerkmale und die Funktion der Geschlechtsorgane verantwortlich sind. Der Menstruationszyklus wird durch diese Hormone gesteuert (siehe Kapitel 12).

Lage im Körper
Beim Mann: Die männlichen Geschlechtsorgane, die Hoden, liegen im Hodensack. Die Prostata umschließt den Blasenhals und einen Teil der Harnröhre.
Bei der Frau: Die weiblichen Geschlechtsorgane liegen im kleinen Becken zu beiden Seiten der Gebärmutter.

Lage am Fuß
Beim Mann: Die Reflexe der Hoden und der Prostata liegen an der Innenseite des Fußes in der Nähe der Basis der Ferse in der Mitte zwischen Knöchel und Ferse.
Bei der Frau: Die Eierstockreflexe sind von zwei Richtungen her zugänglich:
– an der Fußsohle ganz unten in der fleischigen Vertiefung an der Außenseite des Fußes,
– außen an der Ferse in der Mitte zwischen dem Fersenballen und dem Knöchel.

Bau und Funktion

Beim Mann: Die Hoden sind eiförmige Gebilde, an deren Rückseite die Nebenhoden mit vielen gewundenen Kanälchen liegen. Die Prostata besteht aus Drüsengewebe, das von glatter Muskulatur umgeben ist.
Bei der Frau: Die Eierstöcke haben etwa die Form und Größe einer Mandel. Sie sind mit unreifen weiblichen Keimzellen und reifen Eiern gefüllt und erzeugen sechs verschiedene Östrogene.

Disharmonien der Geschlechtsdrüsen

Eine zu geringe Bildung von Geschlechtshormonen während der Pubertät kann die volle Ausbildung der sekundären Geschlechtsmerkmale verhindern. Ein Fehlen weiblicher Hormone bzw. ihr Rückgang führt zu Amenorrhöe (Ausbleiben des Zyklus) und möglicherweise Unfruchtbarkeit.

Psychosomatische Aspekte

Störungen der Geschlechtsdrüsen haben üblicherweise mit Schuldgefühlen oder der Vorstellung zu tun, daß Sex etwas Sündiges oder »Schmutziges« ist. Zorn auf den Ehepartner oder einen Elternteil kann unbewußt eine physische Barriere erzeugen. Sexuelle Zwänge hemmen den freien Fluß dieser Hormone.

Reflexzonenverfahren

Nur bei Frauen

1 Den rechten Daumen am linken Fuß an diejenige Stelle legen, wo die Hornhaut an der Außenkante des Fußballens ein umgekehrtes »L« bildet. Dies ist der Eierstockreflex.

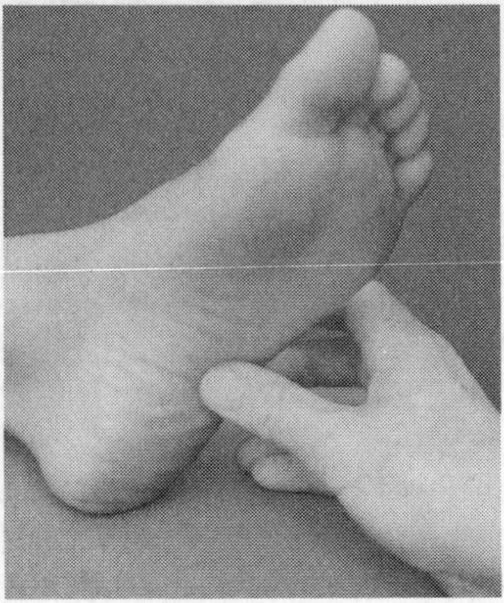

2 Mit einer Bewegung im Uhrzeigersinn massieren.

3 Nicht mehr massieren und sanften Druck auf den Reflex anwenden. Mit dem Druck der Haut der Empfangenden mitgehend, den Daumen wegnehmen.

4 Mit leichten Abwärtsstrichen sanft heilen.

5 Die Massage am rechten Fuß mit dem linken Daumen wiederholen.

6 Den linken Daumen am rechten Eierstockreflex lassen und gleichzeitig den rechten Daumen einige Sekunden auf den linken Eierstockreflex legen, um die beiden Eierstöcke zu harmonisieren.

Anmerkung

- Die Reflexe der Eierstöcke auch dann massieren, wenn die Eierstöcke entfernt wurden, um noch verbleibendes Gewebe zu stimulieren, das sich unter günstigen Umständen regenerieren kann. Der Eisprung erfolgt monatlich abwechselnd in einem der beiden Eierstöcke. Der aktive Eierstock ist etwas stärker geschwollen und empfindlicher. Die »Pille« unterdrückt den Eisprung und verringert im allgemeinen die Empfindlichkeit, so daß es schwierig ist, die Eierstockreflexe festzustellen.

Männer und Frauen

1 Den rechten Mittelfinger an der Außenseite des Fußes in der Mitte zwischen Ferse und Knöchel an die Stelle legen, an der sich eine kleine Vertiefung befindet. Dieser Reflex ist der sekundäre Zugang zu den Eierstöcken; da er jedoch ebenso mit dem stark belasteten Bereich in der Vertiefung über dem Gesäß in Verbindung steht, wird er auch bei Männern massiert.

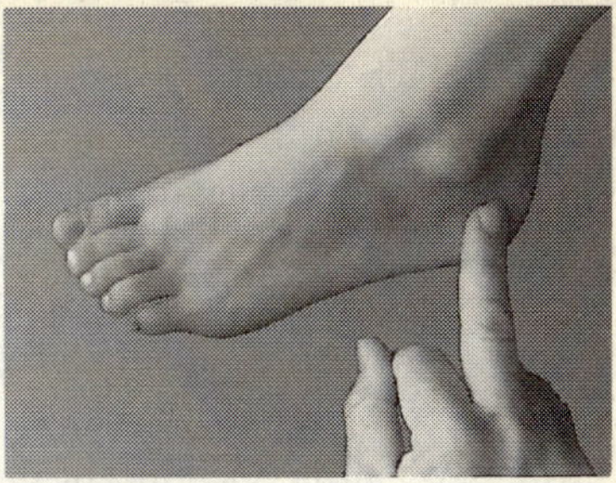

2 Sanft im Uhrzeigersinn kreisen.
3 Nicht mehr massieren, leicht in den Reflex drücken und anschließend, mit dem Druck der Haut des Empfangenden mitgehend, den Finger wegnehmen.
4 Mit leichten Abwärtsstrichen sanft heilen.
5 Mit dem linken Mittelfinger am rechten Fuß wiederholen.
6 Den linken Finger auf dem rechten Reflex lassen und den rechten Finger eine Weile auf den linken Reflex legen, um diese Reflexe zu harmonisieren.

Der Prostatareflex (bei Männern) und Scheidenreflex (bei Frauen)

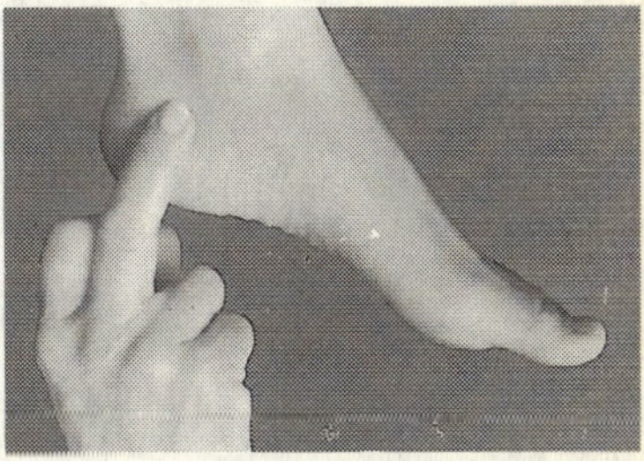

1 Den Daumen oder Mittelfinger auf die sichtbare Vertiefung in der Mitte zwischen der Ferse und dem Knöchel an der Innenseite des linken Fußes legen.
2 Die Massage an beiden Füßen wiederholen.
3 Den linken Daumen auf dem rechten Reflex und den rechten Daumen auf dem linken Reflex ruhen lassen und harmonisieren.

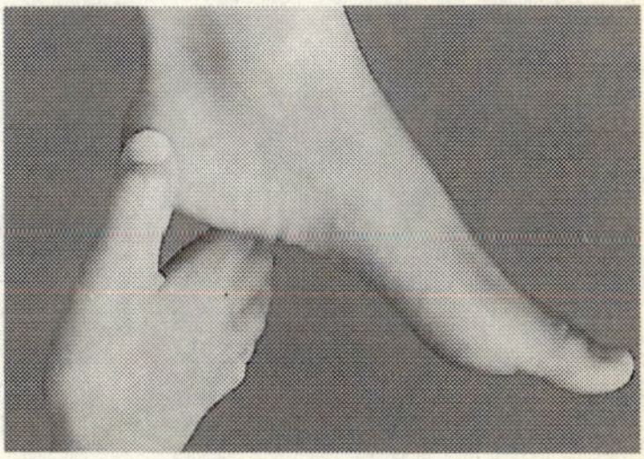

Hodenreflex (beim Mann) und Schambeinreflex (bei der Frau)

1 Den Daumen oder Mittelfinger hinter dem Knöchel über die Ferse legen.

2 Wie oben an beiden Füßen massieren.
3 Den linken Finger auf dem rechten Reflex ruhen lassen und den rechten Daumen einige Sekunden auf den linken Reflex legen, um die Reflexe zu harmonisieren.

Anmerkungen

- Achten Sie vor allem bei kleinen Kindern, in der Pubertät und im Jugendalter, während der Schwangerschaft und bei Menstruationsbeschwerden auf die Geschlechtsdrüsen. Die Geschlechtsdrüsen sprechen gut auf Rot an.
- Seien Sie unbefangen gegenüber Ihrer Sexualität, und genießen Sie es, dem geliebten Menschen in Ihrem Leben Liebe zu schenken und von ihm Liebe zu empfangen.
- Nachdem nun das Nervensystem sowie auch das Hormonsystem beruhigt sind, kann man mit der weiteren Massage fortfahren.

6 Kopf und Gesicht

Vom Kopf aus werden alle Körperprozesse überwacht und registriert. Er beherbergt den Sitz der Vernunft und Sinnesorgane.

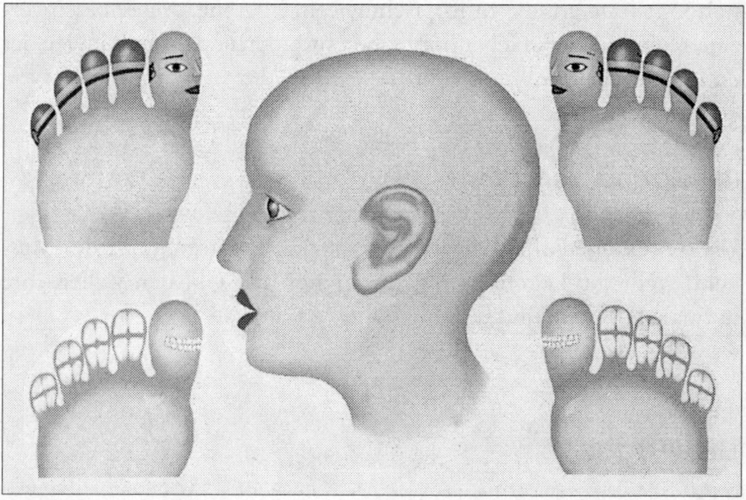

Bau und Funktion

Die Sinnesorgane schicken laufend wichtige Informationen über die Umwelt zur Analyse in das Gehirn, woraufhin der übrige Körper in entsprechender Weise reagiert. Zwischen den Zellen des Körpers und denjenigen des Kopfes besteht ein ständiger Informationsaustausch. Auf dem Gesicht spiegeln sich Stimmungen und Empfindungen, wiewohl viele Menschen gelernt haben, ihre wahren Gefühle zu verbergen.

Wirkungen von Streß

Das Blut muß entgegen der Schwerkraft nach oben zum Kopf strömen. Anspannung führt unmittelbar zu einer Zusammenziehung der Muskeln und damit zu einer Hemmung des Blutstroms, wodurch wiederum die Versorgung mit Lebenskräften eingeschränkt wird. Es sammeln sich Giftstoffe an, die zu Kopfschmerzen, Migräne, Augenbeschwerden, Hörstörungen, Nebenhöhlenbeschwerden und Erkrankungen der Zähne führen.

Reflexzonenverfahren

Die Reflexzonenarbeit bewirkt eine effektive Entspannung der Muskeln, stellt die Durchblutung wieder her und gibt den Zellen ihre normale Funktion und Leistungsfähigkeit zurück.

Die Augen

Die Augen sind hochspezialisierte Sinnesorgane, die Licht in eine gewaltige Fülle farbiger und bedeutungsvoller Bilder umwandeln, aus denen Informationen abgelesen und durch die Gefahren ermittelt werden können. 85 Prozent der Lebenserfahrungen werden über das Auge vermittelt, das daher einen entsprechenden Einfluß auf den Gang der Dinge hat. Das aufgenommene Licht erfüllt den Körper mit pulsierendem Licht, das jede Zelle mit Energie und Vitalität durchtränkt.

Lage im Körper
In den Augenhöhlen.

Lage am Fuß
Der Hauptreflex liegt in der Mitte des Ballens der großen Zehe, wo eine

leichte Vertiefung spürbar ist. Weitere Reflexe liegen in der Mitte des Ballens der kleinen Zehe.

Bau und Funktion

Die Augen sind Fortsätze des Gehirngewebes, die an der Körperoberfläche Kontakt mit der Außenwelt aufnehmen. Sie sind sehr genau, beweglich und »selbstinstandsetzend«, und sie verlangen kaum Aufmerksamkeit seitens ihres Benutzers, da sie sich jederzeit auf die körperlichen Bedürfnisse einstellen.
Die Augen werden von 28 000 Nervenfasern durchzogen, die sich automatisch an Lichtschwankungen anpassen. Durch mikroskopische symbolische Spiegelungen auf der Iris, die den Gesundheitszustand bestimmter Organe anzeigen, ist eine Augendiagnose möglich.

Augenpflege
Alle wichtigen Nährstoffe werden durch die reiche Versorgung mit Blutgefäßen und durch Tränen bereitgestellt. Der Lidschlag reinigt das Auge und vernichtet Bakterien. Je schneller der Lidschlag, desto besser werden die Augen versorgt. Das Auge braucht natürliches Sonnenlicht und bestimmte Vitamine und Minerale für das Wachstum und die Vitalität des Körpers sowie für die Beruhigung des Nervensystems. Eine beständige Bewegung und Stimulierung ist wichtig, damit die Augenmuskeln elastisch und flexibel bleiben.

Wirkungen von Streß

Über 60 Prozent der Menschen in der westlichen Welt brauchen eine Sehhilfe, und immer mehr Menschen leiden an einer Überlastung der Augen und einer geschwächten Sehfähigkeit. Die bei Sehtests auftre-

tende Anspannung führt zu einer Verringerung der Sehkraft, weshalb meist Sehhilfen verordnet werden, die für den Alltagsgebrauch zu stark sind. Die Augen werden geschwächt, weil sie gezwungen sind, sich anzupassen. Wenn die verordnete Linsenstärke auf etwa 83,5 Prozent verringert wird, kräftigen sich die Augen, und die Sehleistung nimmt zu, bis die Augen schließlich überhaupt keine Sehhilfe mehr brauchen. Durch Neonröhren, Windschutzscheiben, Brillen und Fenster haben die Augen keinen Kontakt mit dem natürlichen Sonnenlicht, wodurch das empfindliche Gleichgewicht des Nervensystems gestört wird und die Augen belastet werden. Durch das Starren auf Computer- sowie Fernsehbildschirm, Bücher und feine, komplizierte Arbeiten werden den Augen Sauerstoff und Nährstoffe entzogen, weil der Lidschlag praktisch aufhört und die Atmung äußerst flach wird.
Inwieweit bestimmte Nahrungsmittel wie z. B. einfacher, raffinierter Zucker und Milchprodukte die Augen beeinträchtigen, ist individuell verschieden.

Psychomatische Aspekte

Die Augen sind der Spiegel des inneren Wesens, der Persönlichkeit und der Gemütsverfassung. Die Kommunikation mit anderen kann durch Schüchternheit, Zorn, Habgier, Furcht, Unglücklichsein, mangelndes Interesse oder Selbstsucht behindert werden. Die Augen können Bände sprechen, ohne daß ein Wort fällt. Kinder suchen begeistert mit weit geöffneten Augen den Austausch mit der Welt, jedoch gewöhnen sie sich oft durch Furcht und Schüchternheit an, direkten Augenkontakt zu vermeiden.
Die Augen repräsentieren die Fähigkeit, alle Aspekte des Lebens zu sehen, vergangene, gegenwärtige und zukünftige. Im aktuellen Zustand der Augen spiegeln sich frühere Gemütsbewegungen, Gedanken, Zornempfindungen, Ängste und Überzeugungen, die die optische

Wahrnehmung beeinträchtigen können. Wenn beunruhigende frühere Erfahrungen aus Angst, das schlimme Ereignis nochmals durchmachen zu müssen, ausgesperrt werden, tritt Anspannung auf, die zu einer Muskelanspannung führt und die Mobilität des Auges verringert.
Oft tritt innerhalb von eineinhalb bis zwei Jahren nach einer dramatischen Erfahrung Kurzsichtigkeit auf, weil man Angst hat, zu weit in die Zukunft zu blicken. Weitsichtigkeit, wie sie bei älteren Menschen häufig ist, entsteht aus der Tendenz, fortwährend für die Zukunft zu planen und vorauszuschauen. Sie kann durch Zorn über einen selbst oder andere Menschen zustande kommen; gleichzeitig tritt oft ein Drang auf, unabhängig zu sein und sich gegenüber der aktuellen Situation zurückzuziehen. Träge Augen weigern sich, sich den Realitäten und Tatsachen des Lebens zu stellen.
Angst, Furcht und Zorn trüben vorübergehend den klaren Blick, und manche Menschen sind »auf einem Auge blind«. Nachtblindheit entsteht aus einer tiefsitzenden Angst vor der Dunkelheit.
Kinder entwickeln häufig Augenprobleme, um nicht sehen zu müssen, was in ihrem Leben geschieht, insbesondere in der familiären Umgebung. Dies ist besonders häufig nach einer traumatischen Ehescheidung.

Reflexzonenverfahren

Es wird dasselbe Verfahren wie für die Zirbeldrüse angewandt (siehe Seite 76 sowie Seite 110 Massage der Nebenhöhlen-, Zahn-, Augen- und Ohrenreflexe).

Anmerkungen

• Überlastung der Augen und Störungen der Sehfähigkeit behindern den freien Strom und Energie; der Reflex ist entweder angespannt und vorgewölbt oder aber weich und schwammig. Konzentrieren Sie sich auf diesen Reflex bei Augenproblemen und bei Menschen, die am Bildschirm arbeiten oder eine Sehhilfe tragen.

- Trainieren Sie die Augen regelmäßig, indem Sie den Kopf stillhalten, tief atmen und die Augen so weit wie möglich in alle Richtungen bewegen, z. B. von ganz rechts nach ganz links.
- Bewußt des öfteren mit den Augen zwinkern, insbesondere bei der Arbeit am Bildschirm, beim Fernsehen oder bei feinen Arbeiten.
- Pflegen Sie die Augen, indem Sie ihnen durch eine ausgewogene Ernährung wichtige Nährstoffe zur Verfügung stellen.
- Nehmen Sie sich Zeit dafür, tief einzuatmen.
- Seien Sie bewußt für Ihre Augen dankbar, weil sie so oft als selbstverständlich betrachtet werden.
- Achten Sie beim Schauen darauf, daß Sie die kleinen Details und wunderbaren Facetten des Lebens bewußt wahrnehmen.

Die Ohren

Die Ohren sind Sinnesorgane, die Schallwellen aus der Umwelt in Nervenimpulse umwandeln, damit sie vom Gehirn interpretiert werden können. Dadurch haben sie Auswirkungen auf die körperliche und emotionelle Entwicklung. Die Ohren verleihen uns den Hör-, Haltungs- und Gleichgewichtssinn, und sie sind von entscheidender Bedeutung für die Ausbildung der Sprache.

Lage am Körper
Die Ohren sind Organe seitlich am Kopf

Lage am Fuß
Der Innenohrreflex befindet sich in der Mitte auf der Innenseite der großen Zehe an der Stelle einer kleinen Vertiefung. Der Mittelohrreflex verläuft horizontal durch die Mitte der kleinen Zehe zum äußeren Rand, wo die Außenohrreflexe liegen.

Bau und Funktion

Schwingungsfrequenzen zwischen 16 und 40 000 Hertz werden als Geräusche registriert und gedeutet. Das Gehirn muß schon einmal mit einem Geräusch konfrontiert worden sein, um es verstehen und interpretieren zu können. Eine Fremdsprache z. B. kann man hören, ohne sie jedoch unbedingt zu verstehen. Das Hören, für die Entwicklung der Sprache und als Mittel der verbalen Kommunikation von wesentlicher Bedeutung, ist die Grundlage gesunder zwischenmenschlicher Beziehungen.

Wirkungen von Streß

Anspannung hat schädliche Wirkungen auf das Hör-, Gleichgewichts- und Haltungsorgan. Wenn sich Muskeln zusammenziehen, berauben sie die Zellen wesentlicher Lebenskräfte, was zu einer verschlechterten Zellfunktion und -bildung führt. Die Stagnation der Lebensprozesse dämpft die Klarheit und Schärfe der höheren Wahrnehmung herab. Das Hörvermögen für tiefe Töne bleibt während des ganzen Lebens erhalten, während schon nach dem Jugendalter die Empfindlichkeit für hohe Töne rapide zurückgehen kann. Negative, zusammenhanglose Gedanken verwirren den Geist und können den Hörvorgang blockieren. Emotionelle Belastungen verzerren oder übersteigern die Bedeutung bzw. Interpretation von Worten, wodurch die Situation verschlimmert wird.
Laute Geräusche haben eine höhere Amplitude als leise Töne und können Schmerzen und sogar Schäden hervorrufen. Schallwellen hoher Amplitude wie z. B. laute Diskomusik können der Gesundheit schaden.
Eine geschwächte Immunabwehr schafft Eintrittspforten für Bakterien und Viren aus Atemwegsinfektionen. Kinder sind besonders gefährdet, weil ihre Ohrtuben kürzer und enger und ihre Mandeln größer sind.

Psychosomatische Aspekte

Die Ohren schaffen die Möglichkeit, Gesprochenes zu hören und aufzunehmen. Musik, Worte und Klänge haben unmittelbare Wirkung auf den Körper und das Gemütsleben. Die Interpretation des Gehirns kann Glücksgefühle oder Wut auslösen, beruhigen, erregen oder Erinnerungen wachrufen. Dies hat unmittelbaren Einfluß auf den Zustand der Muskeln und der Körpersysteme. Ohrenschmerzen, wie sie besonders bei jungen Menschen häufig vorkommen, sind oft ein Selbstschutzmechanismus, damit verbale oder sogar nichtverbale elterliche Auseinandersetzungen nicht wahrgenommen werden müssen. Es ist möglich, sich taub zu stellen oder Gehörtes bewußt falsch zu interpretieren, um innere Konflikte zu vermeiden. Taubheit kann aus einem Gefühl der Zurückweisung oder durch beharrlichen Eigensinn entstehen und kann in die völlige Isolierung führen. Sie entsteht gelegentlich auch aus einer irrationalen Blockierung der Meinungen und Gedanken anderer Menschen.

Reflexzonenverfahren

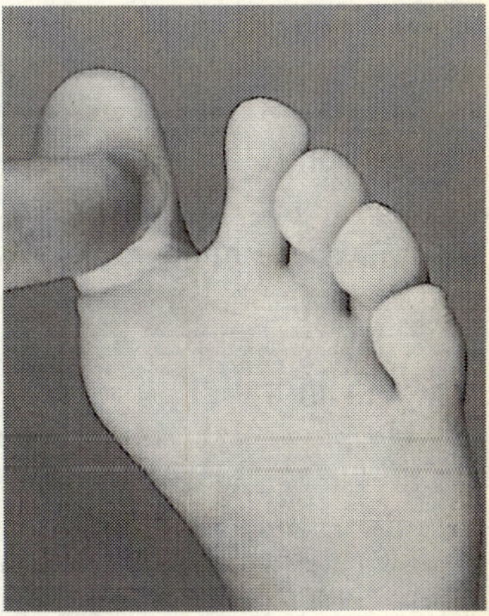

1 Den rechten Mittelfinger in die kleine Vertiefung etwa in der Mitte der linken große Zehe legen und sanft im Uhrzeigersinn kreisen
2 Nicht mehr kreisen und den Finger auf dem Reflex lassen; sanften Druck anwenden, loslassen und, mit der Haut des Empfangenden mitgehend, den Daumen zurücknehmen.
3 Sanfte Abwärtsstriche anwenden.
4 Den linken Mittelfinger auf den rechten Innenohrreflex legen und die Massage wiederholen.

Anmerkung

• Der Innenohrreflex kann außerordentlich empfindlich sein und muß sanft massiert werden. Die Reflexe an der kleinen Zehe werden mit den Nebenhöhlen- und Zahnreflexen (siehe Seite 110) massiert. Bei Störungen des Gehörgangs oder der Orientierung im Raum, bei Schwindel und Ohrgeräuschen (Ohrensausen) auf diesen Reflex konzentrieren.

Die Nebenhöhlen

Die Nebenhöhlen verringern das Gewicht des Schädels und erleichtern dadurch das Ausbalancieren des schweren Schädels auf dem leichten Hals. Die Nebenhöhlen verleihen der Stimme Resonanz und geben ihr ihre Klangfarbe.

Lage im Körper
Im Kopf befinden sich acht Nebenhöhlen: Ein Paar unmittelbar über den Augenbrauen, ein zweites Paar zu beiden Seiten des Nasenrückens, ein drittes Paar hinter der Nase, und die größten und bekanntesten sind die Kieferhöhlen.

Lage am Fuß
Der Hauptzugang zu den Nebenhöhlenreflexen erfolgt über die Kuppen der kleinen Zehen, doch sind sie auch im mittleren Teil der großen Zehen vorhanden.

Bau und Funktion

Die Nebenhöhlen sind luftgefüllte Hohlräume mit einer Verbindung zum Nasen-Rachen-Raum, die mit feinen Haaren und einer Schleimhaut ausgekleidet sind.

Wirkungen von Streß

Durch die Verbindung zum Nasen-Rachen-Raum sind die Nebenhöhlen empfindlich für eingeatmete Fremdkörper wie Staub und Pollen. Die gereizte Schleimhaut schwillt an und drückt auf die Nervenenden, was zu einem Druckgefühl, zu Kopfschmerzen oder Migräne führen kann. Die Stimme klingt nasal, weil der Resonanzraum fehlt. Wenn die Schleimhaut infiziert wird, kommt es zu Nebenhöhlenbeschwerden. Niesen ist ein Reflex, durch den Fremdstoffe aus den verstopften Durchgängen ausgetrieben werden. Streß schwächt das Immunsystem des Körpers und macht ihn für Allergene und andere reizende Stoffe empfindlich.

Psychosomatische Aspekte

Menschen, die ständig durch andere Leute, Situationen und Ereignisse irritiert werden, neigen zu Erkrankungen der Nebenhöhlen. Heuschnupfen zeigt blockierte Emotionen und eine unbewußte Wahrnehmung des Frühlings an.

Reflexzonenverfahren

Die Nebenhöhlenreflexe werden zusammen mit den Zahnreflexen massiert (siehe Seite 110). Die Dränage der kleinen Zehen in Richtung der großen Zehen ist außerordentlich wirksam für die Reinigung der Nebenhöhlen; es tritt eine unmittelbare reflektorische Wirkung auf, wobei Schleim ausgeschieden wird. Dieser läuft in den Rachenraum und wird ausgehustet oder geschluckt. Staubereiche können an den Zehen lokalisiert werden. Die kleine Zehe repräsentiert die äußere Wange, während die zweite Zehe für den Bereich neben der Nase steht.

Die lymphatischen Reflexe seitlich an den Zehen sollen ebenfalls gründlich massiert werden, damit die überflüssige Schleimabsonderung entfernt werden kann.

Anmerkung

- Vermeiden Sie Zigarettenrauch und bestimmte Nahrungsmittel wie z. B. Milchprodukte und Weine, die die Schleimhaut irritieren und zu einer vermehrten Absonderung führen, damit die Toxine ausgeschwemmt werden. Trinken Sie über den Tag verteilt reichlich gutes Wasser. Tolerieren Sie die »Eigenheiten« anderer Menschen, und lassen Sie sich nicht durch Belanglosigkeiten irritieren.

Die Zähne

Die Zähne beißen, kauen Nahrung und sind wichtig für die Sprache. Ein schönes Gebiß hat auch einen ästhetischen Reiz.

Lage im Körper
In das Zahnfleisch und die Wurzelfächer der Kieferknochen eingebettet.

Lage am Fuß
Jede kleine Zehe steht für zwei Zähne oben und zwei Zähne unten, wobei die Weisheitszähne an den kleinen Zehen und die Schneidezähne an der zweiten Zehe liegen – also insgesamt 32 Zähne! Kinder haben anfänglich nur 20 Milchzähne.

Wirkungen von Streß

Die Zähne können durch die Anwesenheit von Bakterien und eine schlechtere Durchblutung aufgrund von Streß geschädigt werden. Durch Zahnplaque verursachte Säurebildung zerfrißt den Zahnschmelz, zerstört das Dentin und führt zu einer Entzündung des Zahnfleisches, wodurch sich ein Abszeß bilden kann. Eine bräunliche Verfärbung der Oberfläche der Zähne kann auf Rauchen, die Einnahme bestimmter Mittel wie z. B. Tetracyclin oder auf eine Nachwirkung einer schweren Kinderkrankheit zurückzuführen sein. Mangel an Kalzium und Vitamin D schwächt die Zähne, insbesondere während der Schwangerschaft, wenn der Fetus an den Mineralstoffvorräten der Mutter zehrt. 90 Prozent aller Erwachsenen leiden irgendwann einmal in ihrem Leben an einer milden Form von Zahnfleischbluten, wobei Schwangere und Diabetiker besonders gefährdet sind.

Psychosomatische Störungen

Die Zähne stehen für den Entschluß, neue Ideen und Gedankennahrung aufzunehmen. Zahnbeschwerden verweisen auf langfristige Entscheidungsnöte und Unentschlossenheit. Ideen können vom Gehirn nicht ausreichend analysiert werden, wodurch man zu keiner Entscheidung gelangt. Halitose (Mundgeruch) hat eine mögliche Ursache in tiefsitzendem Ärger, Unzufriedenheit, häßlichen Gedanken, Rachsucht und bösartigem Klatsch.

Reflexzonenverfahren

Für die Reflexe von Nebenhöhlen, Zähnen, Ohren und Augen:

1 Die linken Zehen mit der linken Hand unterstützen.

2 Mit dem rechten Daumen in senkrechten Streifen im »Raupengang« nach unten gehen; dabei an der Außenkante der kleinen Zehe beginnend, alle Zehenballen gründlich massieren. Jeden Streifen mindestens drei- bis viermal bearbeiten.

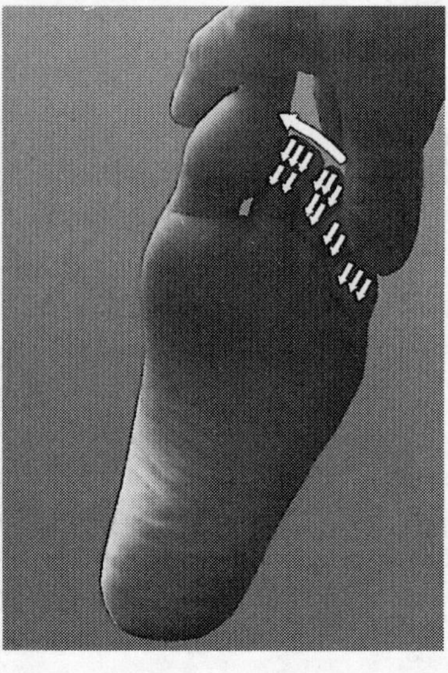

3 Den Streifen zwei- bis dreimal an den einzelnen Zehen in einer »melkenden« Abwärtsbewegung bearbeiten. Die Seiten nicht vergessen und von der kleinen zur großen Zehe arbeiten.

4 Mit leichten Abwärtsbewegungen mit beiden Händen in einer leichten Streichbewegung bearbeiten.

5 Die Zehen des rechten Fußes mit der rechten Hand unterstützen und die Massage mit dem linken Daumen wiederholen.

Die Kehle

Die Kehle leitet lebenswichtige Elemente aus der Umwelt in den Körper. Sie ist der Ort des stimmlichen Ausdrucks und der stimmlichen Kreativität.

Lage im Körper
An der Vorderseite des Halses zwischen Kinn und Schlüsselbein.

Lage am Fuß
Der Reflex liegt am Hals aller Zehen, insbesondere der großen Zehe.

Wirkungen von Streß

Anspannung schwächt das Immunsystem und macht den Weg frei für das Eindringen von Fremdstoffen, was zu der bekannten Heiserkeit, zu Rachen- oder Kehlkopfentzündung führen kann. Letztere ist oft mit einem Stimmverlust verbunden.

Psychosomatische Aspekte

Wenn entweder die Ausdrucksfähigkeit oder die Kreativität durch Angst, Zorn oder Eigensinn erstickt wird, kann der Betreffende an seinen Emotionen ersticken. Die gesellschaftlichen Zwänge sind weitgehend dafür verantwortlich, daß der Ausdruck von Gefühlen, Ideen oder Gedanken gehemmt wird, so daß man Bemerkungen »schluckt« oder unterdrückt. Viele Menschen fürchten Spott, sind empfindlich für die Gefühle anderer oder scheuen die Konsequenzen ihrer Äußerungen. Kleine Kinder klagen oft über Heiserkeit, was ein Hinweis auf Frustrationen oder darauf ist, daß sie ihre wahren Empfindungen nicht ausdrücken dürfen oder können. In den Rachen laufender Nasenschleim tritt auf, wenn der Betreffende das Gefühl hat, Opfer zu sein, und dies kann eine Art inneres Weinen sein. In der Regel tritt diese Beschwerde während und nach dramatischen emotionellen Ereignissen auf.

Reflexzonenverfahren

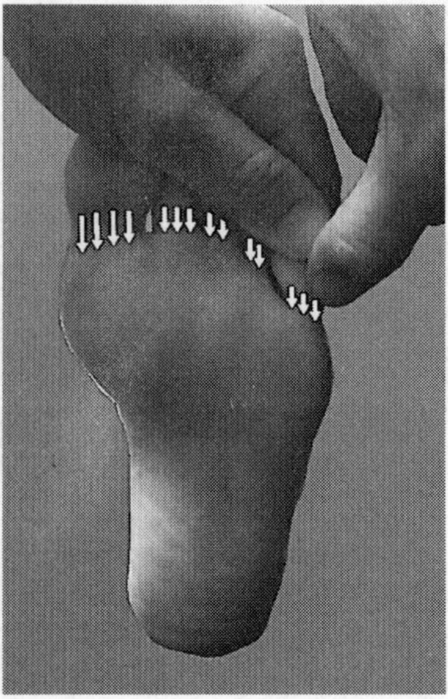

1 Die linken Zehen mit der linken Hand leicht zurückbiegen.
2 Mit dem rechten Daumen, an der kleinen Zehe beginnend und nach innen arbeitend, drei- bis viermal am Hals der einzelnen Zehen im »Raupengang« nach unten gehen.
3 Schwerpunktmäßig den Hals der großen Zehe, den hauptsächlichen Kehlenreflex, bearbeiten und einige Male zusätzlich behandeln.
4 Die Zehen insbesondere längs der Seiten mit einer »melkenden« Bewegung bearbeiten.
5 Den Bereich mit zwei Fingern in kurzen Abwärtsstrichen sanft heilen.

6 Die Massage am rechten Fuß wiederholen, wobei die rechte Hand die Zehen zurückbiegt und der linke Daumen massiert.

Anmerkung

• Sich auf die Kehle konzentrieren, wenn ein Defekt vorliegt oder Nasenschleim in den Rachen läuft, insbesondere während der kalten Jahreszeit.

Das Gesicht

Das Gesicht bildet ein Schutzschild für die lebenswichtigen Funktionen der Sinnes- und Geistestätigkeit und ist die Eintrittspforte für alle energetisierenden Lebenskräfte. Der Gesichtsausdruck spiegelt die innersten Gefühlsregungen und Gedanken.

Lage am Körper
Die Vorderseite des Kopfes von den Schläfen bis zum Kieferbogen.

Lage am Fuß
Das Gesicht hat seine Entsprechung hauptsächlich am Ballen der großen Zehen.

Bau und Funktion

Das Gesicht ist in der Regel derjenige Teil des Körpers, der der Umwelt am offensten zugewandt ist. Kleine Kinder drücken sich unbefangen durch ihre Mimik aus, doch lernen sie mit zunehmenden Alter, ihren Gesichtsausdruck zu beherrschen, weil man von ihnen erwartet, daß sie sich gesellschaftlichen Erwartungen anpassen.

Wirkungen von Streß

Eine zerfurchte Stirn verweist auf lange bestehenden Kummer. Starke Anspannung, Zorn, Ärger und Rachegefühle führen zu einer unbewußten Verkrampfung der Kiefermuskulatur mit daraus sich entwicklenden Schmerzen, die vom Gesicht zum Nacken und zu den Schultern ziehen. Ohrensausen, beeinträchtigtes Hörvermögen, Schleiersehen, Knacken der Kiefer und Zähneknirschen sind typische Symptome dieser verbreiteten Störung. Akne wird verschlimmert durch Druck seitens der Gesellschaft, der Eltern oder der Schule, schlechte Eßgewohnheiten, Schlafmangel, mangelnde oder fehlende Bewegung und eine träge Ausscheidung. Häufig sind pubertierende Knaben wegen der erhöhten Aktivität der Geschlechtshormone betroffen.

Anspannung, Erschöpfung, schädliche Nebenwirkungen von Arzneimitteln, Ernährungs- und hormonelle Ungleichgewichte sind sofort am Haar ablesbar.

Psychosomatische Aspekte

Auf dem Gesicht drücken sich unsere tiefsten Gedanken und Empfindungen aus. Eine schlechte Haut deutet auf ein schlechtes Selbstbild und das Bedürfnis hin, das Selbst gegenüber der Außenwelt abzuschirmen.

Reflexzonenverfahren

Das Gesicht wird gleichzeitig mit dem Gehirnreflex an der großen Zehe massiert (siehe Kapitel 4, »Das Gehirn«).

Anmerkungen

• Konzentrieren Sie sich bei Kopfschmerzen und Migräne auf die Kuppe der großen Zehe oberhalb des Schläfenreflexes und auf den unteren Teil des Ballens über dem Kieferreflex.

• Lernen Sie, Schultern, Nacken und Kiefer zu entspannen, während Sie gleichzeitig tief atmen. Tun Sie dies ganz bewußt, wenn Sie sich ganz angespannt fühlen, beim Autofahren oder in einer schwierigen Situation. Den entspannten Kiefer passiv beweglich machen und lockern.

• Erfüllen Sie Ihr Denken mit positiven Inhalten, und finden Sie zu innerem Frieden.

Bei Akne:

• Regelmäßige Reflexzonenarbeit vermindert die Last des Drucks von seiten der Eltern, der Schule und der Gesellschaft und gibt die Kraft, damit fertig zu werden.

• Essen Sie frisches Obst und Gemüse statt denaturierter und raffinierter Nahrungsmittel.

• Sorgen Sie für ausreichenden und entspannenden Schlaf, und nehmen Sie sich Zeit zu einer vollständigen Entspannung, zu tiefer Atmung und zum Nachdenken.

• Führen Sie ein intensives Hautreinigungsprogramm durch, und lassen Sie Ihr Gesicht regelmäßig kosmetisch behandeln.

• Nehmen Sie sich Zeit für körperliche Bewegung, vorzugsweise im Freien.

• Genießen Sie das Leben, und erfreuen Sie sich Ihrer Gesundheit und Ihrer Vitalität.

7 Das Lymphsystem

Das Lymphsystem neutralisiert wie ein weitverzweigtes Abwassersystem schädliche Substanzen, schwemmt sie aus dem Körper und schafft Platz für den Nachschub frischer Lebenskräfte.

Lage im Körper
Lymphatisches Gewebe befindet sich im ganzen Körper mit Ausnahme des Gehirns, der Knochen, der Knorpel und der Zähne, ist jedoch an bestimmten Stellen besonders dicht.

Lage am Fuß
Die Lymphreflexe befinden sich überall am Fuß mit entsprechenden Verdichtungen.

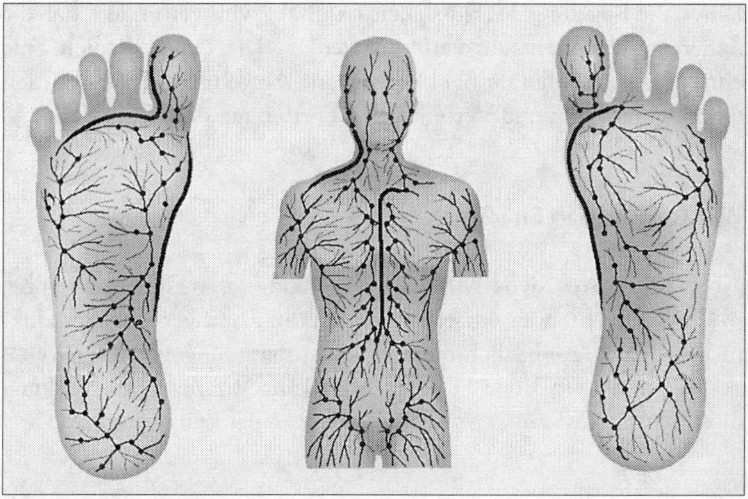

Bau und Funktion

Das Lymphsystem bildet mit dem Blutgefäßsystem ein weitläufig verzweigtes Netz zur Entfernung überschüssiger Flüssigkeitsansammlungen, unerwünschter Abbauprodukte und Giftstoffe. Sehr feine, blind

endigende Lymphkapillaren sind über die Oberfläche des ganzen Körpers verteilt und bilden an manchen Stellen große zusammendrückbare Gefäße.
An strategischen Stellen liegen längs dieser Gefäße über einhundert kleine, ovale, bindegewebige Lymphknoten, an denen die Lymphe gereinigt und die Ausbreitung von Infektionen gehemmt wird. Gruppen von Lymphknoten liegen am Hals, in den Achselhöhlen und in der Leiste. Bei der Infektabwehr können sie erheblich anschwellen. Die Gefäße vereinigen sich zu Lymphstämmen, die die frische Lymphe im Schulterbereich wieder an den Blutstrom übergeben. Die Lymphe wird durch die Atemtätigkeit und die Muskelaktivität gegen die Schwerkraft bewegt.
Durch die Regelung des Flüssigkeitshaushalts wird verhindert, daß die Zellen anschwellen und verformt werden. Die Lymphe spielt eine entscheidende Rolle für die körpereigene Abwehr und ist wesentlich für die Resorption und Verteilung von Fetten aus dem Dünndarm.

Wirkungen von Streß

Anspannung stört den rhythmischen, reibungslosen Fluß der Lymphe, wodurch eine Stauung entsteht, die den Abfluß giftiger Abbauprodukte aus dem Gewebe behindert. Die Ansammlung von Giftstoffen belastet den Körper und beeinträchtigt seine Vitalität. Das Merkmal dieses Zustandes sind Ödeme, Schwellungen der Extremitäten.

Psychosomatische Aspekte

Lymphprobleme sind ein Warnhinweis: Die Seele wird durch zehrende negative Kräfte so sehr belastet, daß der heilende Strom von Lebenskräften blockiert ist.

Reflexzonenverfahren

Das Lymphsystem wird während der gesamten Reflexzonenmassage dräniert, doch gibt es bestimmte Bereiche, denen man in verschiedenen Phasen der Massage besondere Aufmerksamkeit schenken muß (siehe auch Kapitel 11, »Das Lymph-›J‹« und »Obere Lymphgefäße«). Die Lymphgefäße, die als erste mit einer »melkenden« Bewegung bearbeitet werden müssen, liegen zu beiden Seiten der Zehen, wo sie für die Anhäufung von lymphatischem Gewebe zu beiden Seiten des Gesichts stehen.

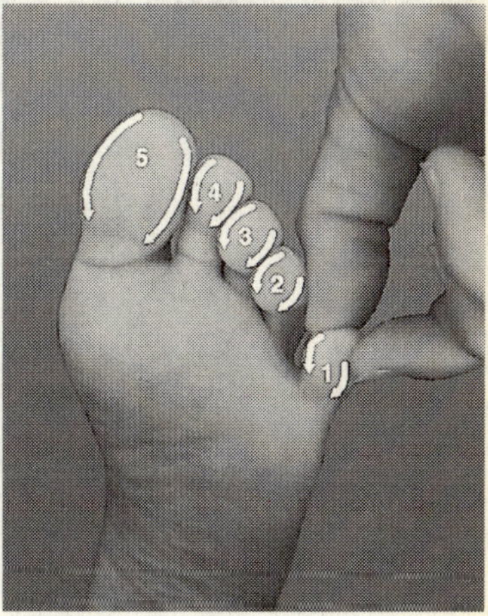

1 Die linke Zehe zwischen dem linken Zeigefinger und Daumen stützen.

2 An den Seiten der Zehen mit dem rechten Daumen und Zeigefinger in einer kneifenden Bewegung nach unten gehen.

3 Diesen Vorgang an allen Zehen wiederholen.

4 Die rechte kleine Zehe mit den Fingern der rechten Hand stützen und die beiden Seiten der Zehen mit dem linken Daumen und Zeigefinger zusammendrücken.

Der zweite Reflex, der massiert werden muß, befindet sich an dem schmalen Streifen unmittelbar unterhalb der kleinen Zehe bis zur großen Zehe, die tiefer angesetzt ist als die übrigen Zehen. Die Lymphgänge führen ihren Inhalt in diesem Gebiet wieder dem Blut zu.

1 Die kleine Zehe am linken Fuß mit der linken Hand leicht zurückbiegen.

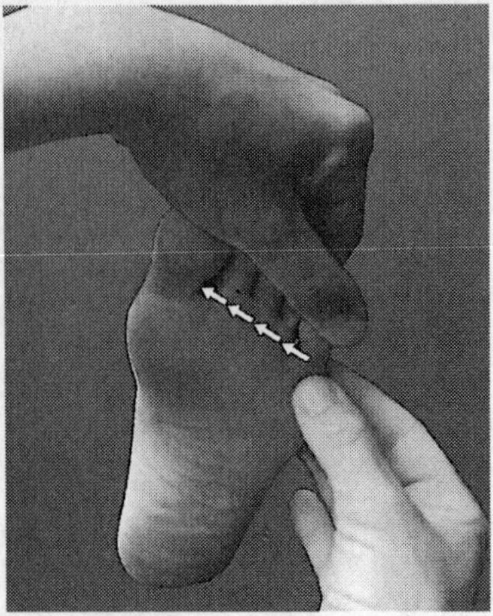

2 Mit dem rechten Daumen im »Raupengang« waagrecht längs der Basis der Zehen von der kleinen zur großen Zehe gehen. Dies mehrmals wiederholen.

3 Nur in diesem einen Fall wird die »melkende« Bewegung quer zum Fuß ausgeführt. Dadurch können Abbauprodukte in einem späteren Stadium durch die Zehen geleitet werden. Mit dem rechten Daumen den Reflex mehrmals von der kleinen zur großen Zehe ausstreichen.

4 Den Bereich mit leichten Abwärtsstrichen heilen.

5 Alle Schritte am rechten Fuß mit dem linken Daumen wiederholen.

Anmerkung

- Diese Lymphreflexe fühlen sich bei Stauungen im Ohren-, Augen- oder Nasenbereich gespannt an.

8 Der Brustbereich

Lage im Körper
Der Oberteil des Rumpfs ist relativ unbeweglich, womit er ähnlich starr ist wie der Schädel, während die Rippen – wie die Glieder – relativ beweglich sind. Er beherbergt den größten Teil der Atemwege und das Herz, einen Teil des Verdauungstrakts und ein komplexes Netz von Blutgefäßen, Nerven und Lymphgefäßen, die durch Haut, Knochen und Muskeln gut geschützt sind.

Lage am Fuß
Der Brustbereich liegt reflektorisch am Fußballen unmittelbar unterhalb der Zehenhälse.

Das Atemsystem

Der Atem ist die Lebensessenz, und die Atmung ermöglicht den Gasaustausch zwischen dem Körper und seiner Umgebung.

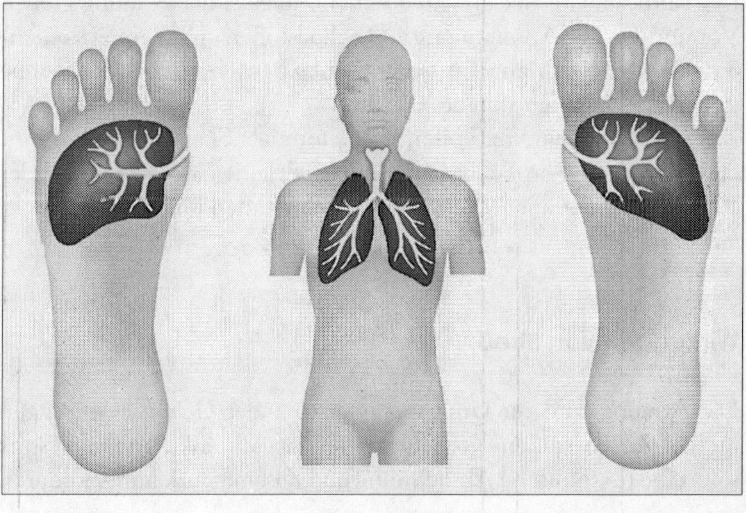

Lage im Körper
Erstreckt sich von der Nase über den Rachen bis tief in den Brustraum.

Lage am Fuß
Der Reflex zieht sich längs der Innenkante der Füße von der Mitte der großen Zehe über die Ballen beider Füße hin.

Bau und Funktion

Der Brustkorb hat die Fähigkeit, sich in erstaunlicher Weise auszudehnen und zusammenzuziehen und dabei den Atem des Lebens einzusaugen und Abbauprodukte des Körpers auszuscheiden, sei es bewußt oder unbewußt. Das Gleichgewicht zwischen Aufnahme und Ausscheidung ist für die Gesundheit von wesentlicher Bedeutung. Sauerstoff ist der Brennstoff, der für die Erzeugung von Energie benötigt wird, während Kohlendioxid ein giftiges Abbauprodukt ist.
Der Körper räumt der unwillkürlichen Aufgabe der Atmung großen Vorrang ein. Die Ansammlung von Schadstoffen im Inneren (Kohlendioxid), nicht der Mangel an wesentlichen Betriebsstoffen (Sauerstoff) steuert das Atemzentrum des Gehirns.
Das Zwerchfell, ein kraftvoller, kuppelförmiger Skelettmuskel, trennt den Brustraum vom Bauchraum und spielt eine aktive Rolle bei der Atmung, beim Niesen, Husten, Seufzen, Weinen und beim Schluckauf.

Wirkungen von Streß

Die Atmung wird zur Unterstützung störender Gefühlsbewegungen und in Zeiten starker Konzentration eingeschränkt. Kummer stört sofort die rhythmische Ausdehnung und Zusammenziehung, wodurch

im Körper Sauerstoffmangel entsteht. Wenn dieser Zustand längere Zeit anhält, kommt es zu einer Schrumpfung oder Fehlfunktion von Zellen mit der Möglichkeit eines abnormen Zellwachstums wie bei Krebs.
Hastiges Atmen, auch als Hyperventilation bezeichnet, ist durch heftigste Gefühlsbewegungen bedingt. Dabei wird zuviel Kohlendioxid ausgeschieden, wodurch das Gasgleichgewicht gestört wird. Man kann diesen Zustand beheben, indem man die Hände über Nase und Mund wölbt, so daß das Kohlendioxid wieder in den Körper aufgenommen wird, bis das Gleichgewicht wiederhergestellt ist. Eine geschwächte Immunabwehr macht den Verdauungstrakt für in der Luft befindliche Bakterien und Viren offen. Die gewöhnliche Erkältung, für die etwa 200 Viren verantwortlich sind, führt oft zu Infektionen des Verdauungstrakts, von denen Bronchitis und Lungenentzündung die schwerwiegendsten sind.
Irritierende oder emotionelle Faktoren führen zu einer Verkrampfung der Bronchien. Reizstoffe werden mit dem Nasenschleim durch Schneuzen und aus dem Brustbereich durch Husten entfernt.

Psychosomatische Aspekte

Die Atmung gibt uns die Fähigkeit, Lebenskräfte in vollen Zügen einzusaugen. Atemprobleme weisen auf ein schwaches Selbstbild hin, wodurch man sich vom Atem des Lebens abschneidet. Kinder, die von ihren Eltern oder Verwandten mit erstickender Liebe überschüttet werden, wagen dadurch möglicherweise kaum mehr selbst zu atmen, oder sie fühlen sich so erdrückt, daß sie in Panik geraten, die wiederum zu einem Bronchialkrampf, d. h. zu Asthma, führt.
Asthmaanfälle können auch eine Form von unterdrücktem Weinen sein. Die Vorstellung, daß Asthma erblich ist, beruht darauf, daß solche Haltungen von Generation zu Generation weitergegeben werden.

Bronchitis entsteht aus einer »entzündeten« Umgebung zu Hause oder am Arbeitsplatz, wenn beständig gezankt, gebrüllt und gestritten wird oder wenn Ärger in einem bleiernen Schweigen unterdrückt wird. Menschen, die eine Lungenentzündung bekommen, haben vermutlich emotionelle Narben und sind vom Leben enttäuscht. Emphysemkranke scheuen sich im allgemeinen, sich alles zunutze zu machen, was das Leben zu bieten hat, weil sie sich dazu nicht berechtigt glauben oder weil sie zu ängstlich sind. Hyperventilation tritt bei akuter Zukunftsangst auf und ist ein Abwehrmechanismus gegen Veränderungen.

Die Macht der Reflexzonentherapie

Die Kunst des Atmens muß nicht gelehrt, sondern lediglich befreit werden. Die Reflexzonentherapie löst die Spannung der Haltungsmuskulatur und versorgt den ganzen Körper mit mehr Sauerstoff. Die Zelle bekommt dann das für sie wichtige Maß an Energie und Sauerstoff und kann sich von toxischen Gasen befreien.
Tiefe Ausatmung zieht das Becken nach vorne und löst aufgestaute sexuelle Spannungen. Die Brüste werden durch eine gute Durchblutung gefestigt, die im ganzen Organismus eintritt.

Reflexzonenverfahren

Da die Reflexe der Atemwege schon mit den Gesichts- und Halsreflexen massiert wurden, muß in dieser Phase nur noch der Brustreflex behandelt werden.

1 Die obere Hälfte des linken Fußes mit der geöffneten linken Hand abstützen.
2 Mit dem rechten Daumen im »Raupengang« in senkrechten Strei-

fen von der Basis der kleinen Zehe bis zum Zwerchfellreflex gehen. Drei- bis viermal wiederholen.

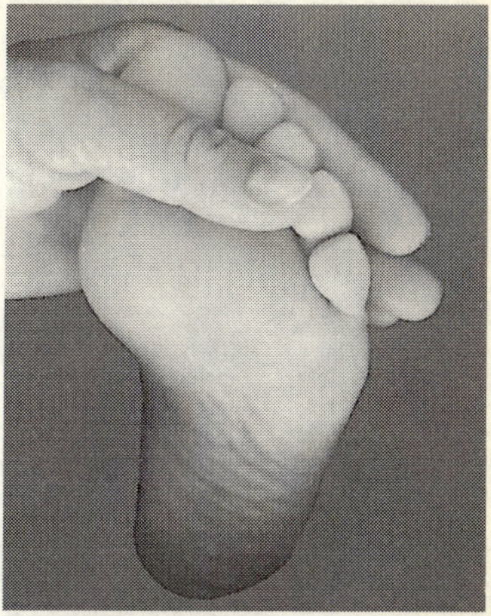

3 Über den ganzen Fußballen bis zur Innenseite des Fußes weitere senkrechte Streifen, von der kleinen zur großen Zehe gehend, jeweils drei- bis viermal im »Raupengang« bearbeiten.

4 Dieselben Streifen drei- bis viermal, von der kleinen zur großen Zehe gehend, in einer »melkenden« Bewegung bearbeiten.

5 Den Knöchel des rechten Mittelfingers oben auf die Falte zwischen der großen Zehe und der zweiten Zehe des linken Fußes legen. Leichten Druck anwenden und den Knöchel korkenzieherartig kreisen und längs der Falte zum Sonnengeflechtreflex gehen. Den Knöchel in dieser Position halten.

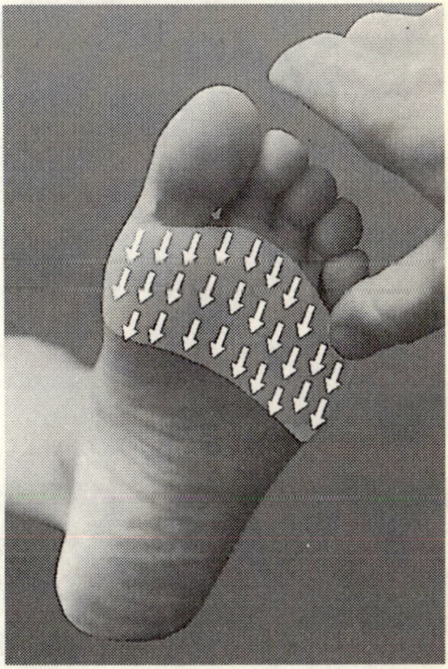

6 Mit dem zur Innenseite des Fußes abgewinkelten Knöchel sanft in den Sonnengeflechtreflex drükken. Diesen Druck halten, bis man an die kleine Vorwölbung gelangt, die an der Seite des Fußes hervortreten sollte. Dies ist der Herzreflex, der sehr vorsichtig mit dem linken Mittelfinger im Uhrzeigersinn massiert werden sollte; anschließend liebevoll streicheln.

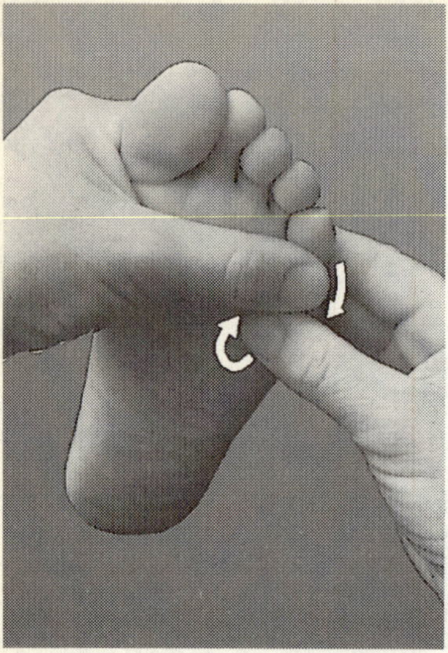

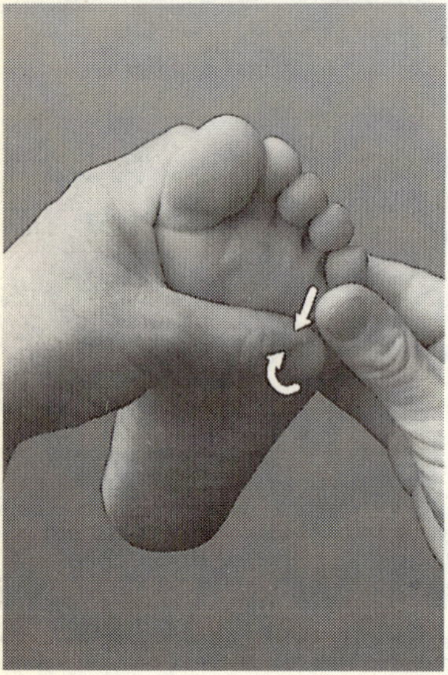

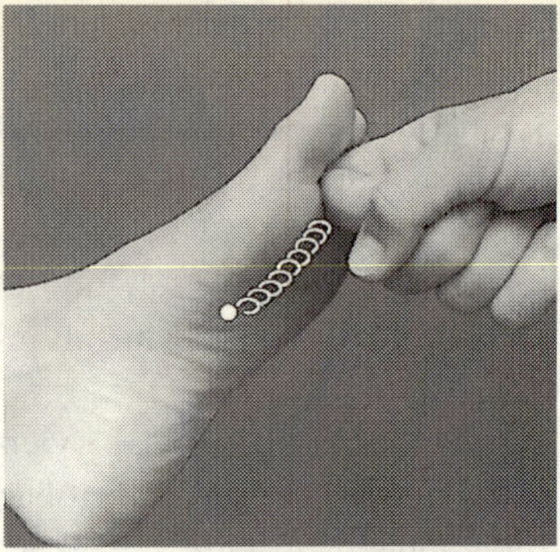

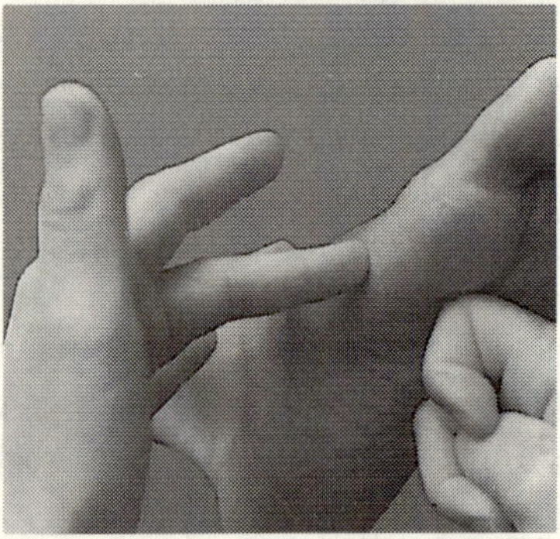

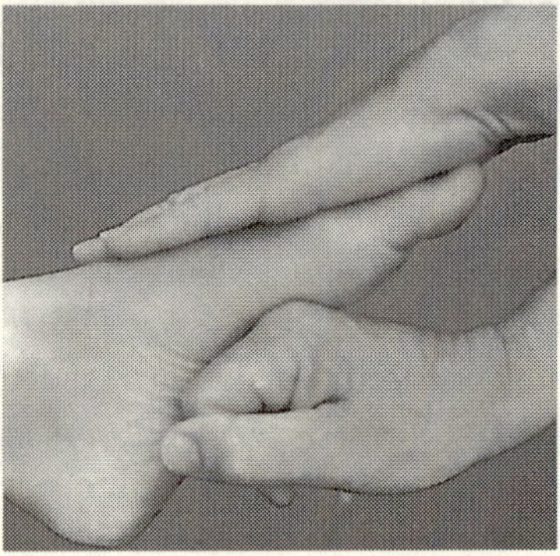

7 Den Knöchel wegnehmen und die Hand zur Faust schließen. Diese sofort so unter den Ballen des linken Fußes legen, daß der Knöchel in einer Linie mit dem Zwerchfellreflex liegt. Mit der rechten Hand den oberen Teil des linken Fußes langsam und sanft mehrmals in Richtung der Faust drücken.

8 Mit leichten Strichen, von außen nach innen gehend, über den ganzen Reflex nach unten streichen.

9 Alle Schritte am rechten Fuß mit vertauschten Händen wiederholen. (Wenn es Schwierigkeiten bereitet, mit dem linken Knöchel die Korkenzieherbewegung auszuführen, den rechten Knöchel nehmen.)

Anmerkungen

- Der Brustreflex fällt mit dem Lungenreflex zusammen. Wenn man ungewöhnliche Schwellungen oder Knoten in diesem Bereich vermutet, muß man zum Arzt gehen, um die Möglichkeit von Brustkrebs auszuschließen.
- Die Brüste stehen für die mütterliche Fürsorge. Brustprobleme haben mit Dominanzstreben, einer übertrieben bemutternden Haltung oder einer völligen Ablehnung jeder Fürsorge zu tun. Es entsteht ein Emotionenkonflikt zwischen gehemmten Empfindungen und einer Entwicklungsangst.
- Konzentrieren Sie sich auf den Zwerchfellreflex, um ängstliche Unruhe zu beseitigen, und behandeln Sie den Sonnengeflechtreflex, wenn der Betreffende zu Panik oder Asthma neigt.
- Nehmen Sie sich die Zeit, zwischen den einzelnen Behandlungsschritten die Augen zu schließen und bewußt die Ausdehnung und Zusammenziehung des Brustkorbs wahrzunehmen, wenn der Atem ein- und ausströmt. Wenn Geräusche oder Gedanken in ihr Bewußtsein dringen, akzeptieren Sie sie als solche, und wenden Sie dann Ihre Aufmerksamkeit wieder dem Atem zu. Tun Sie dies mehrmals am Tag einige Minuten lang.
- Wählen Sie einen bestimmten Zeitpunkt in Ihrem Tagesablauf, z. B.

in der Badewanne oder im Bett, um tief einzuatmen, den Atem kurz anzuhalten und dann langsam alle Luft aus den Lungen zu pressen. Halten Sie diesen Zustand der Luftleere eine Weile durch, bevor Sie einen neuen, tiefen Atemzug nehmen. Neunmal wiederholen.

- Nehmen Sie den Atem des Lebens mit einer Empfindung der Liebe und Wertschätzung auf. Genießen Sie das berauschende Gefühl der Fülle und Vollständigkeit.

Das Kreislaufsystem

Der Kreislauf ist ein erstaunliches logistisches Netz, das alle Teile des Körpers mit Nahrung und Leben versorgt und Energie für das Denken und Handeln transportiert.

Lage im Körper
Das Blut zirkuliert durch den ganzen Körper; seine Mitte, das Herz, schlägt im unteren Brustraum zwischen den Lungen.

Lage am Fuß
Kreislaufreflexe finden sich überall am Fuß verteilt; der Herzreflex liegt in Richtung der Innenseite beider Füße an der Basis des Fußballens.

Bau und Funktion

Das Blut durchströmt täglich über tausendmal ein durchgängiges 100 000 Kilometer langes Leitungsnetz im Körper in einer Richtung. Es schützt den Körper vor schädlichen Fremdstoffen, beseitigt giftige Schlackenstoffe und bewahrt den Körper davor, im Falle einer Verlet-

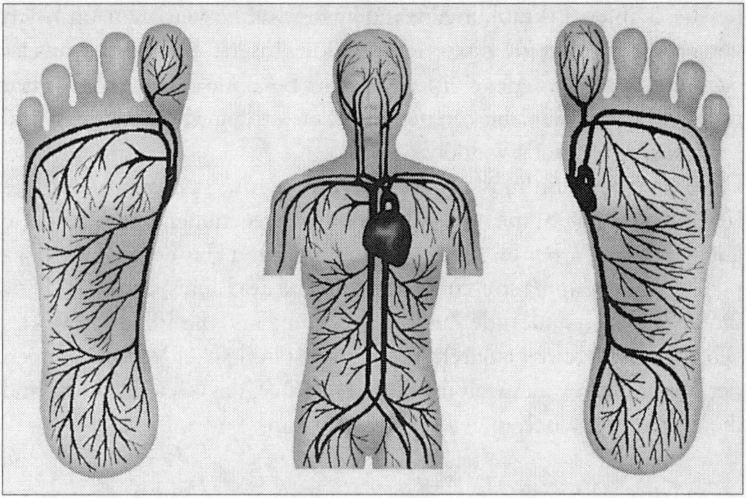

zung zu verbluten. Das Herz pumpt täglich etwa 90 000 Liter Blut und paßt sich dabei den ständig sich ändernden Bedürfnissen der Körpersysteme an. Die Blutgefäße haben dieselbe »Auskleidung« wie das Herz, so daß es keine Unterbrechungen oder Übergänge gibt, die den Blutstrom behindern könnten.

Von der linken Herzhälfte strömt sauerstoffreiches Blut durch die Arteriengefäße zu allen Körperteilen, um dort seine heilende und aufbauende Wirkung zu entfalten. Abbauprodukte und Schlackenstoffe werden durch das venöse Netz zur rechten Herzhälfte zurückbefördert, bevor sie zum Gasaustausch zu den Lungen und zu anderen Organen gelangen, wo sie ausgeschieden werden. Das frische Blut kehrt zum Herzen zurück, wo ein neuer Zyklus beginnt. Venen haben schwächere Wände als die Arterien, und sie enthalten Klappen, die das Zurückströmen des Blutes in Richtung der Schwerkraft verhindern. Es gibt etwa 500mal mehr rote Blutzellen als weiße. Erstere haben eine arbeitsreiche, aber kurze Lebensspanne von 120 Tagen und transportieren den Sauerstoff durch den Körper. Die größeren weißen Blutzellen bekämpfen Erkrankungen, indem sie Keime verdauen und sich vermehren, wenn eine Bakterieninvasion einsetzt. Das Blutplasma ist das Transportsystem des Körpers. In jeder Sekunde gehen acht Millionen Zellen zugrunde, die von neuen Zellen aus dem Knochenmark und Lymphgewebe ersetzt werden.

Das Herz, ein Hohlmuskel mit vier Kammern, ist das Zentrum des Kreislaufsystems. Seine beiden Hälften sind gegenüber einander völlig abgeschlossen, arbeiten aber in Gleichklang und Harmonie. Die Klappen bewirken einen momentanen Stillstand des Blutes, damit das Herz die ständig sich ändernde Zusammensetzung und die Inhaltsstoffe des Blutes prüfen kann. Dadurch ist das Herz ständig über Veränderungen der Innen- und Außenwelt informiert, damit es das Gleichgewicht und die Harmonie zwischen beiden steuern kann.

Wirkungen von Streß

Atem- und Pulsfrequenz hängen eng miteinander zusammen, und beide reagieren unmittelbar auf Aktivitäten und Gefühlsregungen. Körperliche Aktivität führt zu einem Ansteigen des Bedarfs an Lebenskräften, wodurch die Atmung tiefer und die Pulsfrequenz schneller wird. Gefühlsregungen können die beiden Systeme je nach der Interpretation und den erlebten Gefühlen entweder erregen oder deprimieren.

Die Arterien, deren Durchgängigkeit vom Nervensystem gesteuert wird, ziehen sich bei Anspannung stark zusammen, wodurch das Herz außerordentlich belastet wird. Das überforderte Herz versucht, einen Ausgleich durch vermehrtes Pumpen zu schaffen, wodurch der Blutdruck steigt. Wenn dies zu einem Dauerzustand ausartet, wird das Herz geschwächt und vergrößert sich schließlich. Ablagerungen von Fettgewebe an den Gefäßwänden verengen die lichte Weite zusätzlich, wodurch bereits eine gefährliche Situation entsteht. Die Zellen werden von wesentlichen Lebenskräften abgeschnitten, und Schlackenstoffe sammeln sich an.

Körperliche Überanstrengung, Disharmonien der Umwelt oder außergewöhnlich triste Situationen schädigen das Herz. Schlechte Ernährung, extreme Gefühlsbewegungen und negative Gedanken rauben dem Herzen seinen Mut und seine Kraft. Zuwenig und zu schlecht verdautes Essen beeinträchtigt ebenfalls die Qualität des Blutes und schwächt den Kreislauf.

Psychosomatische Aspekte

Ein offenherziger Mensch ist wie die linke Seite des Herzens, die anderen gegenüber großzügig ist, während ein engherziger Mensch wie die träge rechte Seite ist, die ständig stehenbleibt, um ihren Inhalt zu prüfen. Ein weichherziger Mensch ist sehr gefühlsbetont, während ein hartherziger Mensch sich von keinen Gefühlsregungen bewegen läßt. Erkrankungen des Herzens treten auf, wenn es seines Enthusiasmus und seiner Liebe beraubt wird, was seine Synchronisation mit dem Leben und der Natur stört. Weil es das Zentrum der Liebe und des Gemüts ist, rauben ihm Empfindungen der Deprivation, wie sie etwa durch anhaltende emotionelle Konflikte entstehen, seine Freude und Vitalität. Furcht und Angst halten es in einem eisernen Griff, wodurch seine Bewegungen behindert werden und eine brennende Empfindung ausgelöst wird. Bei kaltherzigen und hartherzigen Menschen kommt es zu einer Verkalkung aufgrund der eingeschränkten Beweglichkeit. Alkoholmißbrauch und schwere Speisen bedrücken und belasten das Herz, so daß es seine Gestalt verändert und der Weg für Entzündungen frei wird. Wenn Liebe und Freude geopfert und durch materialistische Werte und Zielsetzungen ersetzt werden oder wenn sich die Meinung festsetzt, das Leben sei ein Trauma von Streß und Belastungen, dann verhärtet sich das Herz und ist durch Herzanfälle gefährdet.

Blut ist die Essenz und der Ausdruck der Liebe, die jede einzelne Zelle umhegt und erhält. Wenn das Leben seinen Schwung und seine Qualität einbüßt, hemmt der behinderte Blutstrom die Kreativität und Liebe. Es kann physisch durch einen Blutpfropf blockiert oder im Falle einer Blutarmut durch Lebensangst seines Selbstwerts und seiner Eigenliebe beraubt werden.

Krampfadern weisen darauf hin, daß man sich überlastet und in einem unerfreulichen Lebensstil gefangen fühlt, wobei oft gleichzeitig eine verzweifelte Mutlosigkeit besteht.

Hoher Blutdruck tritt bei anhaltenden, beständigen emotionellen Problemen auf.

Reflexzonenverfahren

Der Kreislauf spricht außerordentlich gut auf die sanfte, liebevolle, fließende Reflexzonenmassage an. Die Blutgefäßreflexe liegen überall am Fuß und erhalten bei jedem Arbeitsschritt eine fortwährende Massage. Damit das ganze System Nutzen daraus zieht, muß der gesamte Fuß bearbeitet werden. Der Herzreflex wurde schon mit dem Atemsystem massiert (siehe oben).

Anmerkungen

- Thrombosekranken sollte keine Reflexzonenmassage gegeben werden, da durch die Entspannung der Blutpfropf in Bewegung geraten und zum Gehirn oder Herzen gelangen kann.
- Genießen Sie das Leben ohne Einschränkungen und mit einer liebevollen Haltung.
- Lösen Sie sich von aller alter Traurigkeit und Bitterkeit.
- Achten Sie auf gesundes Essen, und ernähren Sie sich richtig, damit Ihr Körper einwandfreies Blut erzeugen und den spezialisierten Herzmuskel versorgen kann.
- Treiben Sie Sport, damit das Herz voller Spannkraft bleibt.

9 Die Milz

Die Milz erzeugt Blutzellen, filtert das Blut, zerstört verbrauchte Blutzellen, dient als Blutspeicher und stellt vermutlich Antikörper her.

Lage im Körper
Im linken Bauchraum unterhalb des Zwerchfells.

Lage am Fuß
Der Milzreflex liegt nur am rechten Fuß genau unterhalb des Zwerchfellreflexes in Richtung der Außenkante des Fußes.

Bau und Funktion

Dieses zarte rote Organ ist weich und schwammig und von einer feinen, elastischen Muskelkapsel überzogen. Die Milz ist zwar ein wichtiges Organ, doch kann der Körper auch ohne sie seine Funktion aufrechterhalten.

Reflexzonenverfahren

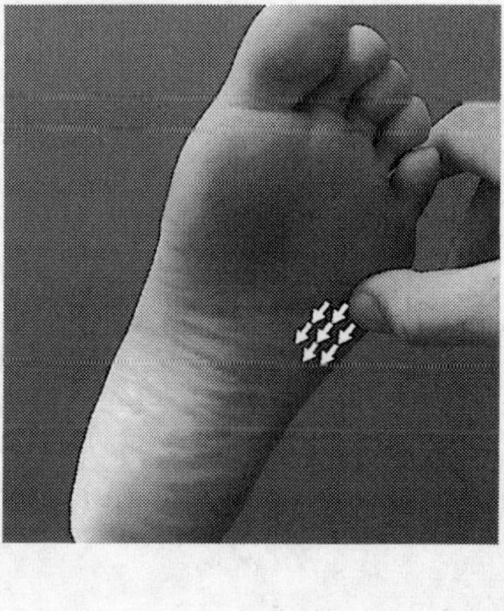

1 Von der Basis des Zwerchfellreflexes längs der Außenkante des Fußes bis oberhalb der »Taille« gehen. Die kreisförmige Erhebung in weiteren kleinen senkrechten Streifen im »Raupengang« bearbeiten.
2 Den Reflex mit übereinandergelegten Daumen mit einer »melkenden« Bewegung bearbeiten.
3 Den Bereich mit Abwärtsstrichen heilen.

Anmerkung

- Der Milzreflex kann während oder unmittelbar vor einem Malariaanfall anschwellen und sehr empfindlich sein.

10 Der Verdauungstrakt

Die Verdauung ist ein bemerkenswerter Prozeß, bei dem der Körper Nährstoffe umwandelt und aufnimmt, um Zellen zu ergänzen und mit Betriebsstoffen zu versorgen, die sie für die Erhaltung ihrer Vitalität und ihrer Substanz brauchen.

Lage im Körper

Der Verdauungstrakt beginnt mit dem Mund, steigt über die Mitte des Brustraums ab, füllt den größten Teil des Bauchraums aus und endet mit dem Anus unterhalb des Kreuzbeins.

Lage am Fuß

Die Reflexe des Verdauungstrakts beginnen auf halbem Wege unterhalb der großen Zehen und bedecken den größten Teil des fleischigen Fußgewölbes. Die Reflexe von Rektum und Anus schlängeln sich über die Fußsohle bis zu einem Punkt etwa in der Mitte zwischen Knöchel und Ferse an der Innenseite beider Füße.

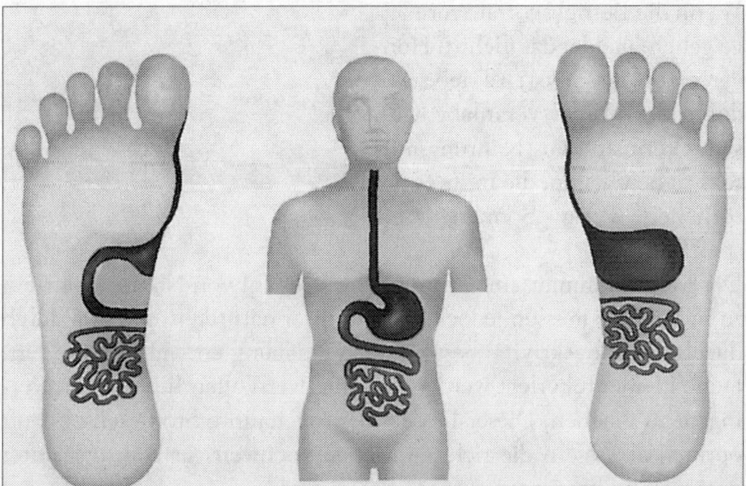

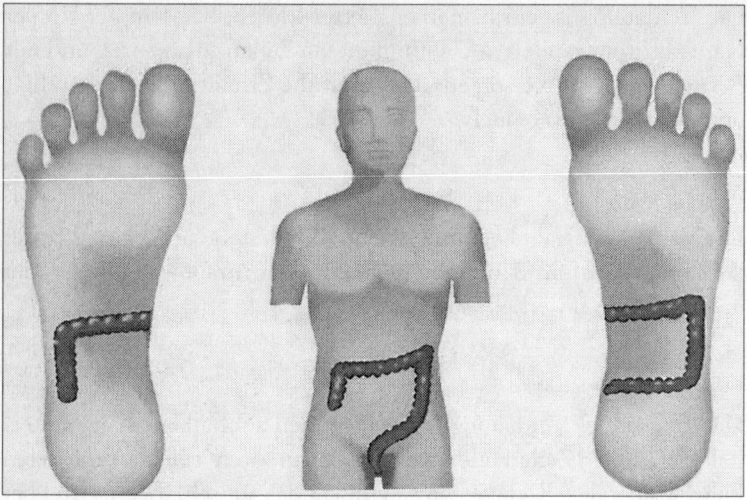

Bau und Funktion

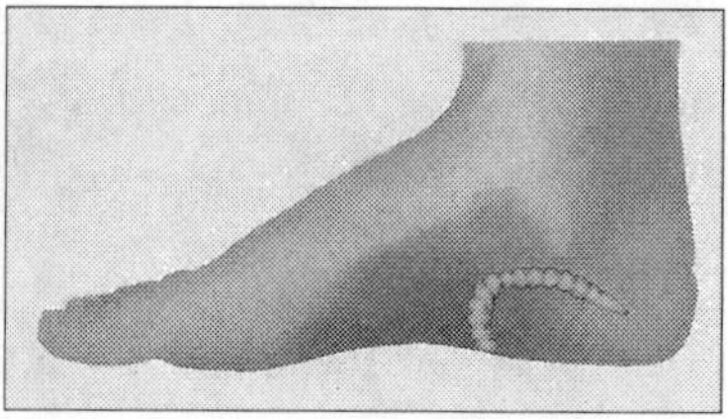

Wenn die Betriebsvorräte zur Neige gehen, meldet das Gehirn Hunger, einen der stärksten Triebe, wodurch der Körper veranlaßt wird, sich Brennstoff aus Nahrungsmitteln zu beschaffen, die in ihrer natürlichen Form Sonnenenergie speichern.

Der Mensch nimmt eine erstaunliche Vielzahl von Nahrungsmitteln zu sich. Diese müssen jedoch auch in ihrer natürlichsten Form durch die chemische Aktivität bestimmter Verdauungsenzyme in reine, einfache Elemente zerlegt werden, um ihre wertvollen Inhaltsstoffe verfügbar zu machen. Dieser Prozeß, der sogenannte Stoffwechsel, läuft optimal ab, sofern die richtige Menge hochwertiger Nahrung unter geeigneten Umständen aufgenommen wird.

Nährstoffbedarf

Die Körperzellen brauchen entsprechend ihrer Lage und Funktion ganz bestimmte Nährstoffe. Die Art der Ernährung ist zwar sehr wichtig, doch kommt es vor allen Dingen darauf an, daß die Nährstoffe im Stoffwechsel richtig umgesetzt werden, damit sie verdaut und absorbiert werden können. Der Gehalt an Vitaminen und Mineralstoffen von Obst und Gemüse ist bis zum Zeitpunkt ihres Verzehrs schon erheblich abgesunken, sofern man sich nicht frisch aus dem eigenen Garten versorgen kann. Alles Obst und Gemüse ergänzt beständig seinen Vorrat an Vitalität, solange es wächst; sobald es jedoch geerntet ist, erschöpfen sich die Vorräte, wie auch eine Blume welkt, die man gepflückt hat. Es ist wichtig, daß der Körper täglich mit Vitaminen und mineralischen Nährstoffen versorgt wird. Nur natürliche Lebensmittel bilden eine natürliche Energiequelle.

Wirkungen von Streß

Der Verdauungsvorgang ist nicht willentlich steuerbar, wird aber andererseits durch intensive Gefühlsbewegungen wie Zorn, Furcht, Aufregung, Anspannung und Unsicherheit stark beeinflußt. Streß stört die Ausschüttung von Hormonen und Enzymen, wodurch auch der Verdauungsprozeß beeinträchtigt wird. Anspannung behindert die harmonische Ausdehnung und Zusammenziehung, erschwert die Verdauung und führt zu krampfartigen Schmerzen. Der Stoffwechsel läuft unvollständig ab, die Nahrung wird schlecht resorbiert und der Körper mangelhaft ernährt. Der Appetit wird entweder geschwächt oder gesteigert.

Traurigkeit, Angst und Depression trocknen den Mund aus, hemmen die Absonderung von Magensäften, erzeugen ein hohles Gefühl in der Magengrube und lähmen den ganzen Körper. Aggressivität und Ärger aktivieren die Absonderung von Magensäften, obwohl kein Appetit

besteht, wodurch die Magenschleimhaut angegriffen wird. Da der Körper den gewaltigen Energiebedarf nicht decken kann, den er für die Verdauung braucht, fehlt ihm die Kraft und die Fähigkeit, sich zu behaupten.
Schon das kleine Kind wird daran gewöhnt, Essen als Trost zu akzeptieren, weil Eltern, die oft das Weinen des Kindes nicht zu interpretieren verstehen, dem Kind zur Beruhigung etwas zu essen geben, was im späteren Leben oft zu Fettsucht führt. Babys lehnen möglicherweise halbfeste Speisen ab, weil es ihnen nicht instinktiv klar ist, daß sie sie schlucken sollen. Wenn die Eltern dies so interpretieren, daß das Kind das Essen nicht mag, geben sie ihm möglicherweise statt dessen verarbeitete Speisen, woraus sich schlechte Eßgewohnheiten und eine Sucht nach »leeren« Kalorien entwickeln können. Diese verarbeiteten Lebensmittel oder Fertiggerichte liefern einen schnellen, kurzfristigen Energieschub, haben aber wenig oder keinen Nährwert. Die starke Zufuhr von Zucker, Salz, Färbemitteln und Konservierungsmitteln schadet der Gesundheit außerordentlich.
Die unnötige Aufnahme von Speisen be- und überlastet die feinabgestimmten und genau arbeitenden Körpersysteme, weshalb die überarbeiteten Organe den Überschuß als Fett speichern, das den Körper ebenfalls erheblich beansprucht. Hastig hinuntergeschlungenes Essen, das ungenügend gekaut und eingespeichelt ist, kann nicht richtig verdaut werden.

Psychosomatische Aspekte

Der Verdauungstrakt repräsentiert die Aufnahme und Verwertung von Lebenskraft und Vitalität, die die Quelle körperlicher und emotioneller Kraft und Begeisterungsfähigkeit ist. Magersucht (Anorexie) ist die durch tiefsitzende Angst, Ablehnung, extreme Schuldgefühle oder extremen Selbsthaß bedingte Selbstabschnürung gegenüber dem Leben, während Fettleibigkeit eine Schutzpolsterung gegenüber der rauhen Wirklichkeit des Lebens bildet. Ängstliche Unsicherheit entsteht aus Selbstablehnung, woraus der Drang resultiert, Erfüllung im Essen zu suchen.

Die Macht der Reflexzonenarbeit

Die Reflexzonenarbeit löst Spannungen, stellt den Rhythmus der Bewegungen wieder her und erleichtert die Umwandlung der Speisen in eine für die Resorption geeignete Form. In Verbindung mit vernünftiger Ernährung kann das Gewicht kontrolliert und die Vitalität erneuert werden.

Reflexzonenverfahren

Der weiche Bauchraum spiegelt sich auf dem fleischigen Fußgewölbe beider Füße. Der Verdauungstrakt umfaßt zwei Teile:

- den Magendarmkanal, durch den die Speisen wandern, und
- die Anhangsorgane, die eine wichtige Rolle für die Verdauung spielen, aber nicht in unmittelbare Berührung mit dem Inhalt des Magen-Darm-Kanals kommen. Hierzu gehören die Speicheldrüsen, die Bauchspeicheldrüse, die Leber und die Gallenblase.

Die Massage des Verdauungstrakts ist eine Herausforderung an den Reflexzonentherapeuten!
Die Massage der Drüsen, Organe und Kanäle mit Ausnahme der Leber folgt den Bewegungen der Drüsenabsonderungen und der aufgenommenen Substanzen. Wenn man sich den Verdauungstrakt am Fuß vorstellen kann, vereinfacht dies die Arbeit.
Die Speicheldrüsen wurden möglicherweise schon mit dem Gesicht massiert und brauchen hier nicht mehr berücksichtigt zu werden.

Anmerkungen

- Gönnen Sie sich das Vergnügen, die Speisen, die ihr Körper braucht, in der richtigen Art und Menge zu essen.
- Energie aus nichtverarbeiteten natürlichen Speisen ist optimal verfügbar und stellt die lebenswichtigen Brenn- und Aufbaustoffe zur Verfügung. Je nach der Art der körperlichen Betätigung ist alle vier bis fünf Stunden eine Ergänzung notwendig.
- Der Körper ist nicht darauf eingerichtet, die toxischen Fremdstoffe in Farbstoffen, Konservierungsmitteln und verarbeiteten Nahrungsmitteln zu verwerten, die zu Kopfschmerzen und Gallenleiden führen können.
- Trinken Sie jeden Morgen beim Aufwachen ein Glas gutes Wasser und anschließend je nach Bedarf über den Tag verteilt weitere sieben bis acht Gläser. Meiden Sie Alkohol, Koffein und Limonade.
- Ein Haus aus Baustoffen, die nicht den Anforderungen entsprechen, hat keinen Bestand. Auch der Körper muß mit den richtigen Baustoffen eine solide Grundlage für die Gesundheit schaffen.
- Der Gewinn an Energie und Lebensqualität, der sich aus der Wahrnehmung und Beachtung der Ernährungsbedürfnisse des Körpers und Geistes ergibt, wiegt den möglichen Spott anderer bei weitem auf. Diese Menschen werden lernen, die Energie und Effizienz Ihres Lebens anzuerkennen und hoffentlich nachzuahmen.

Die Leber

Die Leber ist ein außerordentlich aktives Organ mit über einhundert verschiedenen chemischen Abläufen, die einen großen Teil der Körperwärme erzeugen.

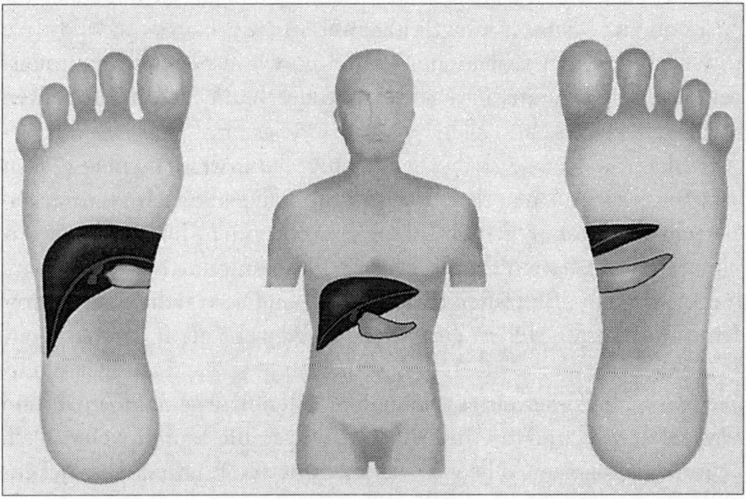

Lage im Körper

Die Leber ist ein Organ von etwa dreieckiger Form, das den größten Teil des rechten oberen Winkels des Bauchraums unmittelbar unterhalb des Zwerchfells einnimmt.

Lage am Fuß

Der Leberreflex liegt hauptsächlich am rechten Fuß, wo eine dreieckige Vorwölbung den größten Teil der unteren Hälfte des Fußgewölbes einnimmt. Der restliche Teil der Leber am linken Fuß wird zusammen mit dem Magenreflex massiert.

Bau und Funktion

Die Leber ist ein festes, hellrotes Organ mit einer gleichmäßigen schwammigen Struktur. Sie ist das größte und vielseitigste Organ des Körpers. In jeder Minute strömt ein Liter Blut durch ihre komplexen Zellen. Nachts, wenn der übrige Körper weitgehend ruht, ist sie am aktivsten. Sie hat eine große Fülle von Aufgaben, die sie mit äußerster Präzision und höchster Effektivität ausführt.

Die Leber entgiftet schädliche Substanzen wie Alkohol, Koffein, Nikotin und Barbiturate, und sie baut Stoffe ab, die sich im Körper in gefährlicher Weise anhäufen, wie z. B. Cholesterin. Die großen Energiemengen, die in der Leber gespeichert sind, werden ständig vom hungrigen Gehirn und dem Nervensystem in Anspruch genommen, die selbst keine Energievorräte speichern können. Die Leber ist ein Blutspeicher. Sie stellt Proteine für die Blutgerinnung her und zerstört verbrauchte rote Blutzellen nach 120 Tagen. Die von der Leber gebildeten Antikörper stellen eine wichtige Abwehr gegen Krankheiten dar.

Die von der Leber erzeugte und in der Gallenblase gespeicherte Galle wird in den Dünndarm abgesondert, wo sie die sauren Magensäfte neutralisiert und am Abbau von Fetten mitwirkt. Wenn sie ausgeschieden wird, verändert sich die Farbe des Stuhls.

Wirkungen von Streß

Die Leber ist auf eine reichliche Blutversorgung angewiesen, die bei Streß erheblich eingeschränkt wird, wodurch die Engerievorräte erschöpft werden. Alkohol, Nikotin, Koffein, Barbiturate und andere Substanzen, mit denen man üblicherweise Streß bekämpft, stellen für die Leber bei ihrer nächtlichen Arbeit eine übermäßige Belastung dar und erhöhen das Risiko von Lebererkrankungen.

Psychosomatische Störungen

Die Leber ist der feurige Sitz des Zorns und des Ausbruchs tiefsitzender Emotionen. Störungen weisen auf eine tiefe Unzufriedenheit und unterdrückte Schuldgefühle hin, die man durch Kritiksucht anderen gegenüber beheben zu können glaubt.

Reflexzonenverfahren

Nur am rechten Fuß

1 Die dreieckige Vorwölbung aufsuchen, die am Zwerchfellreflex beginnt und an der linken unteren Ecke des Fußgewölbes in einer Spitze ausläuft.

2 Mit dem linken Daumen in senkrechten Streifen im »Raupengang« von der kleinen zur großen Zehe gehen, bis man das ganze Dreieck bearbeitet hat.

3 Mit demselben Daumen abwärts eine »melkende« Bewegung ausführen.

4 Den Gallenblasenreflex in der Mitte der langen Seite des Dreiecks aufsuchen. Den Daumen auf diesen Punkt legen und nach einer kleinen taschenartigen Vorwölbung tasten.

5 Im Uhrzeigersinn massieren.

6 Leicht in den Reflex drücken, loslassen und weggehen (dieser Reflex sollte auch dann massiert werden, wenn die Gallenblase entfernt wurde).

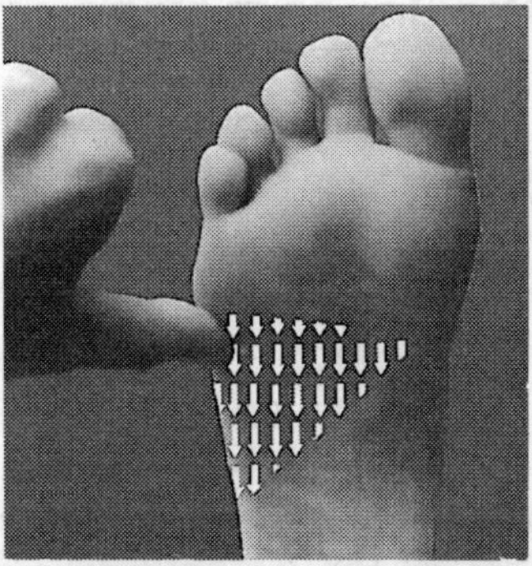

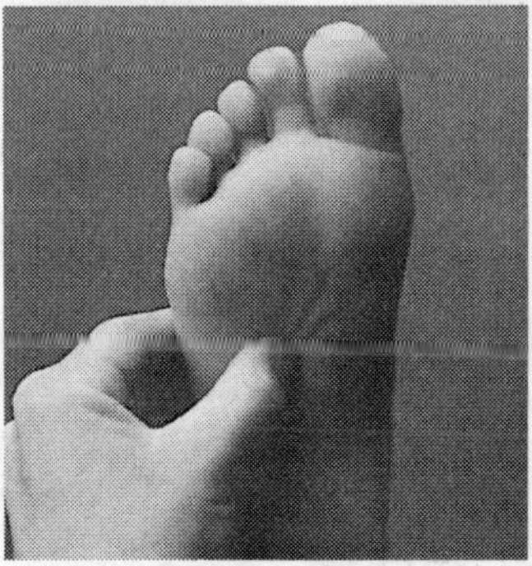

7 Den Bereich mit zwei Fingern in einer abwärts gerichteten Streichbewegung, von der kleinen zur großen Zehe gehend, bearbeiten.

Anmerkung

• Der Leberreflex ist bei Entgiftungsvorgängen stark vorgewölbt. Bei starker Beanspruchung der Leber ist er geschwollen und angespannt. Ungleichgewichte führten dazu, daß er sich körnig, schwammig oder knotig anfühlt.

Die Bauchspeicheldrüse

Die Hauptaufgabe der Bauchspeicheldrüse ist die Erzeugung von Insulin, einer Substanz, die den Zuckerstoffwechsel im Körper steuert.

Lage im Körper

Die Bauchspeicheldrüse liegt in der Schleife des Zwölffingerdarms unterhalb des Magens.

Lage am Fuß

Der Bauchspeicheldrüsenreflex liegt innerhalb des »C« des Zwölffingerdarmreflexes (siehe Seite 162) direkt unterhalb des Magenreflexes (siehe Seite 157) und oberhalb der »Taille« des Fußes.

Bau und Funktion

Die Bauchspeicheldrüse ist eine große, kaulquappenförmige Drüse, die Glukagon und Insulin in das Blut abgibt. Glukagon und Insulin fördern die Glykogenbildung in der Leber, und Insulin macht Glykogen in allen Körperzellen verfügbar. Die Bauchspeicheldrüse sondert außerdem etwa einen Liter Pankreassaft in den Zwölffingerdarm ab, sobald die säurereiche Nahrung aus dem Magen ausgetrieben wird, wodurch der Inhalt des Zwölffingerdarms chemisch verändert wird.

Dysfunktion der Bauchspeicheldrüse

Zucker (Diabetes mellitus) tritt auf, wenn die Bauchspeicheldrüse zuwenig Insulin erzeugt. Die Körperzellen können das Glykogen im Blut nicht verwerten, weshalb es ihnen an Brennstoff mangelt. Die Fettspeicher werden aufgezehrt, und es kommt zu Müdigkeit, Gewichtsverlust, Muskelschwund und Gewebeschädigungen. Unbehandelt kommt es zu Schwindel und Koma, bis schließlich der Tod eintritt. Ein Überschuß an Insulin führt zu einem dramatischen Absinken des Blutzuckerspiegels. Wenn es dem Gehirn an Glykogen mangelt, kommt es zum Schwindelgefühl, Schweißausbrüchen und starkem Hungergefühl. Unbehandelt treten Bewußtlosigkeit, Koma und schließlich der Tod auf.

Psychosomatische Aspekte

Die Bauchspeicheldrüse symbolisiert die Freuden und Wonnen des Lebens. Empfindungen der Ablehnung, begleitet von der Überzeugung, daß es im Leben keine köstlichen und fröhlichen Augenblicke gibt, bringen sie aus dem Gleichgewicht. Dies tritt oft nach kritischen Ereignissen wie etwa einer Scheidung oder dem Tod eines geliebten Menschen auf und wird verschärft durch Zorn und Frustration.

Reflexzonenverfahren

1 Den linken Daumen so unter die »Taille« des Fußes legen, daß die Oberkante des Daumens in einer Linie mit der »Taille« liegt.

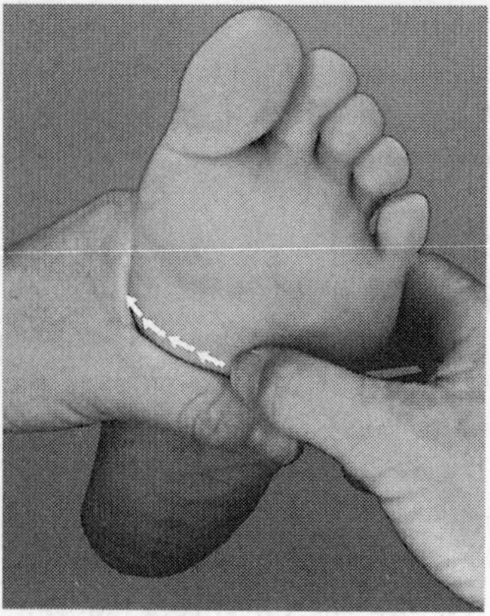

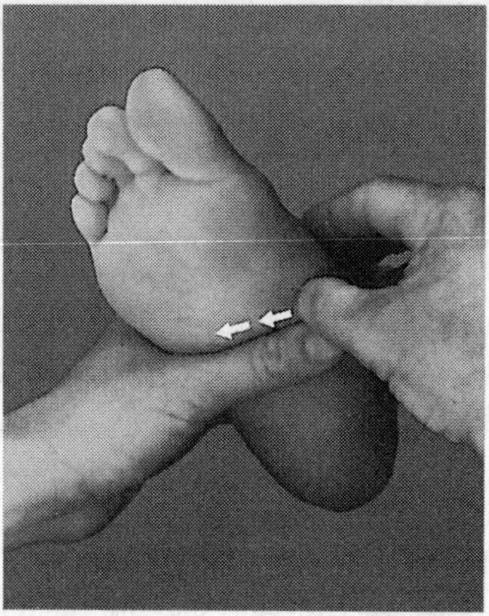

2 Mit dem rechten Daumen im »Raupengang« vom Rand des Milzreflexes längs dem waagrechten Streifen genau über dem Daumen gehen. Diese Bewegung drei- bis viermal auf demselben Streifen, von der kleinen zur großen Zehe gehend, wiederholen.

3 Mit demselben Daumen in ganz kleinen Streifen senkrecht von der kleinen zur großen Zehe gehen.

4 Den Streifen waagrecht von innen nach außen in einer »melkenden« Bewegung bearbeiten, als ob man den Inhalt der Bauchspeicheldrüse zum Zwölffingerdarm drücken würde.

5 Den Reflex mit zwei Fingern mit einer leichten Abwärtsbewegung ausstreichen.

6 Zum rechten Fuß gehen.

7 Den linken Daumen unter die Taille am rechten Fuß legen.

8 Mit dem rechten Daumen im »Raupengang« in einer waagrechten Linie über den Streifen oberhalb des Daumens vom Fußgewölbe bis zur Mitte des rechten Fußes gehen.

9 Von innen nach außen gehend, im Raupengang in kleinen Streifen nach unten gehen.

10 Mit einer »melkenden« Bewegung waagrecht von innen nach außen gehen und den Inhalt zum Zwölffingerdarm drücken.

11 Den Bereich mit beiden Fingern in sanften Abwärtsstrichen heilen.

Anmerkungen

- Diabetiker sollten vor Reflexzonenanwendungen ihren Arzt befragen. Am besten massiert man ihre Füße sehr sanft eine Stunde, bevor sie wieder Insulin bekommen. Vor und nach der Massage sollten die Blutzuckerwerte überprüft werden, da es zu erheblichen Veränderungen kommen kann, wenn der Körper versucht, die Körperprozesse zu stabilisieren und zu normalisieren.
- Die Bauchspeicheldrüse ist außerordentlich empfindlich für Hunger und Hypoglykämie und fühlt sich in diesem Fall gespannt, geschwollen und möglicherweise körnig an.

Die Speiseröhre

Die Speiseröhre leitet die Speisen innerhalb von Sekunden vom Mund zum Magen.

Lage im Körper
Die Speiseröhre ist der Schlauch, der den Mund mit dem Magen verbindet und durch die Mitte des Brustraums verläuft.

Lage am Fuß
Die Speiseröhre spiegelt sich an der Innenkante beider Füße vom Bereich ab der Mitte der großen Zehe bis zur Basis des Fußballens.

Wirkungen von Streß

Anspannung stört den Rhythmus der peristaltischen Bewegung, wodurch sich im emotionellen Bereich das Gefühl »aufgestauten Zorns« einstellt.

Reflexzonenverfahren

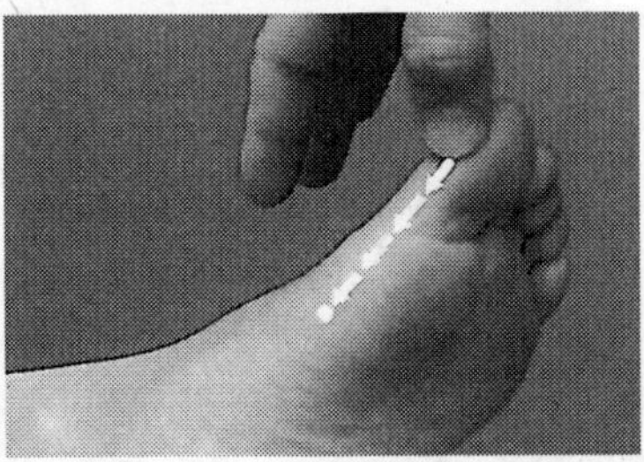

1 Den rechten Daumen etwas unterhalb der Mitte der Innenseite der linken großen Zehe so legen, daß der Daumen nach unten weist.
2 Zwei- bis dreimal im »Raupengang« zur Basis des Fußballens an die Stelle gehen, an der ein Vor-

sprung spürbar ist. An dieser Stelle stehenbleiben und im Uhrzeigersinn massieren. Druck anwenden, loslassen und weggehen. Dies ist der Reflex der Ringmuskulatur des Magenmundes.

3 Die Massage mit dem linken Daumen am rechten Fuß wiederholen.

Anmerkungen

- Die Atemröhre liegt auf demselben Reflex, weshalb man sich auch bei Atembeschwerden, insbesondere Asthma, auf diesen Bereich konzentrieren sollte.
- Bei Sodbrennen und Hiatushernie sich auf diesen Reflex konzentrieren.

Der Magen

Der Magen wandelt Speisen um, indem er sie auf chemischem und mechanischem Wege zu einem Brei verarbeitet und homogenisiert, der als Chymus bezeichnet wird.

Lage im Körper

Der Magen liegt unterhalb des Brustkorbs im oberen Bauchraum hauptsächlich linksseitig.

Lage am Fuß

Der Magenreflex liegt überwiegend auf dem linken Fuß unmittelbar unterhalb des Zwerchfellreflexes und nimmt den größten Teil des oberen Bereichs des fleischigen Fußgewölbes ein. Der Magenmund spiegelt sich am rechten Fuß unterhalb des Zwerchfellreflexes.

Bau und Funktion

Der Magen ist ein dickwandiger elastischer Sack, der von einem unwillkürlichen Muskel bewegt wird. Er ist relativ klein, kann sich jedoch auf einen Inhalt bis zu fünf Litern ausdehnen. Die Magenmuskulatur zieht sich während und nach dem Essen etwa alle drei Minuten zusammen. Auch im leeren Zustand kommt es etwa alle neunzig Minuten zu einer kräftigen Kontraktion, die im ganzen Verdauungstrakt eine Wellenbewegung auslöst. Ringmuskeln (der Magenmund am Eingang und der Magenpförtner am Ausgang) regeln die Geschwindigkeit, mit der sich der Magen füllt und leert, je nach Menge und Art der aufgenommenen Nahrung.

Wirkungen von Streß

Streß macht den Magen außerordentlich empfindlich für Stimmungsschwankungen. Wutausbrüche oder Erregungsschübe führen zu einer übermäßigen Aktivität der Muskulatur und reizen die Magenschleimhaut, die anschwillt und eine scharlachrote Farbe annimmt. Zu der vermehrten Absonderung von Salzsäure kommt die Wirkung von Chemikalien wie Alkohol und Aspirin hinzu, die die schützende Schleimhaut zerstören und die Magenwand angreifen.
Umgekehrt wird in Zeiten der Niedergeschlagenheit und großer Ängstlichkeit die Aktivität des Magens herabgedämpft, und die Magenwand wird blaß und trocken. Ein gereizter Magenmund läßt Mageninhalt nach oben treten, wodurch die Schleimhaut der Speiseröhre gereizt und Sodbrennen ausgelöst wird. Eine Anspannung des Magenpförtners behindert die Weitergabe von Mageninhalt, wodurch eine unangenehme Empfindung des Aufgetriebenseins entsteht. Ausgefallene Eßgewohnheiten beeinträchtigen die normale Funktion, wodurch es zu Gärprozessen und Verdauungsstörungen kommt, so daß allmählich der ganze Körper vergiftet wird.

Psychosomatische Aspekte

Der Magen hilft, die täglichen Ereignisse zu verdauen. Widerstand gegen den normalen Gang der alltäglichen Lebensereignisse aufgrund tiefen Kummers, großer Angst oder von Befürchtungen, daß man die neuen Umstände nicht bewältigen könnte, führen zu Magenbeschwerden, besonders bei Schulanfängern oder vor Prüfungen.

Reflexzonenverfahren

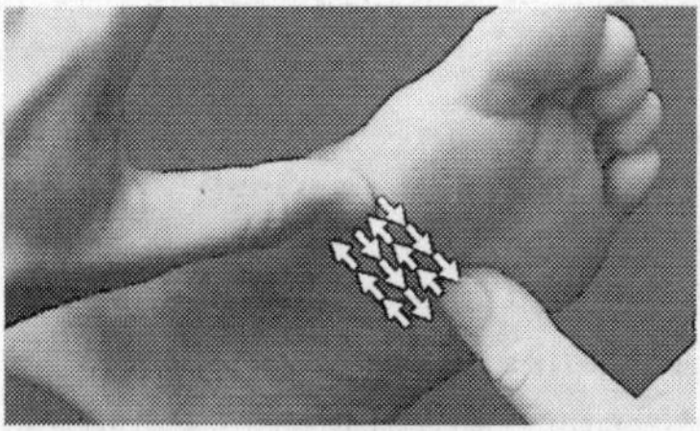

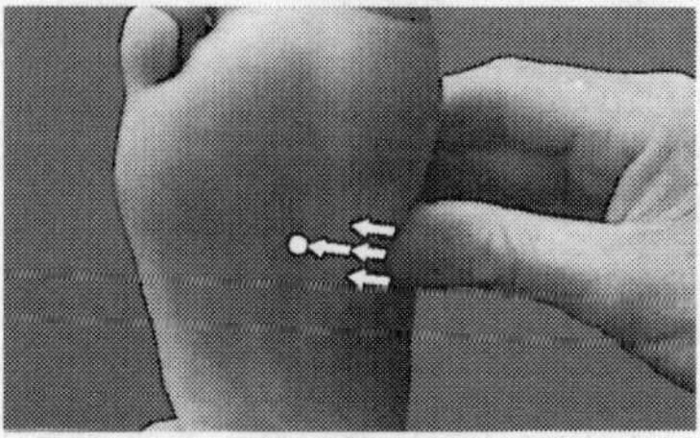

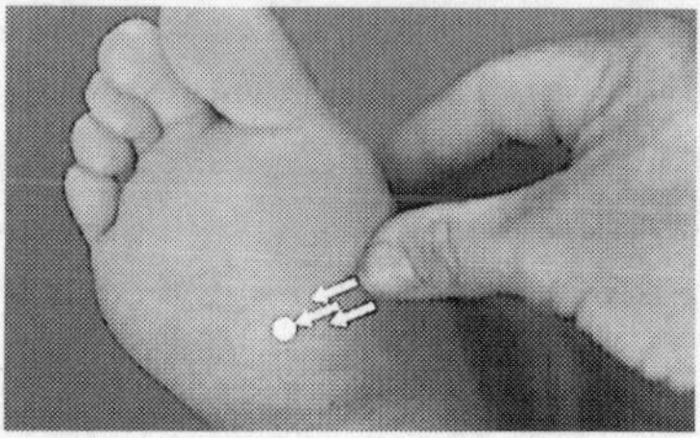

1 Den linken Daumen auf den Punkt genau unterhalb des Reflexes des Magenmundes legen und längs dem Zwerchfellreflex im »Raupengang« bis unterhalb des Sonnengeflechtreflexes gehen.
2 Den rechten Daumen auf diesen Punkt legen und im »Raupengang« über denselben Streifen von außen nach innen gehen.
3 Die beiden Schritte von einer Seite zur anderen wiederholen; dabei den Magenreflex bearbeiten, bis man mit dem rechten Daumen an der Innenseite des linken Fußes angelangt ist.
4 Mit übereinandergelegten Daumen den ganzen Reflex von außen nach innen mit einer »melkenden« Bewegung bearbeiten.
5 Den rechten Daumen unter den

Magenmundreflex am rechten Fuß legen und waagrecht von außen nach innen im »Raupengang« über den Magenhals gehen.

6 Abschließend den Daumen auf die Reflexe des Magenpförtners legen, der leicht als kleine Vorwölbung zu tasten ist. Im Uhrzeigersinn kreisen. Sanft drücken, loslassen und weggehen.

Anmerkung

- In Zeiten extremer Angst und Ungewißheit und bei Magenerkrankungen wie Magengeschwüren sich auf den Magenreflex konzentrieren.

Der Zwölffingerdarm

Während des Verdauungsvorgangs wird der Mageninhalt durch die Galle und die Säfte der Bauchspeicheldrüse verändert.

Lage im Körper
Der Zwölffingerdarm ist ein kurzer gekrümmter Schlauch zwischen dem Magen und dem Dünndarm.

Lage am Fuß
Der Zwölffingerdarmreflex bildet eine C-Form im oberen Teil des rechten Fußgewölbes.

Bau und Funktion

Wenn sich der Magenpförtner öffnet, spritzt eine kleine Menge Chymus in den Zwölffingerdarm, den ersten Teil des Dünndarms und einzigen Abschnitt des Verdauungstrakts, dessen Lage mehr oder weniger fest ist.

Wirkungen von Streß

Durch den angespannten Magenpförtner können saure Magensäfte entweichen, die einen Teil der Wand des Zwölffingerdarms angreifen. Anspannung verhindert eine ausreichende Verarbeitung des Chymus, wodurch wiederum die Resorption beeinträchtigt wird.

Psychosomatische Aspekte

Zwölffingerdarmgeschwüre weisen darauf hin, daß Furcht an den Eingeweiden nagt, verbunden mit mangelndem Selbstvertrauen.

1 Während der rechte Daumen noch auf dem Reflex des Magenpförtners am rechten Fuß liegt, der C-förmigen Krümmung des Zwölffingerdarms um den Bauchspeicheldrüsenreflex folgen; dabei darauf achten, daß man über der »Taille« des Fußes bleibt. Gegebenenfalls auf der Hälfte der Strecke die Daumen wechseln. Diese Bewegung zwei- bis dreimal wiederholen.

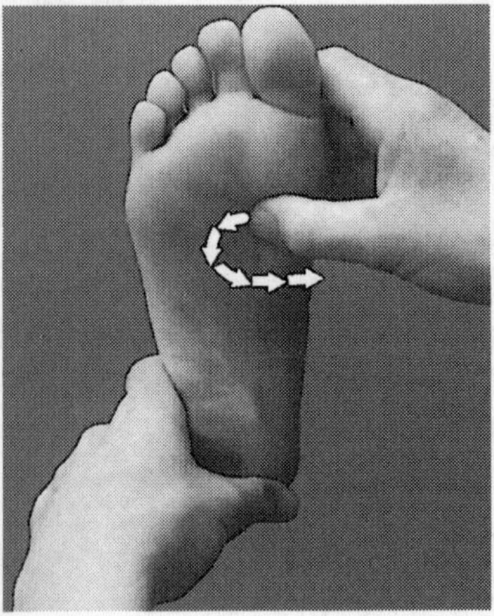

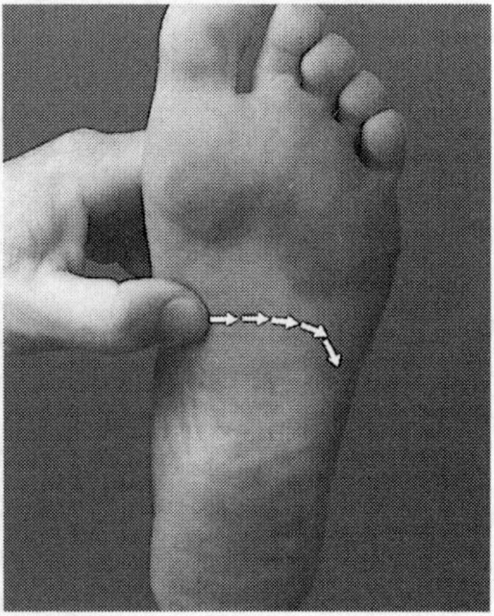

2 Den Reflex des Zwölffingerdarms am linken Fuß weiter bearbeiten. Dies ist der Streifen über der »Taille« vom Fußgewölbe bis zum Milzreflex.

3 Den Daumen in seiner Position halten, so daß man anschließend dem Reflex des Dünndarms folgen kann.

Der Dünndarm

Im Dünndarm, der etwa sechs bis sieben Meter lang ist, erfolgt die Resorption lebenswichtiger Nährstoffe.

Lage im Körper
Der Dünndarm liegt vielfältig gewunden im unteren Bauchraum.

Lage am Fuß
Der Dünndarm spiegelt sich auf der unteren Hälfte beider Fußgewölbe.

Bau und Funktion

Der Dünndarm besitzt die Fähigkeit, sich ganz erheblich auszudehnen und zusammenzuziehen. Millionen kleiner Zotten erhöhen seine Resorptionsfläche um das Sechshundertfache.

Wirkungen von Streß

Anspannung reizt die Nerven und führt zu Verdauungsstörungen und Bauchkrämpfen. Die Zentren der lymphatischen Aktivität werden durch anhaltenden Streß geschwächt, womit Infektionen die Tür geöffnet wird.

Psychosomatische Aspekte

Der Dünndarm steht für die Fähigkeit, die Lebensprozesse absorbieren zu können. Große Furcht oder Mangel an Selbstvertrauen blockiert diese natürlichen Abläufe, wodurch Krankheiten und Beschwerden entstehen.

Reflexzonenverfahren

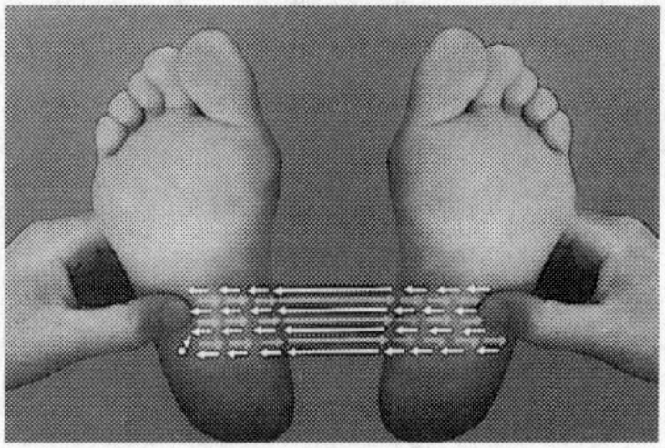

1 Vom Zwölffingerdarmreflex aus fortfahrend, den rechten Daumen an die Stelle des linken Daumens setzen, so daß der rechte Daumen waagrecht in einer Linie genau unterhalb der »Taille« von außen nach innen weiterwandern kann.

2 Mit dem rechten Daumen zum rechten Fuß gehen und in dieser Linie fortfahrend, im »Raupengang« von innen nach außen bis zum Dickdarmreflex gehen.

3 Mit dem linken Daumen vom rechten Daumen übernehmen und im Raupengang längs eines waagrechten Streifens unterhalb des ersten Streifens von außen nach innen gehen.

4 Weiter mit dem linken Daumen auf diesem Streifen am linken Fuß fortfahren, bis man den Dickdarmreflex erreicht.

5 Mit dem rechten Daumen übernehmen und in Zickzackbewegungen vorwärts und rückwärts die untere Hälfte des Fußgewölbes ausfüllen.

6 Abschließend den rechten Daumen auf dem Reflex der Ileozökalklappe ruhen lassen, die nur auf dem rechten Fuß zu finden ist (siehe Punkt in der Abbildung).

Anmerkung

• Bei Verdauungsstörungen und/oder geschwächter Abwehr diesen Reflex behandeln.

Der Dickdarm

Unverdauliche Reste der Verdauungstätigkeit des Körpers werden vom Dickdarm der Ausscheidung zugeführt, um Platz zu schaffen für die Zufuhr neuer Nährstoffe. Die im Dickdarm in großer Zahl vorhandenen Bakterien erzeugen wichtige Vitamine und Aminosäuren.

Lage im Körper
Der Dickdarm umschlingt den Dünndarm im unteren Bauchraum.

Lage am Fuß
Der Dickdarmreflex umrahmt den kleineren Dünndarmreflex in der unteren Hälfte beider Fußgewölbe.

Bau und Funktion

Der Dickdarm ist kürzer als der Dünndarm, aber dreimal so dick wie dieser. Er wird von Muskelbändern in Falten gezogen, die die durch die Tätigkeit der Bakterien entstehenden Gase festhalten. Der Dickdarm ist zwischen fünf und sieben Uhr morgens am aktivsten.

Wirkungen von Streß

Der Dickdarm wird direkt vom Sonnengeflecht aus gesteuert, weshalb er äußerst empfindlich auf Gefühlsbewegungen reagiert. Drohende Streßsituationen verursachen eine Überaktivität, die bei längerer Dauer zu Verstopfung führen kann. Eine geschwächte Abwehr und die Zerstörung nützlicher Bakterien durch Antibiotika erhöht die Anfälligkeit des Körpers für Infektionen. Alkohol, bestimmte chemische

Substanzen und Arzneimittel führen ebenfalls zu einer Reizung des Dickdarms.

Psychosomatische Aspekte

Der Dickdarm steht für Überbleibsel aus der Vergangenheit. Eingeflößte Versagensangst oder die Angst vor einem Entzug von Liebe und Zuwendung führt zu einer Entzündung und Reizung des Dickdarms. Das krampfhafte Festhalten an alten Überzeugungen, vergangenen Gefühlsbewegungen oder materiellem Besitz kann zu einer Verstopfung des Dickdarms führen, während Durchfall eine Art von Eskapismus ist, der durch eine tiefsitzende Furcht vor Zurückweisung oder das Gefühl des Zurückgewiesenwerdens entsteht. Wenn man von Furcht gepackt ist, unfähig, loszulassen und seine Anspannung zu lösen, entstehen Krämpfe im Bauchraum. Hämorrhoiden sind ein Hinweis auf eine Angst vor Terminen, eine Aufstauung alter Überzeugungen oder darauf, daß man sich behindert oder unterdrückt fühlt.

Reflexzonenverfahren

1 Mit dem noch auf dem Reflex der Ileozökalklappe liegenden rechten Daumen auf dem rechten Fuß nach einer kleinen Vorwölbung ganz in der Nähe des Eierstockreflexes tasten.
2 Im Uhrzeigersinn kreisen, drücken, entspannen und loslassen.
3 Den linken Daumen unterhalb und etwas links des rechten Daumens auf den Dickdarm-/Blinddarmreflex legen.
4 Im »Raupengang« den Reflex des aufsteigenden Dickdarms hinaufgehen, bis man eine Vorwölbung auf oder etwas unterhalb der »Taille« findet. Das ist der Reflex der rechten Dickdarmkrümmung. Diesen Reflex im Uhrzeigersinn massieren. Den Daumen um 90 Grad nach

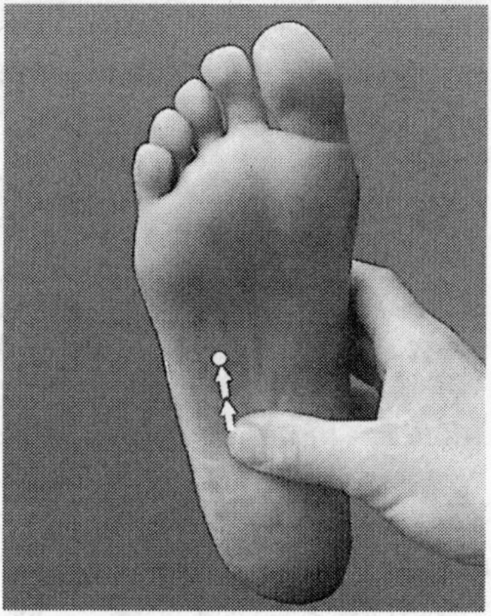

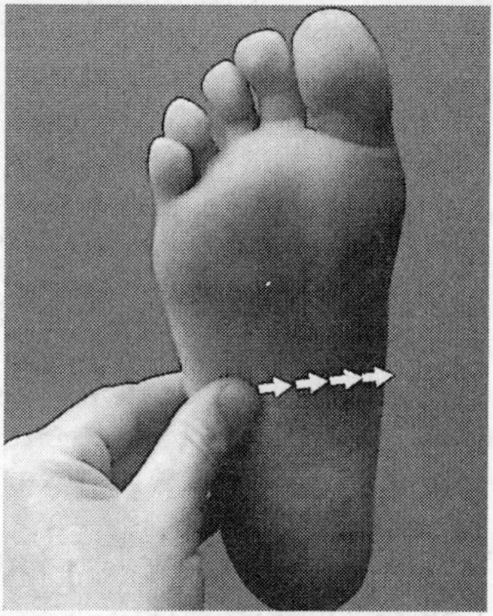

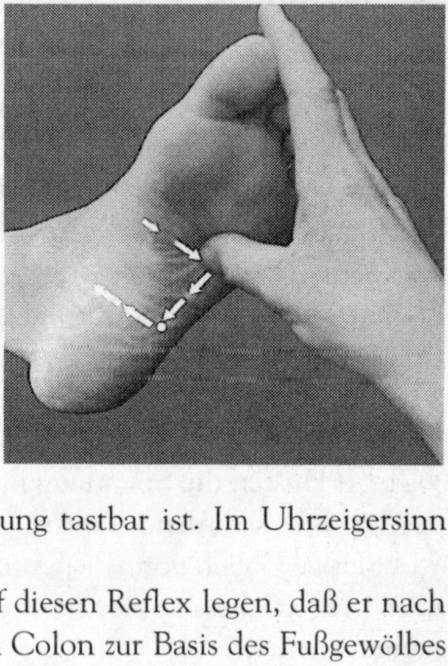

rechts drehen, so daß er im rechten Winkel zum Reflex des aufsteigenden Dickdarms liegt.

5 Waagrecht längs dem Reflex des Querdickdarms, der »Taille« folgend, zur Kante der inneren Sohle gehen.

6 Mit dem linken Daumen am linken Fuß weiter waagrecht im »Raupengang« und nach oben zum Reflex der linken Dickdarmkrümmung gehen, wo an der Kante des Milzreflexes eine weitere Vorwölbung tastbar ist. Im Uhrzeigersinn kreisen, drücken und loslassen.

7 Jetzt den rechten Daumen so auf diesen Reflex legen, daß er nach unten zeigt; dann am absteigenden Colon zur Basis des Fußgewölbes gehen.

8 Den rechten Daumen um 90 Grad drehen und waagrecht im Raupengang längs der Sigmaschleife gehen, die der Basis des Fußgewölbes folgt.

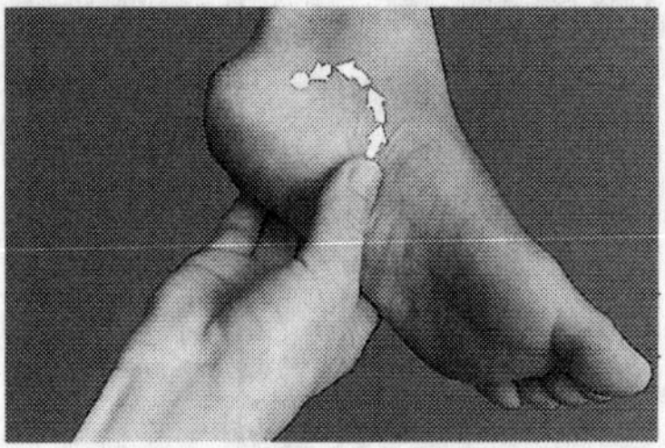

9 Im »Raupengang« an der Innenseite des Fußes in einem halbkreisförmigen Bogen zum Analreflex in der leichten Vertiefung in der Mitte zwischen Ferse und Knöchel wandern. Diesen Reflex massieren.

10 Den linken Daumen auf die Innenseite des rechten Fußes legen und die letzte Bewegung wiederholen.

Anmerkungen

- Eine angespannte Ileozökalöffnung kann den Übertritt von Abbauprodukten aus dem Dünndarm in den Dickdarm behindern. Dies bewirkt eine schädliche Stauung, wodurch möglicherweise Giftstoffe in den Blutstrom übertreten, was sich in einer sehr starken Empfindlichkeit dieses Reflexes äußert, insbesondere bei Vorliegen von Allergien, Asthma, Hautirritationen oder nervösen Störungen.
- Leber- und Milzreflex sind im allgemeinen vorgewölbt, können aber bei Stauungen auch straff gespannt sein. Achten Sie bei spastischem Dickdarm, Hautbeschwerden, vor allem Akne, Verstopfung, Hämorrhoiden, Magen-Darm-Katarrh, Durchfall und ulzeröser Kolitis auf den Dickdarmreflex.
- Täglich dreimal frisches Obst, rohes Gemüse und Getreide essen.
- Täglich mindestens sechs Gläser gutes Wasser trinken.
- Durch Husten die Spannung lösen und die Austreibung des Stuhls aus dem Mastdarm erleichtern.
- Unnötige Gaben von Antibiotika vermeiden. Wenn sie eingenommen werden müssen, gleichzeitig etwas natürlichen Joghurt zu sich nehmen.
- Lösen Sie sich von alten einengenden Gedanken, und befreien Sie sich von oft selbstverursachten Terminzwängen.

• Legen Sie in regelmäßigen Abständen einen »Obsttag« ein, an dem Sie nur eine Obstsorte (z. B. Papaya, Melone oder Trauben) zu sich nehmen, damit der Dickdarm sich reinigen kann. Ein gereinigter Dickdarm bewirkt ein stabileres emotionelles Leben, während Verstopfung zu Reizbarkeit und Ungeduld führt.

11 Skelett und Muskulatur

Das Skelett bildet den Rahmen des Körpers und ermöglicht die Beweglichkeit. Es schützt außerdem lebenswichtige Organe.

Lage im Körper
Das Skelettsystem ist ein beweglicher, mit Muskeln umkleideter Rahmen.

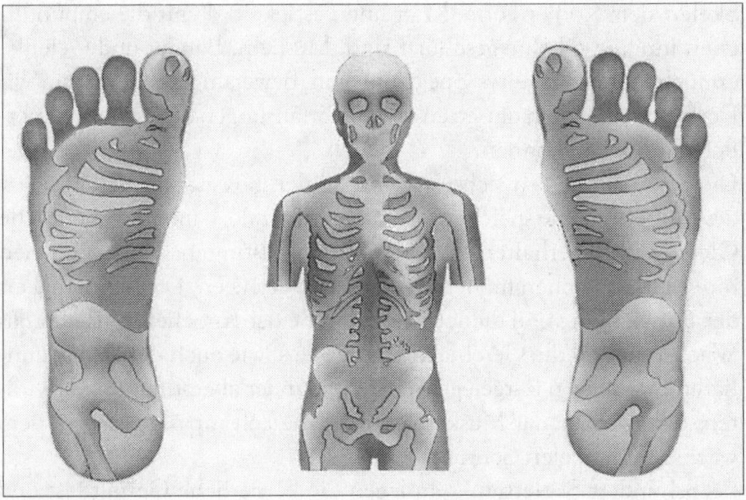

Lage am Fuß
Die Skelett- und Muskelreflexe liegen am ganzen Fuß.

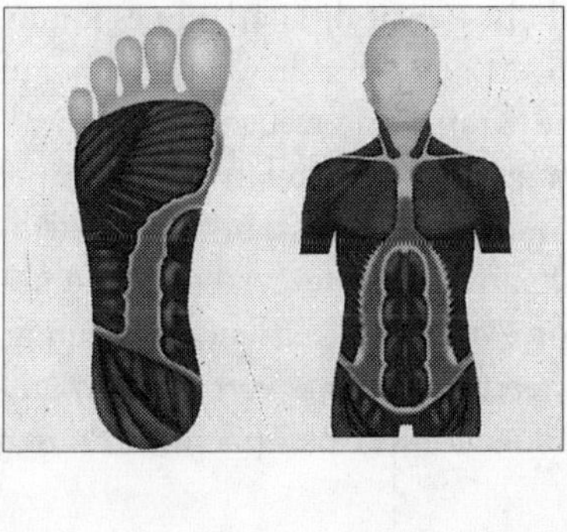

Die Form des Skelettes bildete sich, als der Mensch den aufrechten Gang lernte. Über zweihundert fein aufeinander abgestimmte Knochen ermöglichen trotz der verhältnismäßig geringen Größe der Füße eine bemerkenswerte Beweglichkeit. Zusammen mit der Haut gibt das Skelett dem Körper Form, Kraft und Festigkeit, damit die empfindlichen inneren Organe geschützt sind. Muskeln, Bänder und Gelenke ermöglichen ein breites Spektrum von Bewegungen, durch die wir Denken in Handeln umsetzen und die Erfahrungen des Lebens körperlich ausdrücken können.

Die Knochen passen sich fortwährend den physischen Bedürfnissen des Körpers an. Sie speichern wichtige Minerale, damit das chemische Gleichgewicht erhalten bleibt, während bestimmte lange Knochen rote Blutkörperchen für den Blutkreislauf erzeugen. Die Schnelligkeit der Entwicklung und die letztliche Größe der Knochen ist durch das Wachstum und die Geschlechtshormone sowie auch durch die familiären Erbanlagen festgelegt. Fein aufeinander abgestimmte Aktivitäten stellen sicher, daß Muskeln und Organe sich anpassen und mit dem wachsenden Skelett Schritt halten.

Sechshundert Skelettmuskeln legen die körperliche Gestalt fest und können das Tausendfache ihres eigenen Gewichts tragen. Diese Faserbündel können sich fast auf die Hälfte ihrer normalen Länge verkürzen. Ihre Vielseitigkeit und außerordentliche Sensibilität erlaubt es ihnen, schwierige und feine Aufgaben zu erfüllen. Sie bewegen sich mit außerordentlicher Schnelligkeit und Kraft und erzeugen eine gewaltige Menge an Energie. Die beiden anderen Muskelarten im Körper sind der Herzmuskel, der in seiner Art einmalig ist, und die unwillkürlichen Muskeln der inneren Organe und Blutgefäße. Die automatischen, unbewußten Abläufe von Atmung, Kreislauf, Verdauung, Stoffwechsel und Ausscheidung ruhen niemals. Sie verbrauchen große Mengen an Brennstoffen und Sauerstoff, insbesondere in Phasen hoher Aktivität, nach denen die Abbauprodukte entfernt werden müssen.

Wirkungen von Streß

Streß versetzt den Körper bei realen oder vorgestellten Gefahren in einen Alarmzustand. Die Muskeln ziehen sich zusammen und schränken ihren Bewegungsbereich ein, wodurch eine örtliche oder allgemeine Erstarrung eintritt. Das freie Spiel der rhythmischen Bewegungen von Atmung, Kreislauf, Verdauung und Ausscheidungen wird behindert, wodurch den Zellen Lebenskräfte entzogen werden, was zur Ansammlung von giftigen Abbauprodukten führt. Die Anspannung der Muskulatur läßt Zonen des Stillstands entstehen, die den Fluß der Energie durch den Körper hemmen.

Eine Verlagerung der Körpermassen führt zu Fußbeschwerden und einer Vorwölbung der Wirbelsäule, wodurch das Gleichgewicht gestört wird. Durch die Verkrümmung der Wirbelsäule entsteht Druck auf die Muskulatur des unteren Kreuzbereichs, wodurch die gerade Ausrichtung der Wirbelsäule gestört wird.

Punktuell belastete Knochen aktivieren die Aufbauzellen des Körpers an der Stelle des Drucks, um den Bereich zu kräftigen und zu schützen. Dies ist vor allem am Fuß bei der Bildung von Hallux valgus (Abknikkung des großen Zehs zu den kleinen Zehen hin) auffällig.

Die Entwicklung des Knochengerüstes wird in Zeiten von anhaltendem emotionellem Streß beeinträchtigt, wobei die eingeschränkte Tätigkeit der endokrinen Drüsen die Produktion von Wachstums- und Geschlechtshormonen vermindert.

Bestimmte Wettbewerbssportarten können den Körper zu eingeübten Haltungen zwingen und zu einer Versteifung führen, wobei Hilfsmittel wie Tennis- und Golfschläger ständig dieselben Muskeln belasten. Erzwungene Bewegungen überlasten einen bereits stark beanspruchten

Körper zum Nachteil der gesamten Muskulatur. Die Belastungsspitzen bei Sport auf unnatürlich harten Flächen schädigt letztlich die Gelenke. Umgekehrt schrumpft und schwindet die Muskulatur, wenn sie nicht benutzt wird, was zu einer Einschränkung der Beweglichkeit und einem Mangel an Wärme führt.

Die Macht der Reflexzonentherapie

Steifigkeit am Fuß entspricht einer Steifigkeit im Körper. Sanfte Massage der Füße entspannt die Muskulatur des Körpers und befreit sie von verformenden Belastungen. Die körperliche Leistungsfähigkeit wird verbessert, so daß der Körper beim Sport von seinen natürlichsten und kraftvollsten Bewegungsmöglichkeiten Gebrauch machen kann. Eine entspannte Muskulatur erlaubt eine freiere körperliche Beweglichkeit, Vielseitigkeit aller willkürlichen und unwillkürlichen Prozesse und den Abbau emotioneller Spannungen.

Psychosomatische Aspekte

Das Skelettgerüst steht für die strukturelle Unterstützung des Lebens und das instinktive Zugreifen auf Dinge, um sie für die eigenen Zwecke einzusetzen. Emotionelle Traumata und eine übertriebene Angst vor Verletzungen führen dazu, daß der Körper sich versteift, um sich vor Kummer und Schmerzen zu schützen. Durch diesen Widerstand gegen Macht und Autorität können spröde Knochen leichter brechen. Deformierungen aufgrund der starren Zwänge des Lebens beschränken die Beweglichkeit des Geistes und der Gedanken. Zorn und Starrsinn führen zu einer Verstauchung der Glieder und liefern die körperliche Entschuldigung dafür, daß man nicht in eine bestimmte Richtung gehen will. Gelenke ermöglichen die Flexibilität und Vielfalt der Bewegungen, die den Gang des Lebens beeinflussen und erleichtern.

Reflexzonenverfahren

Die Knochen- und Muskelreflexe werden bei der gesamten Reflexzonenarbeit ständig massiert. Die Knochen im Beckenbereich, die Arme und die Beine werden jedoch besonders behandelt (siehe unten).

Anmerkung

Die Alexander-Technik – die aus sanften Manipulationen der Muskulatur und aus Haltungsübungen besteht – hilft in Kombination mit der Reflexzonenarbeit einen tiefsitzenden gewohnheitsmäßigen Mißbrauch des Körpers überwinden, der ihn deformiert. Sie bildet das praktische Werkzeug zur Auflösung von Muskelspannungen und zur Verringerung der Schädigung von Muskeln und Knochen. Der Körper kann dadurch mit mehr Energie und Effizienz in einer ungehinderten und natürlichen Weise arbeiten.

Der Beckenbereich

Die Neigung des Beckens ist wichtig für die korrekte Gewichtsverteilung im ganzen Körper. Die Hüfte spielt eine wichtige Rolle für die Ausbalancierung des Körpers und liefert die Schubkraft für die Bewegung nach vorne.

Lage im Körper
Die Beckenknochen haben eine Stützfunktion für den unteren Bauchraum, wobei die Beckenmuskeln den Abschluß nach unten bilden.

Lage am Fuß
Die Beckenregion hat ihre Entsprechung an den Fersen beider Füße.

Bau und Funktion

Das Becken ist ein robuster Rahmen, an dem die Beinknochen beweglich befestigt sind und die großen Beinmuskeln ansetzen. Es hält den Körper in seiner senkrechten Haltung und schützt teilweise den Dünndarm, die Blase, die Geschlechtsorgane und andere innere Strukturen. Der Ischiasnerv zieht über die Hüfte zum Oberschenkel.
Die Beckenknochen werden von Bändern fest zusammengehalten, die sich während der Schwangerschaft lockern, damit das Becken bei der Geburt die notwendige Elastizität besitzt.

Wirkungen von Streß

Anspannung bewirkt Starre und schränkt die Beweglichkeit ein. Die Ischiasnerven können dadurch eingeklemmt werden, wodurch ein unerträglicher Schmerz von der Basis der Wirbelsäule bis zum Knöchel entsteht. Bei der Geburt behindert Anspannung die Ausdehnung des Beckenraums, verengt den Geburtskanal und macht einen großen Energieaufwand für die Austreibung des Kindes notwendig, was zu unnötigen Schmerzen und Verletzungen führt.

Psychosomatische Aspekte

Hüftbeschwerden zeigen das Zögern an, vorwärts zu schreiten, weil die Zukunft düster aussieht, oder sie sind die körperliche »Ausflucht«, um sich vor wichtigen Entscheidungen zu drücken. Dies kann vorübergehend durch die Trauer über einen persönlichen Verlust oder durch Niedergeschlagenheit infolge traumatischer Ereignisse entstehen. Ischias kann durch heuchlerisches Verhalten oder drückende Zukunfts- oder finanzielle Sorgen entstehen.

Reflexzonenverfahren

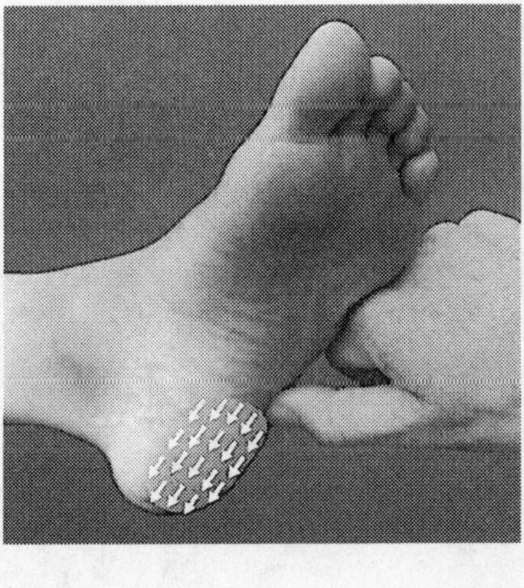

1 Mit dem rechten Daumen im »Raupengang« von außen nach innen an der linken Ferse senkrecht abwärts gehen.

2 Mit einer kräftigen »melkenden« Bewegung abwärts streichen.

3 Den Reflex mit leichten Abwärtsstrichen mit zwei Fingern sanft heilen.

4 Die Massage mit dem linken Daumen am rechten Fuß wiederholen.

Anmerkungen

- Die Haut an der Ferse kann sehr fest sein, so daß ein etwas stärkerer Druck erforderlich ist.
- Rissige Fersen müssen behandelt werden; eine Pediküre ist ratsam. Täglich natürliche Fußbalsame und Cremes auftragen, damit der Bereich weicher wird und die Risse verschwinden. Bei Ischias und Beschwerden im Becken- oder Hüftbereich auf diesen Reflex achten.

Das Lymph-»J«

An dieser Stelle werden die Lymphgefäßreflexe massiert, um Giftstoffe aus den Körperflanken auszuschwemmen.

Lage im Körper
Diese Lymphgefäße liegen seitlich am Körper.

Lage am Fuß
Diese Lymphreflexe folgen dem Umfang des Fußes von der Basis der kleinen Zehe längs der Fußkante zum Umfang der Ferse.

Reflexzonenverfahren

1 Den rechten Daumen so auf die Basis der kleinen Zehe am linken Fuß legen, daß der Daumen nach unten weist.

2 Im »Raupengang« am Umfang des Fußes nach unten gehen und darauf achten, daß man unten und nicht seitlich am Fuß ist.

3 Aufhören, wenn das Ende des »J« an der Ferse erreicht ist. Den Vorgang zwei- bis dreimal wiederholen.

4 Den Bereich abwärts mit einer »melkenden« Bewegung behandeln.

5 Mit kurzen Abwärtsstrichen mit zwei Fingern nach unten gehen.

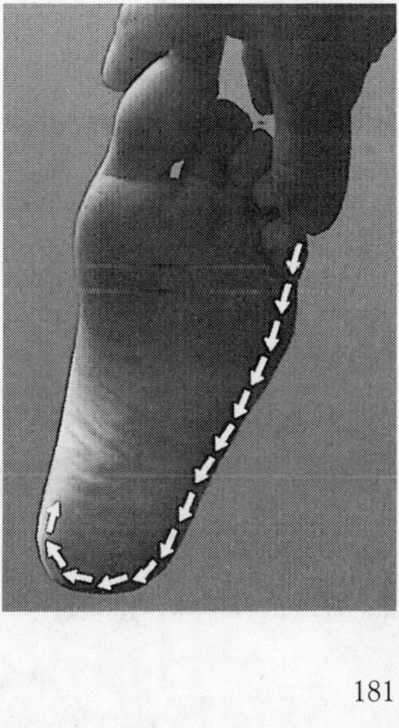

6 Die obigen Schritte mit dem linken Daumen am rechten Fuß wiederholen.

Obere Lymphgefäße

Die giftigen Abbauprodukte vom Kopf- und Armbereich sammeln sich in der Schultergegend; diese Reflexe müssen jetzt massiert werden.

Lage am Körper
Diese Lymphgefäße erstrecken sich vom Kopf bis zur Basis des Halses und über die Schultern.

Lage am Fuß
Diese Reflexe liegen zwischen den Zehen.

Reflexzonenverfahren

1 Im »Raupengang« mit dem rechten kleinen Finger von der Unterseite zur Oberseite des Fußes durch den Spalt zwischen der vierten und fünften Zehe am linken Fuß gehen.

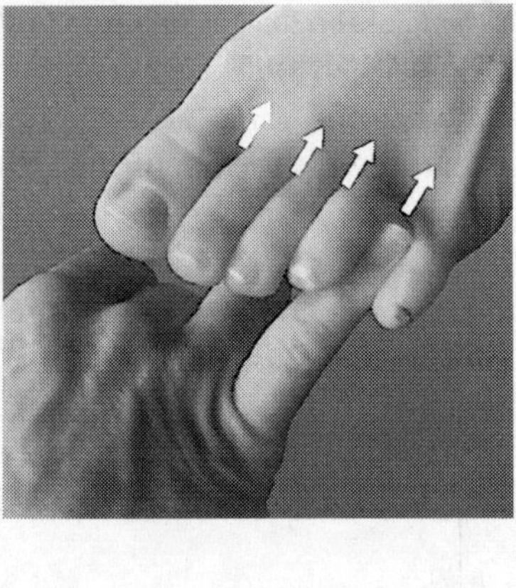

2 In derselben Richtung mit einer »melkenden« Bewegung durch den Spalt gehen.
3 Schritte 1 und 2 an allen Zehenzwischenräumen am linken Fuß bis zur großen Zehe wiederholen.
4 Mit dem linken kleinen Finger am rechten Fuß wiederholen.

Anmerkung

• Bei Stauungen im Kopf- oder Halsbereich auf diese Reflexe achten. Desgleichen bei Schulterverspannungen.

Rücken und Nacken

Der Rücken sorgt für Flexibilität, Unterstützung und Schutz, insbesondere für die Rumpforgane. Der Hals gibt dem Kopf Beweglichkeit, so daß die Sinnesorgane die Umgebung prüfen können.

Lage am Körper
An der Rückseite des Halses und des Körpers.

Lage am Fuß
Der Nacken spiegelt sich oben auf beiden Füßen am Zehenhals; der Rückenreflex erstreckt sich von der Basis der Zehen bis zum Sprunggelenk.

Psychosomatische Aspekte

Rückenprobleme weisen auf fehlende Unterstützung hin (siehe auch Seite 62).

Reflexzonenverfahren

1 Die linken Zehennägel, von der linken kleinen Zehe zur linken großen Zehe gehend, leicht zwischen Daumen und Fingern kneifen.

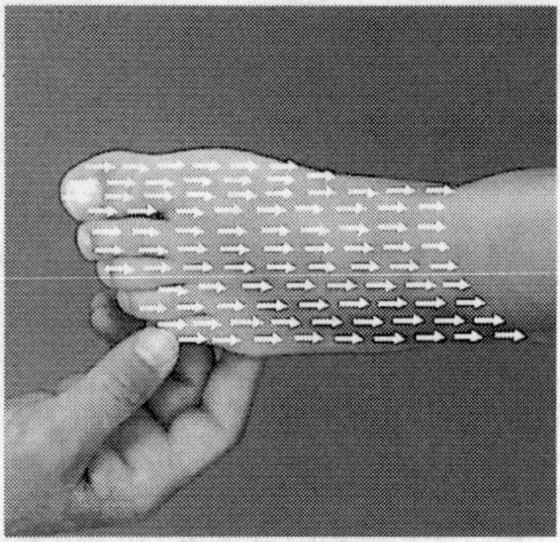

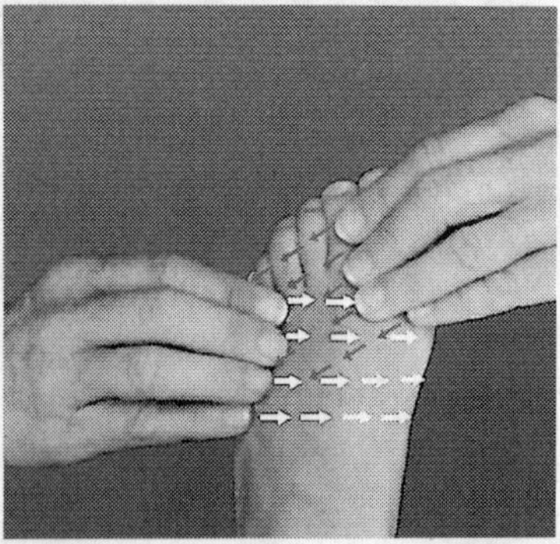

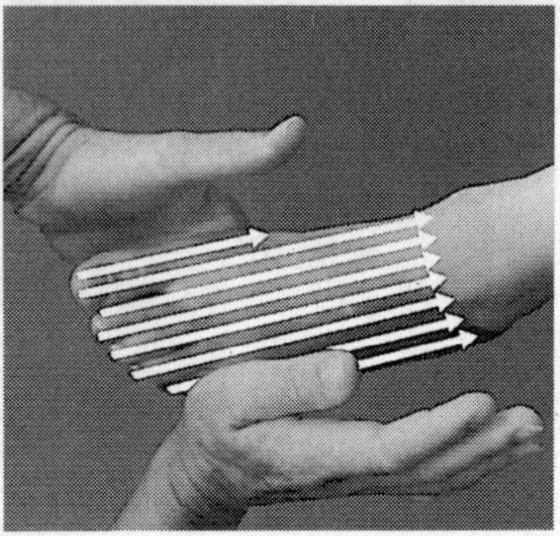

2 Die Sohle des linken Fußes an der geöffneten linken Hand abstützen.

3 Im »Raupengang« mit dem rechten Daumen in senkrechten Streifen von der Spitze der kleinen Zehe zwei- bis dreimal zur Sprunggelenkfalte gehen.

4 Weiter im »Raupengang« zwei- bis dreimal an den einzelnen senkrechten Streifen von der Spitze der einzelnen Zehen zur Sprunggelenkfalte gehen und von außen nach innen massieren, bis man den Rückenmarkreflex erreicht hat.

5 Vier Finger auf beide Seiten des Fußes legen und mit den vier linken Fingern im »Raupengang« waagrecht über die Oberseite der linken Zehen und des linken Fußes von außen nach innen gehen. Wenn man die Außenkante erreicht hat, mit den rechten Fingern wiederholen und von innen nach außen massieren. Diese Bewegung nach oben bis zur Knöchelfalte wiederholen.

6 Mit dem Ballen der rechten Hand den ganzen Bereich an der kleinen Zehe beginnend mit einer »melkenden« Bewegung bearbeiten.

7 Mit allen Fingern mit leichten Strichen über den ganzen Bereich in Richtung des Sprunggelenks gehen.
8 Die obigen Schritte mit dem linken Daumen und der linken Hand am rechten Fuß wiederholen.

Anmerkungen

- Der Spann kann äußerst empfindlich sein und muß sehr sanft massiert werden. Ein schwammiger Tastbefund vor allem im oberen Bereich kann darauf hinweisen, daß der Betreffende innerlich weint oder sich belastet fühlt. Bei Menschen, die das Gefühl haben, eine schwere Verantwortung tragen zu müssen, auf den Schulterreflex konzentrieren.
- Der Rückenreflex ermöglicht auch einen sekundären Zugang zu den Lungen- und Brustreflexen.
- Mit gebeugten Knien hinlegen, tief atmen, sich entspannen und den Rücken flach gegen den Boden drücken. Versuchen Sie auch, den Nacken zu strecken. Dies einige Minuten täglich tun, um den Rücken an seine korrekte Haltung zu erinnern.
- Stets aufrecht und gerade sitzen. Den Rumpf aus den Hüften heraus strecken und den Nacken aus den Schultern ziehen. Man fühlt sich dadurch leichter und wacher. Richtige Haltung und strukturelle Ausrichtung entlastet die inneren Organe und löst Spannungen. Dies aktiviert den Geist und energetisiert den Korper.
- Verantwortung muß nicht zwangsläufig eine Last sein.

Die Gliedmaßen

Die Gliedmaßen geben dem Menschen die Möglichkeit, aktiv sein Überleben zu sichern, und lassen Körper, Seele und Geist neue Situationen erleben, die wiederum den Geist mit neuen Ideen nähren. Die Glieder sind in ständiger Kommunikation mit dem übrigen Körper und beschaffen die Nahrung, die der Körper für seine Lebensprozesse und seine Beweglichkeit braucht.

Lage am Körper
Die Gliedmaßen sind bewegliche Anhänge des oberen und unteren Teils des menschlichen Rumpfes.

Lage am Fuß
Die Füße spiegeln sich in Fötusstellung an der Außenseite beider Füße. Die Armreflexe erscheinen ebenfalls an der Außenkante der Füße.

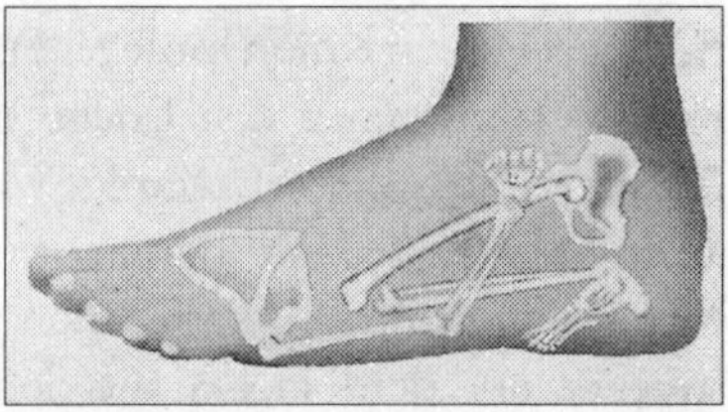

Wirkungen von Streß

Eine Deformierung der Muskeln des Körpers führt zu einer abnormen Drehung des Fußes. Plattfüße sind die Folge einer Innendrehung der Knie. Hühneraugen und Schwielen sind ein Protest gegen die unnormale Verteilung des Körpergewichts. Schuhe sollen die Füße schützen, nicht einengen.

Psychosomatische Aspekte

Die Gliedmaßen stehen für die Beweglichkeit der Gedanken und des Lebens. Die Füße sind ein Abbild des Selbst und symbolisieren unsere Verbindung mit den Lebensprozessen, während die Hände für unsere Fähigkeit stehen, mit Lebenserfahrungen umzugehen. Oberschenkelprobleme zeigen eine Unfähigkeit an, sich von traumatischen Ereignissen zu lösen, während Unterschenkelbeschwerden eine Scheu anzeigen, vorwärts zu gehen.

Reflexzonenverfahren

1 Den rechten Daumen auf den knöchernen Vorsprung (Schulterreflex) an der Basis der linken kleinen Zehe legen. Sanft im Uhrzeigersinn massieren.
2 Im »Raupengang« an der Kante des linken Fußes zum knöchernen Vorsprung (Ellbogenreflex) in der Mitte des äußeren Fußes gehen und im Uhrzeigersinn massieren.

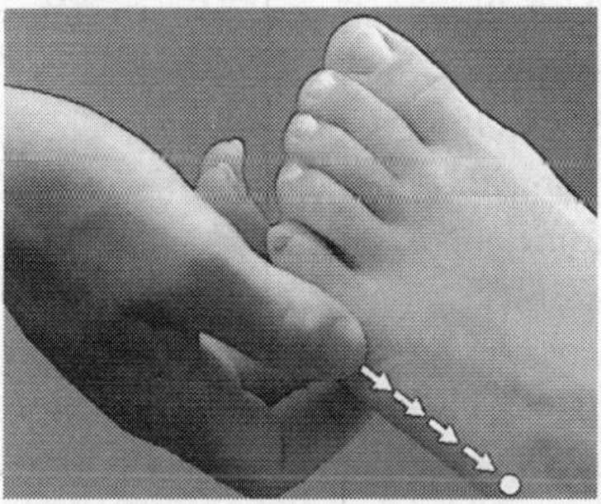

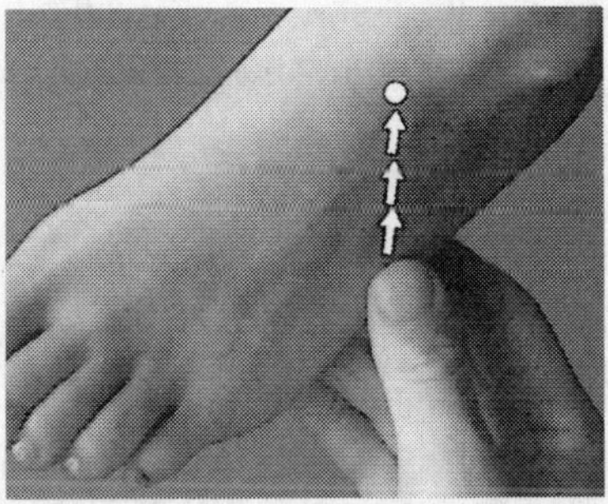

3 Die Richtung des Daumens wechseln, so daß er nach oben zum oberen Ende der knöchernen Vertiefung an der Basis des linken Außenknöchels zeigt.

4 Im »Raupengang« zu einer knöchernen Vorwölbung (Handreflex) gehen und sanft massieren.

5 Den rechten Daumen wegnehmen und auf die Außenkante des linken Fußes in der Mitte zwischen Schulter- und Ellbogenreflex legen, jedoch etwas höher als der Oberarmreflex. Dies ist der Kniereflex, der sich wie eine Knochenleiste anfühlt.

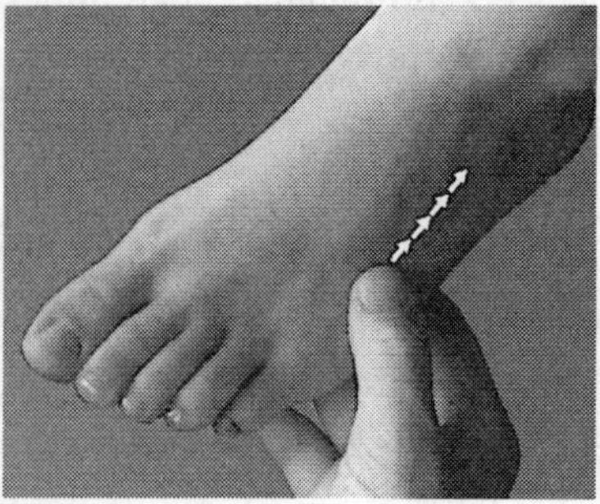

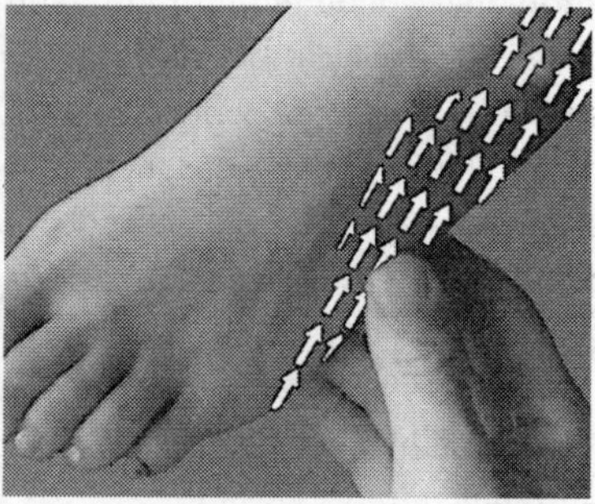

6 Den Daumen so drehen, daß er zum unteren Ende der knöchernen Vertiefung an der Basis des äußeren Knöchels zeigt.

7 Im »Raupengang« nach oben zur Basis des linken Knöchels gehen, wo eine kugelförmige Vorwölbung das Hüftgelenk repräsentiert. Diesen Reflex sanft, aber gründlich massieren.

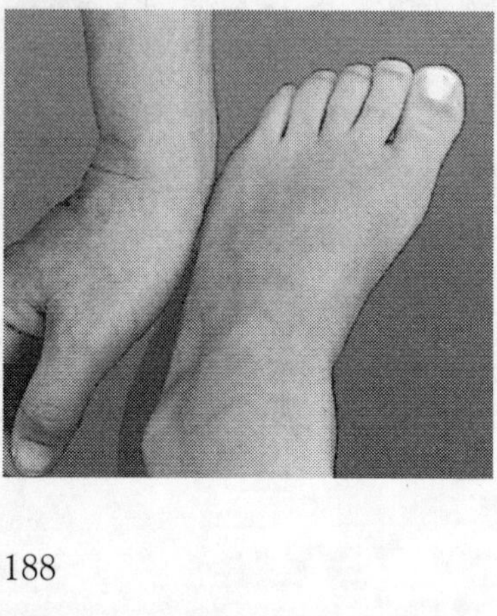

8 Das linke Bein anheben, wobei man mit der linken Hand unterstützt, und mit dem Daumen im »Raupengang« in Streifen in Richtung des Körpers arbeiten, bis man den dreieckigen Abschnitt außen in der Fersengegend vollständig massiert hat.

9 Mit dem rechten Handballen mit einer »melkenden« Bewegung heilen.

10 Mit der linken Hand am rechten Fuß wiederholen.

Anmerkung

• Ein Knochen im Körper hat sein Gegenstück in einem Knochen im Fuß. Auch Knochenbrüche oder -verletzungen sind hier feststellbar. Achten und erhalten Sie die perfekte Struktur der Füße, und tragen Sie geeignete Schuhe. Die Schuhsohlen sollen vollständig eben sein, damit der Fuß sich an den Boden anpassen und die strukturelle Ausrichtung des Körpers aufrechterhalten kann.

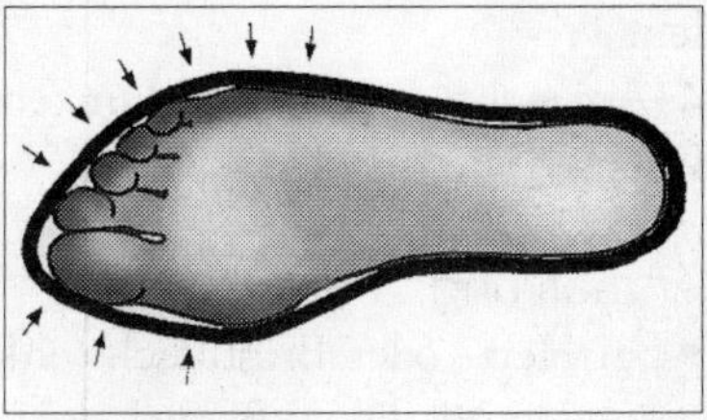

Der Brustraum

Lage im Körper

Der Brustraum befindet sich zwischen Brust und Rücken.

Lage am Fuß

Der Brustraumreflex ist der fleischige Bereich zwischen dem oberen Teil des knöcherenen Wirbelsäulenreflexes und der »Taille«. Herz, Lungen, große Blutgefäße, Atemwege und Speiseröhre sowie Nervenzentren liegen sämtlich im Brustraum.

Reflexzonenverfahren

1 Mit dem rechten Daumen zwei- bis dreimal von der Basis der linken großen Zehe längs des fleischigen Fußgewölbes zur »Taille« gehen.

2 In Richtung der Ferse mit einer »melkenden« Bewegung bearbeiten.

3 Den Bereich mit leichten Strichen in Richtung des Körpers heilen.

4 Am rechten Fuß mit dem linken Daumen wiederholen.

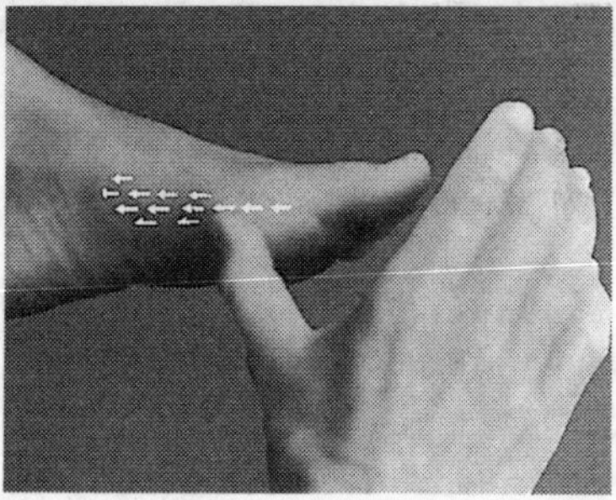

Anmerkung

- Bei Herz- oder Brustbeschwerden oder bei tiefsitzenden Ängsten besonders auf diesen Bereich achten.

12 Geschlechtsorgane

Die Fähigkeit der Lebewesen, ihresgleichen hervorzubringen, ist ein Wunder der Natur. Die menschliche Rasse überlebt, um sich fortzupflanzen, und sie pflanzt sich fort, um zu überleben. Schon in frühem Alter erhöht die instinktive Wahrnehmung und Anziehung zwischen den Geschlechtern die Möglichkeit, neue Individuen hervorzubringen, die nach dem vorhandenen Plan gebaut sind.

Lage im Körper

Die *männlichen* Fortpflanzungsorgane hängen unterhalb des Bauchs. Die *weiblichen* Geschlechtsorgane sind in der Höhle des Beckenbereichs im unteren Bauchraum verborgen.

Lage am Fuß

Die *männlichen* Fortpflanzungsorgane spiegeln sich am inneren Fersenbereich.

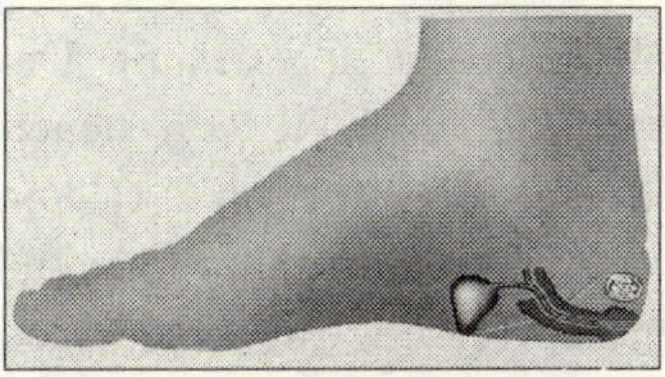

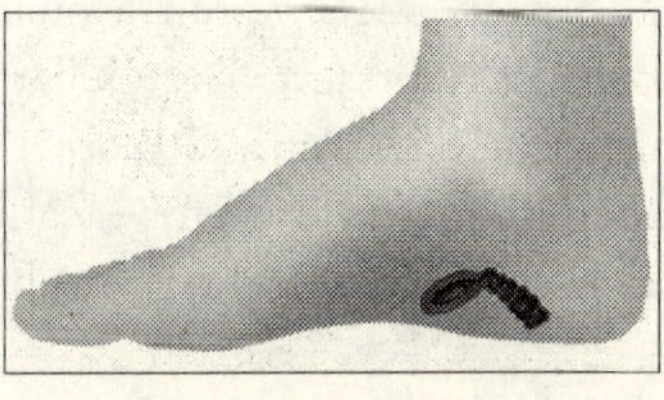

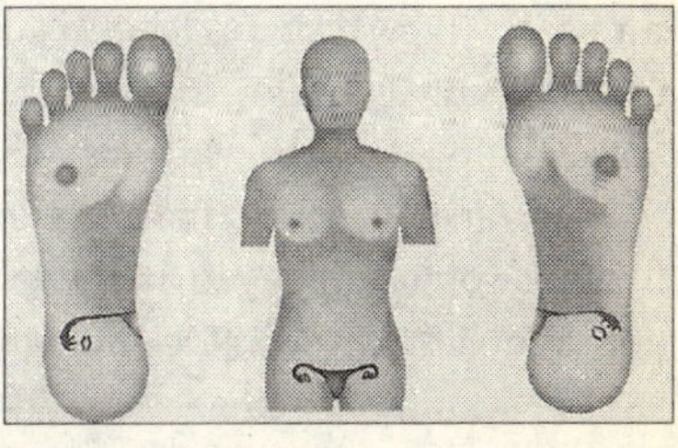

Die *weiblichen* Geschlechtsorgane spiegeln sich an den Sohlen sowie am inneren Teil des Fußgewölbes. Sie sind auch über die äußere Ferse und die Sprunggelenkfalte zugänglich.

Bau und Funktion

Die männlichen Hoden erzeugen das Hormon Testosteron, das die Entwicklung der männlichen Geschlechtsmerkmale steuert, wobei in der Pubertät eine Reihe körperlicher Veränderungen auftreten: Es kommt zu einem starken Wachstumsschub, zu einer Zunahme der Größe der Fortpflanzungsorgane, die Körperbehaarung verstärkt sich, und die Stimme wird tiefer. Dadurch wird der Mann für die Frau attraktiver, so daß seine Chancen für eine sexuelle Aktivität steigen. Das Absteigen der beiden Hoden mit ihren Hunderte von Metern langen Kanälchen in den außen liegenden Hodensack schafft die idealen kühleren Bedingungen für die Erzeugung von Sperma. Der Mann kann ab dem Einsetzen der Pubertät bis zum hohen Alter alle vierundzwanzig Stunden zweihundert Millionen Samenfäden ausstoßen!

Der weibliche Körper ist auf die Gebärfunktion abgestimmt. Der weibliche Fötus besitzt etwa sieben Millionen Eier, von denen der größte Teil degeneriert, so daß bei der Geburt nur noch etwa eine Million vorhanden sind, von denen zum Zeitpunkt der Menarche (erste Periode) noch dreihunderttausend übrig sind. Davon gelangen wiederum nur vierhundert Eier während der fruchtbaren Jahre der Frau zur Reife. In 80 Prozent der Schwangerschaften kommt es zur Befruchtung von zwei Eiern, die sich bis zum dritten oder vierten Monat entwickeln, danach wird das schwächere Ei resorbiert. Die Gebärmutter versucht, abnormale Föten abzustoßen, oder wenn die körperlichen Voraussetzungen nicht vorhanden sind, was die große Zahl von Fehlgeburten erklärt, die der Frau vielfach nicht einmal bewußt sind.

Der bemerkenswerte Gebärmuttermuskel ist der einzige Muskel, der nach der Kontraktion seine ursprüngliche Länge nicht wieder erreicht. Dadurch zieht sich die Gebärmutter bei der Geburt zusammen, wodurch das Kind in natürlicher Weise ausgetrieben wird.

Wirkungen von Streß

In der Pubertät erzeugen die physiologischen Veränderungen und neue soziale Anforderungen Unruhe und Belastungen. Die Hormonproduktion reagiert äußerst empfindlich auf Stimmungsschwankungen, wodurch wiederum beim Einsetzen der Fortpflanzungszyklen innerer Aufruhr entsteht.

Hemmende gesellschaftliche und religiöse Überzeugungen sowie pornographisches Material erzeugen Unsicherheit bezüglich der Sexualität und geben ihr den Anstrich des Schlüpfrigen und Mysteriösen, wodurch sich manchmal bizarre, hemmende und manchmal perverse Vorstellungen entwickeln können. Dadurch wird die natürliche Wertschätzung und Bewunderung des großartigen menschlichen Körpers verzerrt und die Entwicklung menschlichen Ausdrucks durch liebevolle Beziehungen erschwert. Die Scheu, die inneren Empfindungen auszudrücken, hat in Verbindung mit der Unfähigkeit, offen über Sexualität zu sprechen – selbst zwischen Partnern –, schwere physische und emotionelle Folgen. Innere Anspannung erzeugt mit eisernem Griff unbewußte Barrieren und hemmt den Fortpflanzungszyklus, was sich in Starrheit, Unfruchtbarkeit, Impotenz, Menstruationsbeschwerden und Störungen und Erkrankungen der Geschlechtsorgane äußert.

Wenn die Muskeln, die sich vom Schambein an der Innenseite der Oberschenkel nach unten ziehen, beständig angespannt sind, kann dies zu Deformierungen des Fußes führen. Menstruation, Schwangerschaft und Geburt sind für den weiblichen Körper so natürlich wie Verdauung und Atmung; vorgefaßte Meinungen und eine starke Anspannung der Muskeln belasten dagegen den Körper und rufen eine endlose Liste häufiger Beschwerden wie Dysmenorrhöe (schmerzhafte Regelblutung) hervor, Amenorrhöe (abnormales Ausbleiben der Periode) und Übelkeit, wodurch sexuelle Ereignisse nicht unbeschwert genossen werden können.

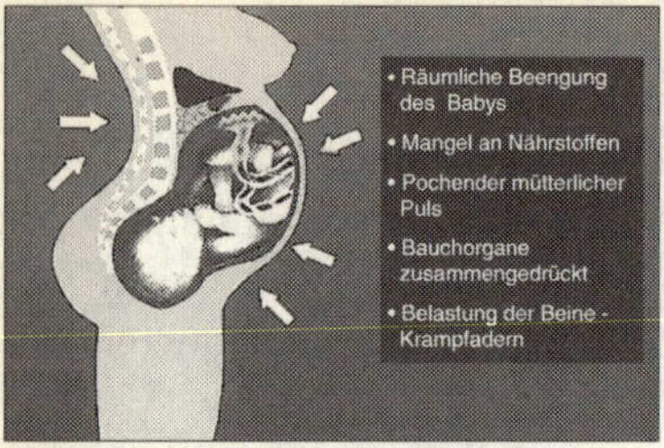

SCHWANGERE UNTER STRESS

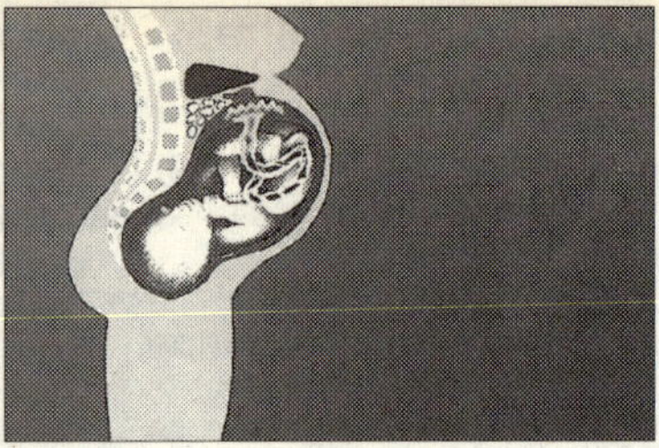

SCHWANGERE NORMAL

Die Macht der Reflexzonentherapie

Wenn die Füße von der Geburt an massiert werden, kann sich der Körper in natürlicher Weise entwickeln. Das Nerven- und das Drüsensystem befinden sich in gutem Gleichgewicht, so daß eine volle sexuelle Entwicklung mit einer natürlichen Liebesfähigkeit möglich ist.

Das Menstruationsblut wird ohne Beschwerden und wirksam ausgeschieden, Schwangerschaft und Geburt werden zu frohen und tiefen Erlebnissen, wie sie es sein sollten, und die Babys sind ruhiger, gesünder und glücklicher, weil sie weniger traumatische Erfahrungen durchmachen müssen.

Ideal wäre es, wenn beide Partner regelmäßig Reflexzonenmassage erhielten und sich vollwertig und natürlich ernährten. Toxische Stoffe sollten mindestens ein Jahr vor der Empfängnis vermieden werden, um das Risiko von Fehlgeburten, Mißgeburten und Unfruchtbarkeit zu verringern. Diese Lebensweise sollte während der ganzen Schwangerschaft bis zu den Wehen beibehalten werden, damit der Körper sich ganz entspannen und der Fötus sich in einer harmonischen Umgebung entwickeln kann. Nach der Geburt hilft die Reflexzonentherapie dem Körper, zu seinem früheren Zustand zurückzukehren, und sie gibt den Eltern die Kraft, liebevoll auf die beständigen Anforderungen des Babys einzugehen.

Psychosomatische Aspekte

Das Fortpflanzungssystem spricht die Sprache der Liebe und Kreativität. Wenn man Sexualität für etwas Sündiges und Schmutziges hält oder wenn die sexuellen Vorgänge als »Unpäßlichkeit« und eine Last betrachtet werden statt als natürliches und notwendiges Phänomen, treten physische Blockierungen und Ungleichgewichte auf.

Reflexzonenverfahren

Die sexuellen Drüsen und Teile der Fortpflanzungsorgane wurden schon bei der Massage des Hormonsystems (siehe Kapitel 5) stimuliert. Massage der übrigen Geschlechtsorgane, insbesondere beim Mann:

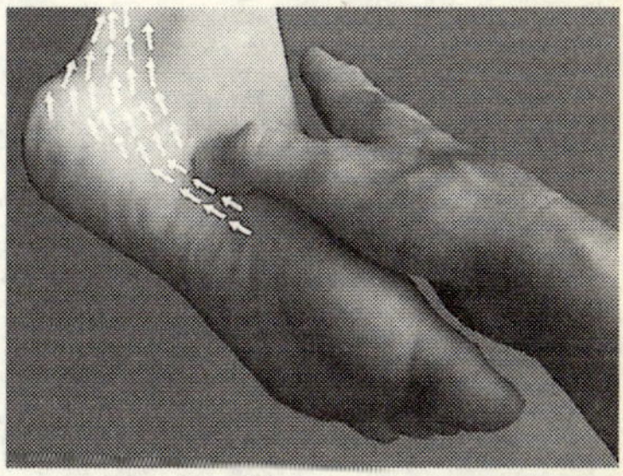

1 Den rechten Daumen auf die »Taille« innen am linken Fuß legen und im »Raupengang« zur Ferse gehen.

2 Jeweils von der »Taille« ausgehend, weiter im »Raupengang« am Fuß nach oben gehen, bis man die Massage der dreieckigen Fläche unterhalb des linken Innenknöchels abgeschlossen hat.

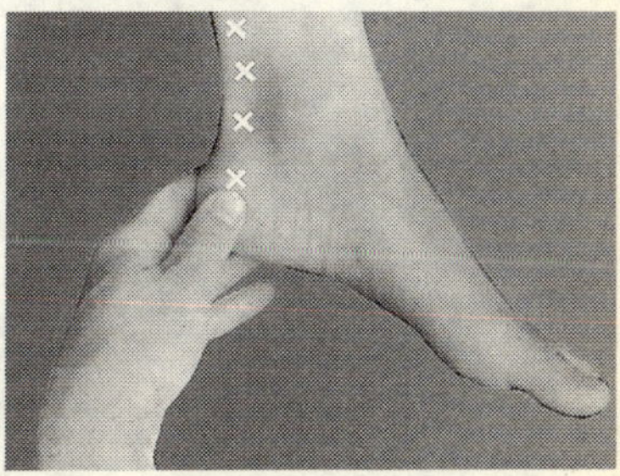

3 Den Fersenbereich »melkend« und heilend behandeln.

4 Den linken Fuß vorsichtig mit der linken Hand anheben und die linke Ferse leicht zwischen zwei rechten Fingern fassen. Die Ferse zunächst durch sanftes Kneifen liebkosend bearbeiten, wobei man in Richtung des Körpers geht, und anschließend leicht zwischen den beiden Fingern kneifen.

5 Den ganzen Vorgang an der rechten Ferse wiederholen.

Anmerkungen

- Schwangerschaft läßt sich an einer fötusförmigen Vorwölbung am Gebärmutterreflex seitlich am Fuß feststellen.
- Reflexzonenmassage kann auch während der Menstruation gegeben werden. Die Regelblutung ist nicht giftiger als Harn oder Stuhl. Es sollte aber niemand selbst Massage geben, der aufgrund eines prämenstruellen Spannungszustandes gereizt ist.
- Männer sollten keine engen Hosen tragen und heiße Bäder vermeiden, da beides die Spermienproduktion beeinträchtigt.
- Frauen sollten keine Intimsprays benutzen.

Die hinteren Lymphgefäße

Die Lymphgefäße werden massiert, um alle toxischen Abbauprodukte von den Nacken-, Schulter- und Rückenreflexen zu sammeln und in die am Fuß liegenden Lymphgefäße zu schwemmen.

Lage am Körper
Überall am Rücken und im Gesäßbereich verteilt; gehäuft im Leistenbereich.

Lage am Fuß
Man findet diese Reflexe überall am Fußrücken, konzentriert im Bereich der Knöchel.

Reflexzonenverfahren

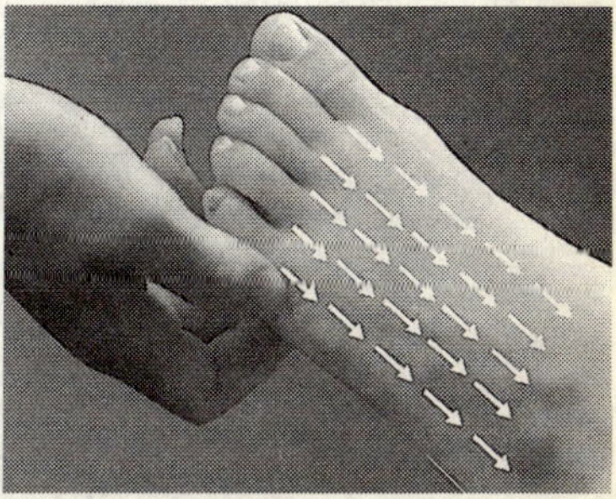

1 Von der äußeren Basis der kleinen Zehe, der Kante des Bandes folgend, im »Raupengang« zur Sprunggelenkfalte gehen. Sofort anschließend »melkend« bearbeiten.
2 Diese Bewegung zwischen den einzelnen Bändern von den Zehenzwischenräumen bis zur Sprunggelenkfalte wiederholen, bis man fünf Streifen bearbeitet hat.
3 Den rechten Daumen, nach oben weisend, auf die äußere Spitze der linken Ferse legen.
4 Länge der Falte im »Raupengang« über die Oberseite des Sprungge-

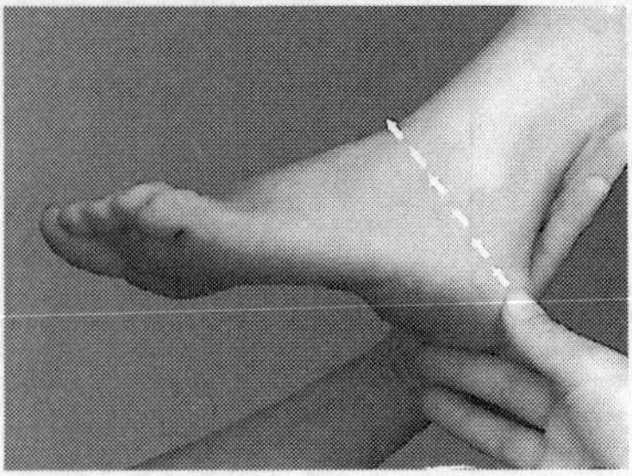

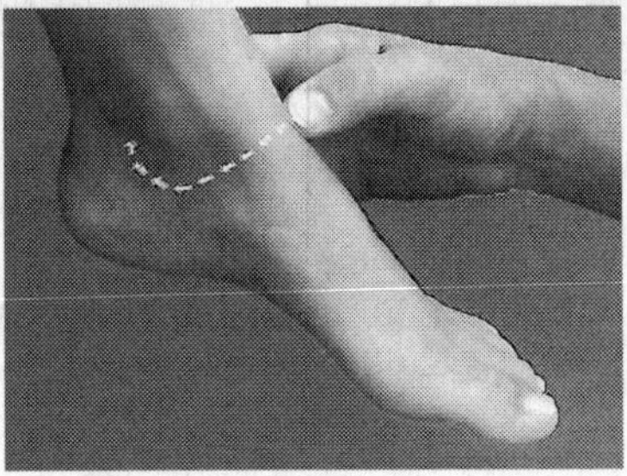

lenks unter dem Innenknöchel hindurch nach oben und die Kante des Sprunggelenks entlang gehen, bis der Daumen hinten oben am Knöchel angelangt ist. Zwei- bis dreimal wiederholen, dann »melkend« und heilend bearbeiten.

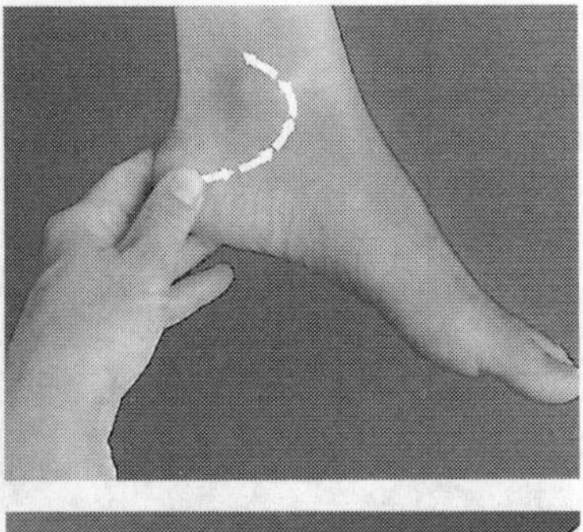

5 Jetzt mit dem linken Daumen von der inneren Spitze der linken Ferse nach unterhalb des Innenknöchels und nach oben über den Knöchel zur hinteren Knöchelspitze gehen. Zwei- bis dreimal wiederholen, dann »melkend« und heilend bearbeiten.

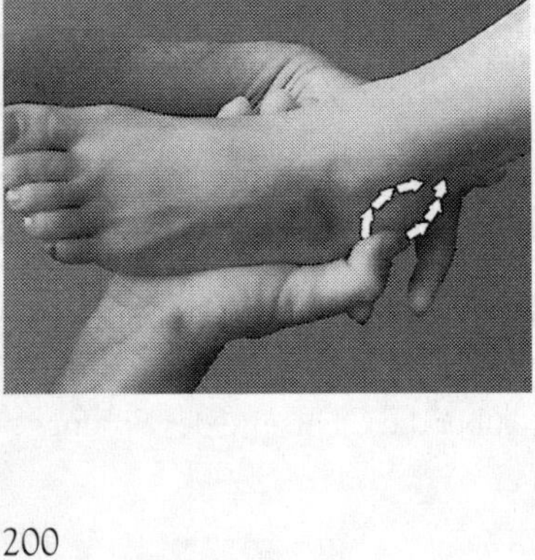

6 Den rechten Daumen an die Basis der äußeren linken Ferse legen und im »Raupengang« an beiden Seiten des Knöchels nach oben gehen. Einige Male wiederholen, dann »melkend« und heilend bearbeiten.

7 Die obigen Schritte am rechten Fuß mit vertauschten Händen wiederholen.

Anmerkungen

- Bei Stauungen und bei Rücken-, Hüft- oder Beckenbeschwerden diesen Bereich gründlich massieren.
- Der Streifen über den Knöcheln ist ein sekundärer Reflexbereich für die Eileiter der Frau.

13 Die Harnwege

Die Nieren reinigen das Blut von Giftstoffen und löslichen Verunreinigungen und sind an der Regulierung des Wasser- und Mineralstoffhaushalts beteiligt.

Lage am Körper
Die Nieren sind etwas oberhalb der Taille fest an der hinteren Bauchwand befestigt. Die Harnleiter steigen über den unteren Bauchraum zur Blase ab, die an der Basis des Beckens sitzt.

Lage am Fuß
Die Nieren spiegeln sich an den Sohlen beider Füße etwas oberhalb der »Taille«, wobei die rechte Niere etwas zentraler und wegen der Leber geringfügig tiefer liegt als die linke. Die Harnleiterreflexe erstrecken sich vom Nierenreflex über das Fußgewölbe zum Blasenreflex, der kleinen Vorwölbung am Innenfuß an der Basis des Fußgewölbes.

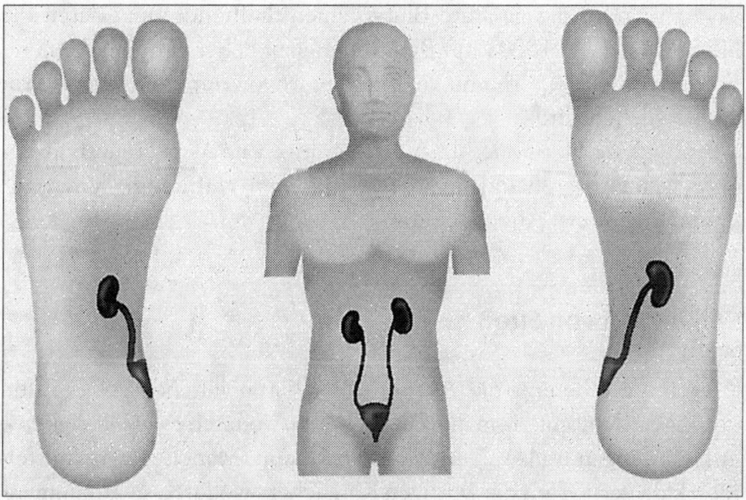

Bau und Funktion

Die einwandfreie Regelung des Flüssigkeitshaushalts des Körpers hängt von einem genau abgestimmten Zusammenspiel zwischen Gehirn, Nieren, Lungen und Haut ab. Die Aufgabe der Ausscheidung überschüssigen Wassers erfordert eine präzise Abtrennung der vielen nützlichen Substanzen im Blut wie z. B. Nährstoffen, Hormonen und Mineralien von den Abbauprodukten. Die beiden Nieren bewältigen diese Aufgabe in bewundernswerter Weise und brauchen dabei für eine einwandfreie Funktion nur ein Drittel ihres Gewebes.
Durst, einer der stärksten Triebe, entsteht durch die hohe Konzentration von Salzen im Blut. Der Körper kann nur zwei bis drei Tage ohne Wasser überleben. Ein fünfprozentiger Wasserverlust löst den Drang zu trinken aus. 10 Prozent Wasserverlust führen zu schweren Beeinträchtigungen des Allgemeinbefindens und 20 Prozent zum Tod, obwohl der Körper dann noch etwa 30 Liter Flüssigkeit enthält. Die meisten Menschen trinken jedoch weit mehr, als notwendig ist.
Täglich strömt das gesamte Blutvolumen dreihundertmal durch die Nieren, die dabei 1000 Liter Blut mit unglaublicher Schnelligkeit und Effizienz prüfen, filtern und verarbeiten, wovon nur ein Liter als Urin ausgeschieden wird.
Verschiedene Hormone, die Veränderungen im Wasserhaushalt der Gewebe registrieren und die Nieren aktivieren, verhindern Wasseransammlungen bzw. Austrocknung.

Wirkungen von Streß

Anspannung hemmt die Aktivität der harnableitenden Wege und verringert den Blutstrom durch die Nieren, wodurch es zu Flüssigkeitsansammlungen und Aufgetriebensein kommt. Manche Arzneimittelmoleküle verstopfen die winzigen Kanälchen, wodurch sie zusammenbrechen. Die Wirkungen werden nicht sofort spürbar, da die Niere auch mit einem Drittel ihres Gewebes noch voll funktionsfähig ist, doch kann es irgendwann zum Nierenversagen kommen. Unterdrükkung und Negativität während der Kindheit kann zum Bettnässen führen. Bakterien und Viren dringen durch die gestreßte Blase und die Harnleiter in die empfindliche Niere ein, besonders leicht bei Frauen, da die Scheide in der Nähe liegt und die Harnröhre der Frau wesentlich kürzer ist als diejenige des Mannes. Ein Blasentrauma während des Tiefertretens des Kindes bei der Geburt kann die Harnröhre überdehnen und schwächen, wodurch es im späteren Leben zu Inkontinenz und möglicherweise Vorfall kommen kann, wenn keine Rückbildungsgymnastik durchgeführt wird.

Psychosomatische Aspekte

Nierenprobleme entstehen durch schwere Desillusionierung, Kritik oder Erfolglosigkeit, was den Betreffenden veranlaßt, seine Zuflucht zu kindischem Verhalten zu nehmen. Harnwegsinfektionen treten oft bei Menschen auf, die ihren Partner »satt haben« oder die beständig andere für ihr Versagen verantwortlich machen.

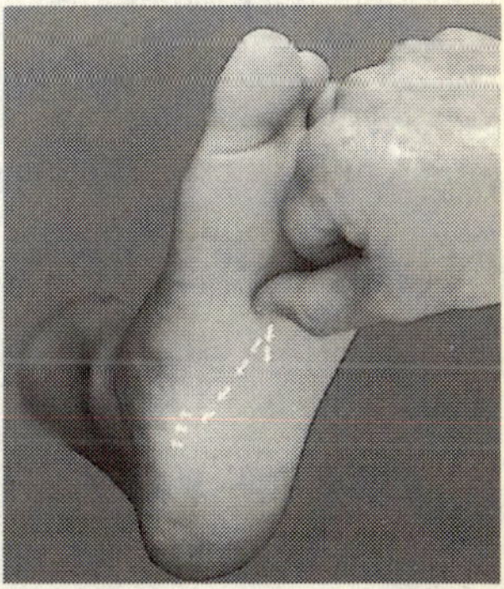

Reflexzonenverfahren

1 Den rechten Daumen auf den linken Nebennierenreflex legen und sanft im Uhrzeigersinn kreisen.
2 Den Daumen auf dem Reflex lassen und in die andere Richtung drehen, so daß er genau nach unten weist.
3 Im »Raupengang« einige Male am

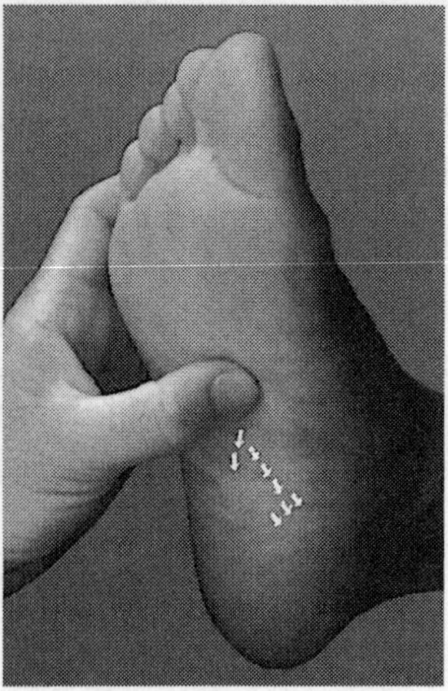

Nierenreflex nach unten gehen, bevor man längs des Harnleiterreflexes zum Blasenreflex geht. Den ganzen Blasenreflex im »Raupengang« in Richtung des Körpers bearbeiten, bis man in derselben Weise längs der Harnröhre zur Mitte zwischen dem Innenknöchel und der Ferse geht. Diesen Punkt massieren.

4 Den ganzen Bereich »melkend« und anschließend heilend bearbeiten, dann zum rechten Fuß gehen.

5 Der rechte Nebennierenreflex liegt etwas tiefer und näher am Fußgewölbe als der linke.

Anmerkungen

- Bei Harnwegs- oder Augenbeschwerden sowie bei Wasserretention besonders auf den Harnwegereflex achten. Menschen mit solchen Beschwerden bekommen Harndrang, wenn der Reflex massiert wird. Aus diesem Grund steht diese Behandlung am Schluß.
- Frauen sollten täglich Übungen für den Beckenboden durchführen, vor allem nach einer Geburt, um einen Vorfall der Gebärmutter und der Blase zu verhindern und einer Inkontinenz im späteren Leben vorzubeugen. Schlagen Sie im Liegen oder Stehen die Beine übereinander, und drücken Sie die Beckenmuskeln zusammen, indem Sie sie zum Körper hochziehen und halten; noch mehr drücken und wiederum halten; dann nochmals stärker drücken und wiederum halten. Dabei das Atmen nicht vergessen!
- Niemals Diuretika zum Abnehmen oder bei Flüssigkeitsansammlungen einnehmen, sofern der Arzt sie nicht ausdrücklich verordnet, wobei sie mit einer Kaliumergänzung eingenommen werden müssen.

14 Der Abschluß

Beendigung der Massage

1 Mit den kleinen Zehen beginnend, von außen nach innen paarweise an allen Zehen *ziehen*, bis man bei den beiden großen Zehen angelangt ist. Gegebenenfalls im Stehen arbeiten, damit man das Gewicht unter die Zehen verlagern kann, und weiter ziehen, insbesondere bei Migräne, steifem Nacken und Rückenbeschwerden. Dies hat eine ähnliche Wirkung wie ein Streckverband am Kopf.

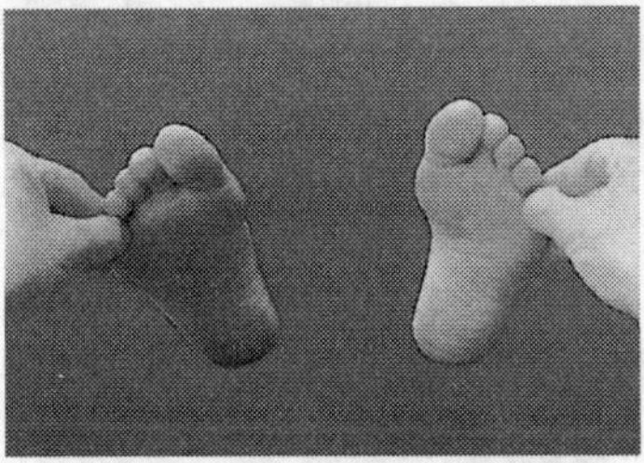

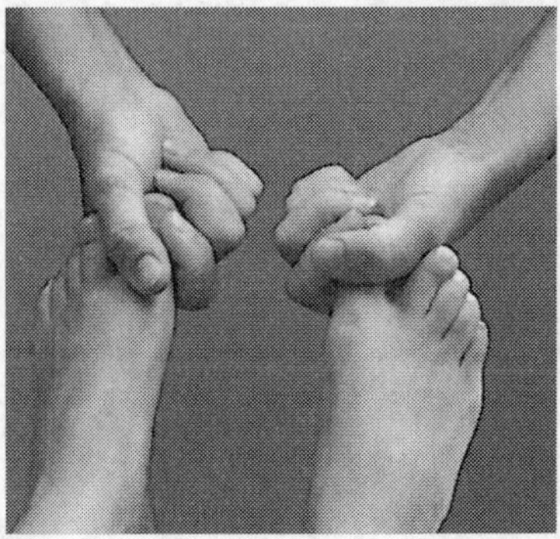

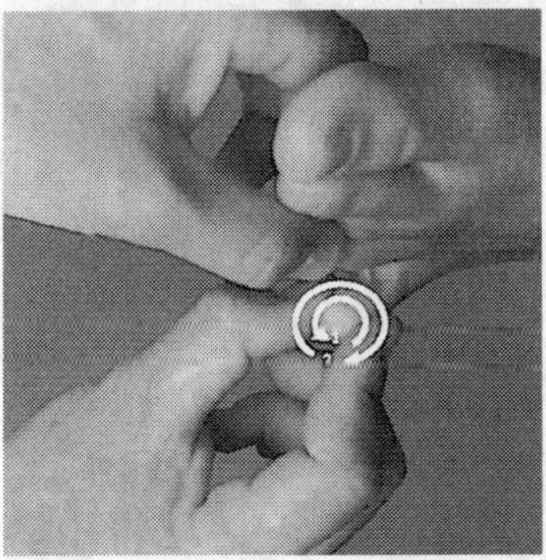

2 Die Zehen einzeln erst im Gegenuhrzeigersinn, dann im Uhrzeigersinn *kreisen*; an der linken kleinen Zehe beginnen und mit der rechten großen Zehe aufhören.

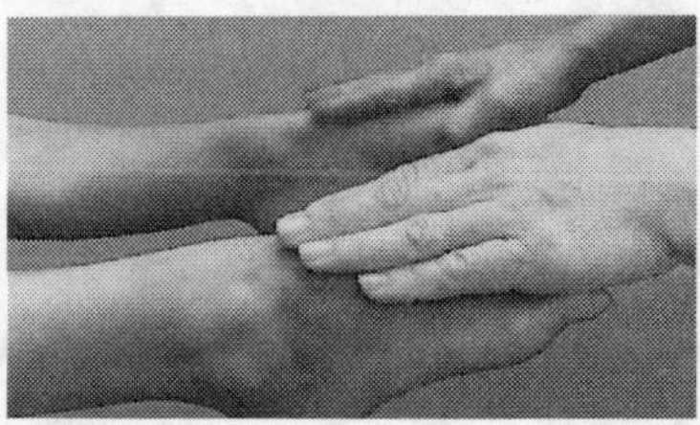

3 Beide Hände flach oben auf beide Füße legen und nach unten *dehnen*.
Die Hände unter die Füße legen und nach oben *drücken*.

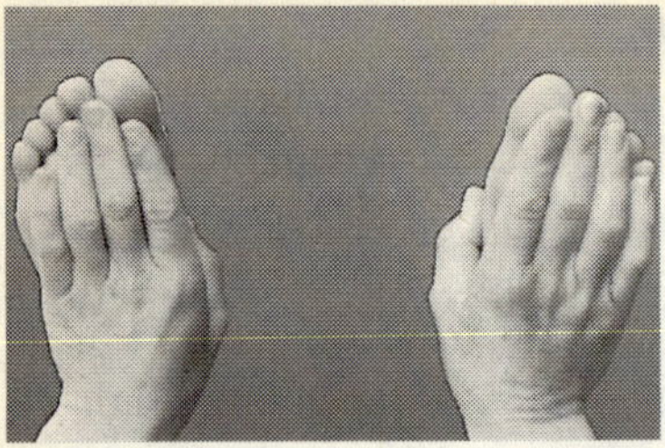

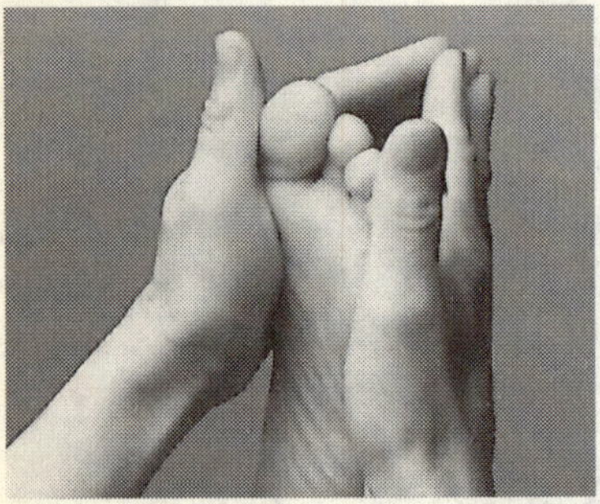

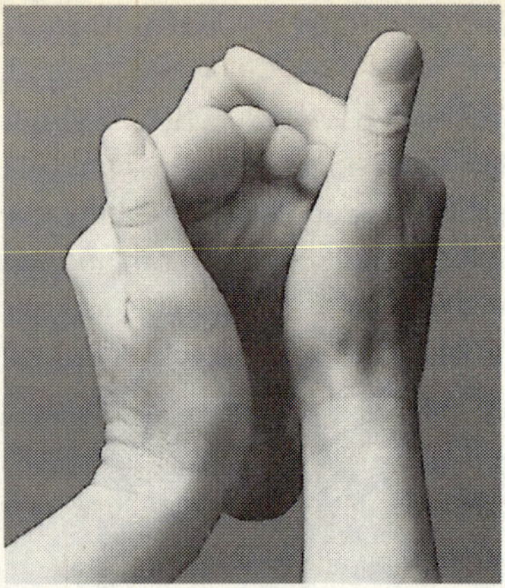

4 Die Hände zu beiden Seiten des Fußes legen und die Füße von einer Seite zur anderen *schütteln*.

5 Den linken Fuß mit der linken Hand fassen und den ganzen Fuß mit der rechten Hand erst im Gegenuhrzeigersinn, dann im Uhrzeigersinn *kreisen* und dabei sanft bis zur Grenze der Beweglichkeit gehen.

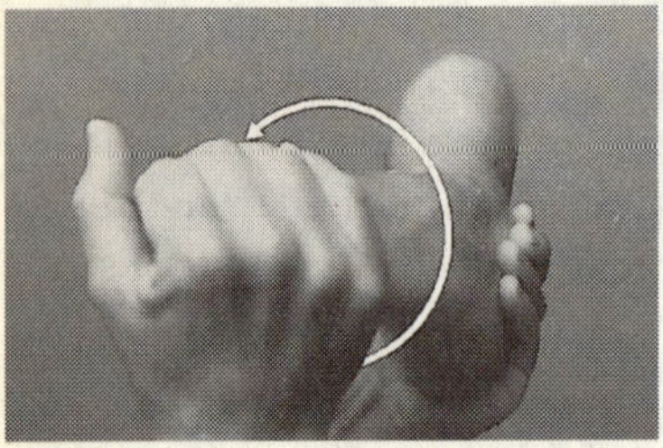

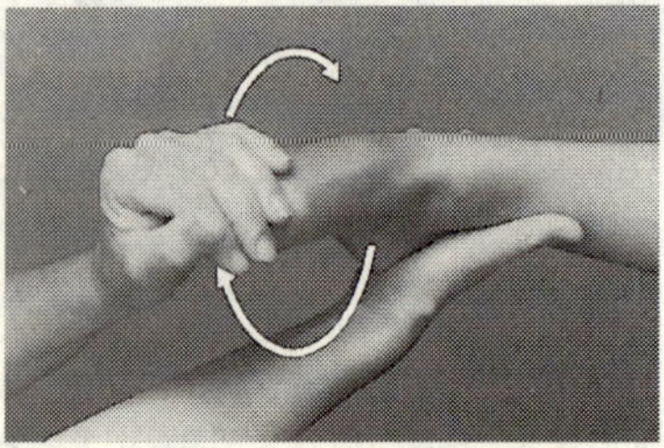

6 Die Finger oben auf den Fuß legen, die Daumen darunter einsetzen und den linken Fuß *öffnen*, indem man sanft mit den Fingern nach unten zieht; bei den Zehen beginnen und zum Sprunggelenk arbeiten. Am rechten Fuß wiederholen.

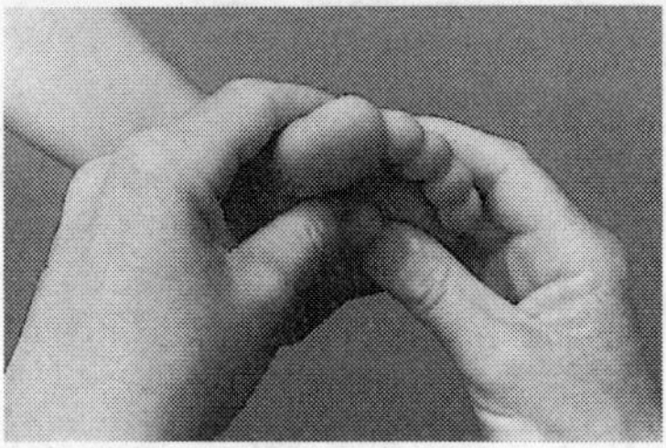

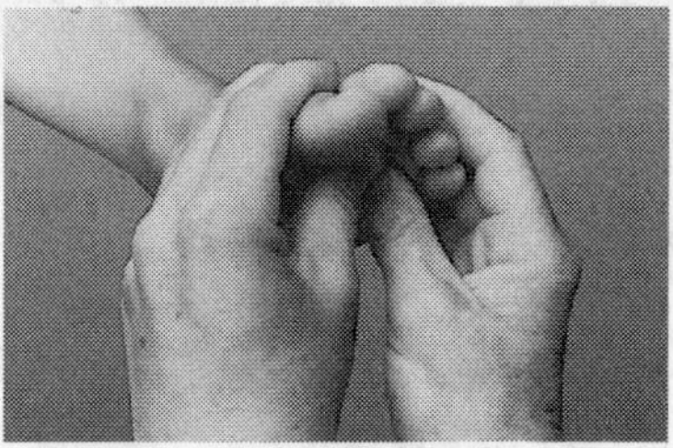

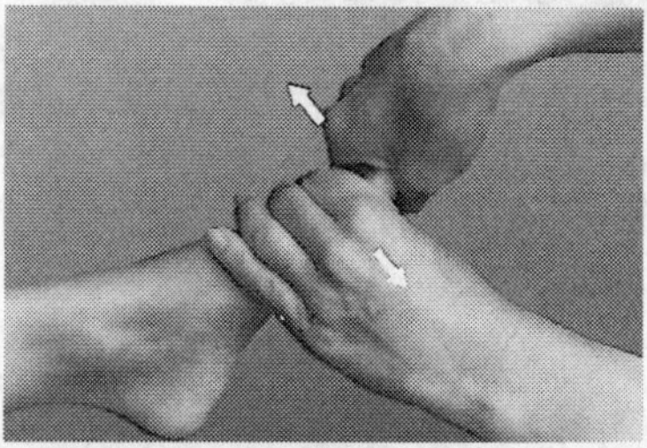

7 Die linke große Zehe zwischen beiden Händen fassen und eine Hand nach oben, die andere nach unten drehen, um den Wirbelsäulenreflex zu manipulieren. Allmählich zur »Taille« wandern. Nicht über diesen Punkt hinausgehen – die Wirbelsäule ist ab hier nicht mehr beweglich.

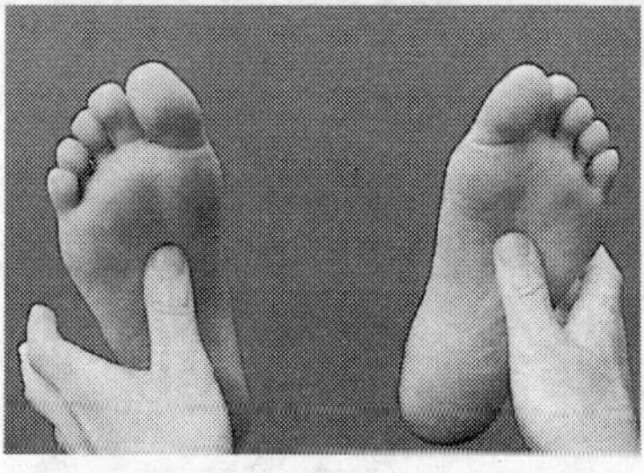

8 Den ganzen linken Fuß, an der Sohle beginnend, mit sanften Abwärtsstrichen von den Zehenspitzen zur Ferse bearbeiten. Am rechten Fuß wiederholen.

9 Mit einer mindestens einminütigen Sonnengeflechtsmassage abschließen (siehe Kapitel 4, »Das Sonnengeflecht«).

10 Die Füße mit dem Leintuch oder einer Decke zudecken.

Anmerkung

- Der Empfangende sollte sich noch eine Weile entspannen, bevor er langsam aufsteht. Wenn er schläft, läßt man ihn ruhen. Ein großes Glas gutes Wasser zu trinken geben und sie/ihn bitten, in den nächsten 24 Stunden noch einige Gläser zu trinken, damit die toxischen Stoffe ausgeschwemmt werden können.

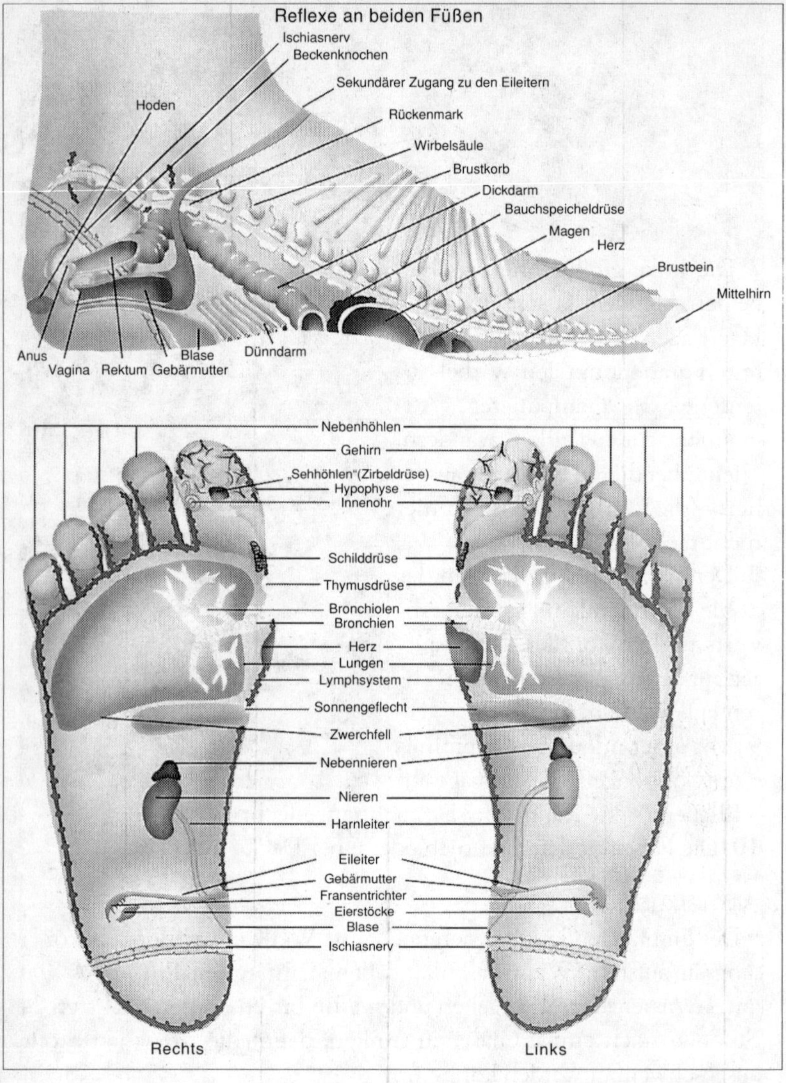
Reflexe an beiden Füßen
Ischiasnerv
Beckenknochen
Sekundärer Zugang zu den Eileitern
Hoden
Rückenmark
Wirbelsäule
Brustkorb
Dickdarm
Bauchspeicheldrüse
Magen
Herz
Brustbein
Mittelhirn
Anus
Vagina
Rektum
Blase
Gebärmutter
Dünndarm
Nebenhöhlen
Gehirn
„Sehhöhlen"(Zirbeldrüse)
Hypophyse
Innenohr
Schilddrüse
Thymusdrüse
Bronchiolen
Bronchien
Herz
Lungen
Lymphsystem
Sonnengeflecht
Zwerchfell
Nebennieren
Nieren
Harnleiter
Eileiter
Gebärmutter
Fransentrichter
Eierstöcke
Blase
Ischiasnerv
Rechts
Links

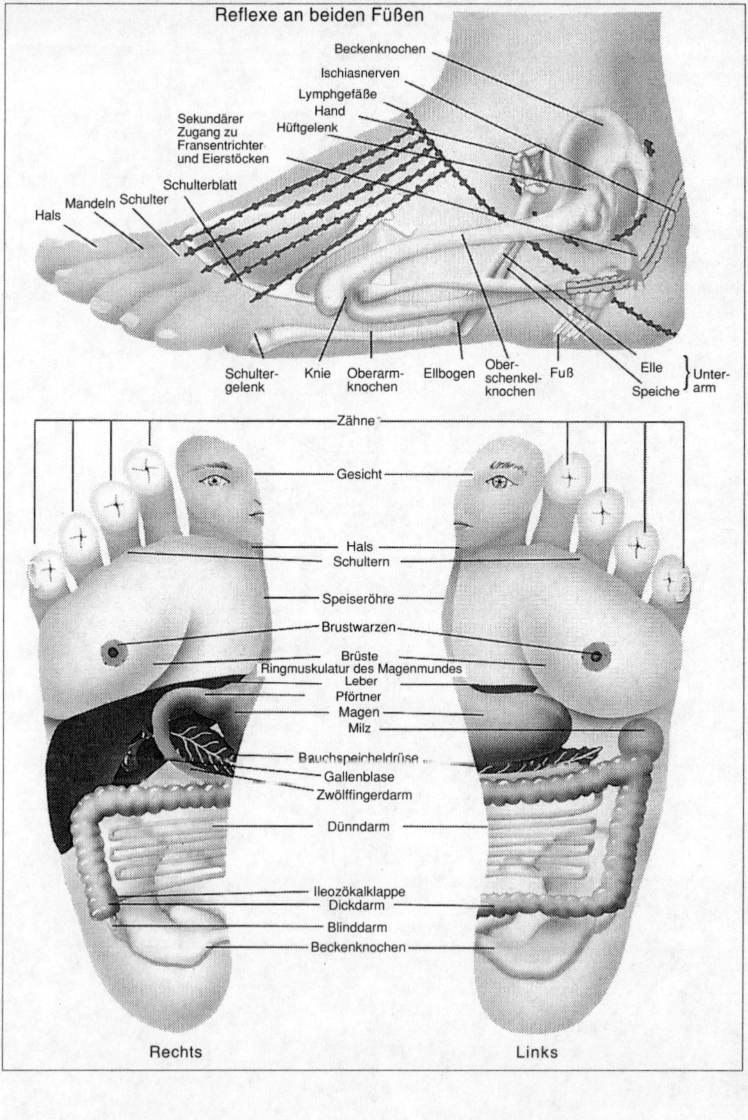
Reflexe an beiden Füßen
Beckenknochen
Ischiasnerven
Lymphgefäße
Hand
Hüftgelenk
Sekundärer Zugang zu Fransentrichter und Eierstöcken
Schulterblatt
Hals
Mandeln
Schulter
Schultergelenk
Knie
Oberarmknochen
Ellbogen
Oberschenkelknochen
Fuß
Elle
Speiche
Unterarm
Zähne
Gesicht
Hals
Schultern
Speiseröhre
Brustwarzen
Brüste
Ringmuskulatur des Magenmundes
Leber
Pförtner
Magen
Milz
Bauchspeicheldrüse
Gallenblase
Zwölffingerdarm
Dünndarm
Ileozökalklappe
Dickdarm
Blinddarm
Beckenknochen
Rechts
Links

15 Übersicht

Schritt-für-Schritt-Schema

Stets zuerst den linken, dann den rechten Fuß massieren.

Das Aufwärmen

Streichen.

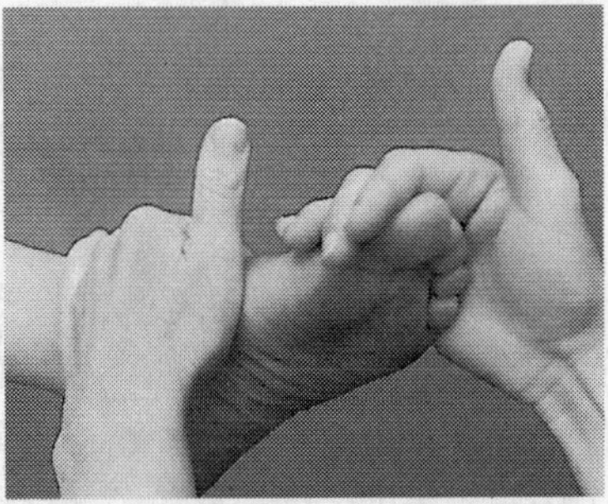

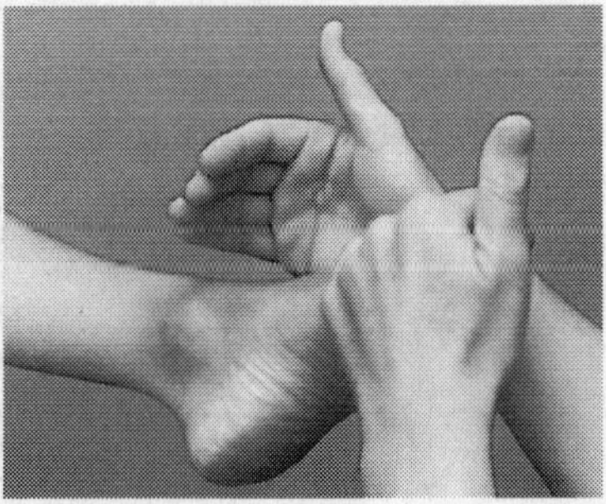

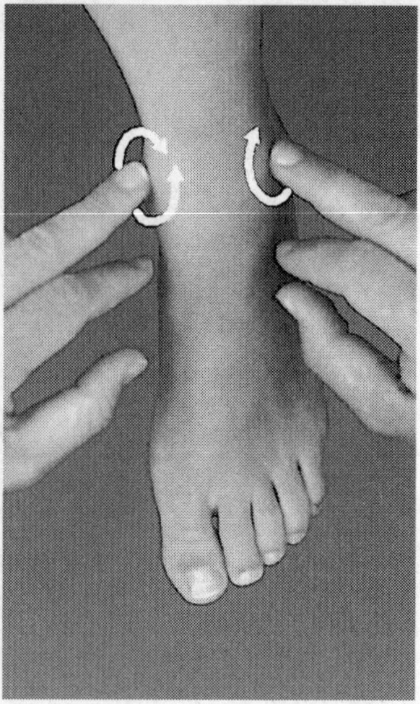

Die Knöchel umkreisen.

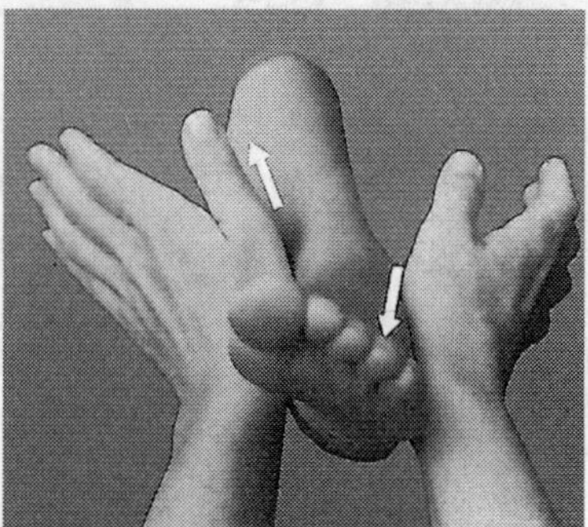

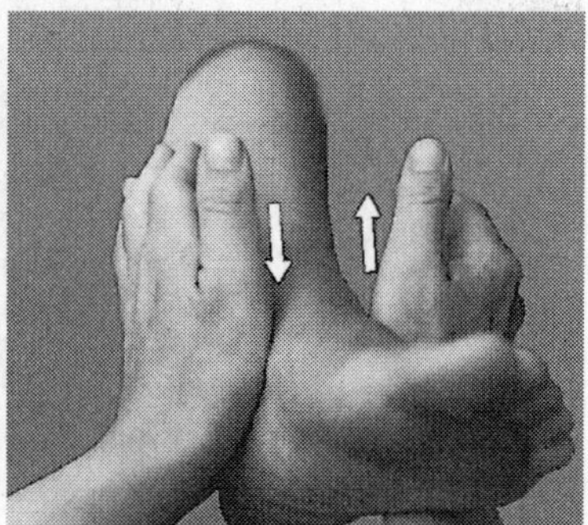

Das Fußgelenk schütteln.

Den Fuß reiben.

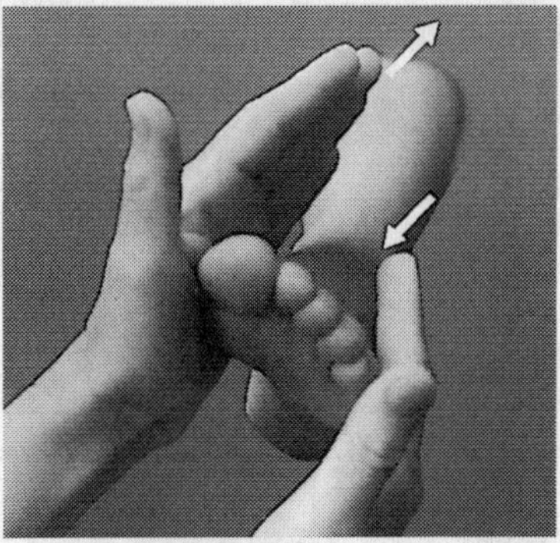

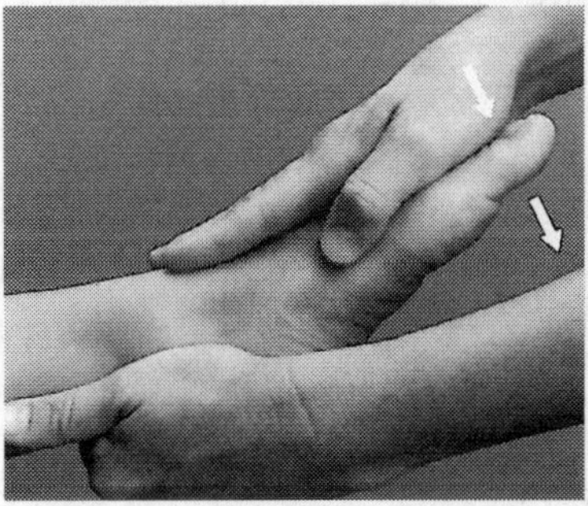

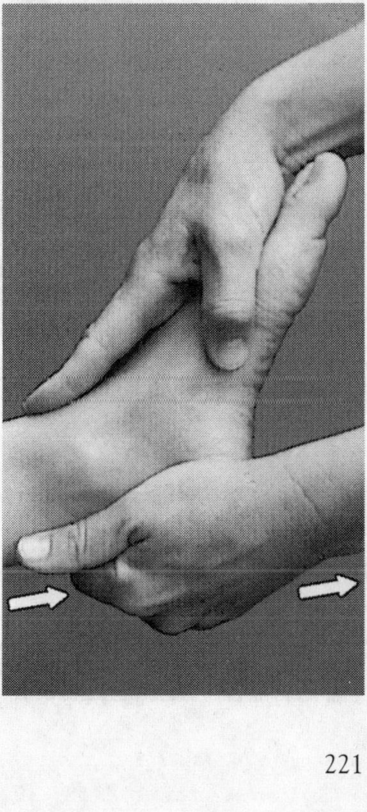

Die Achillessehne dehnen.

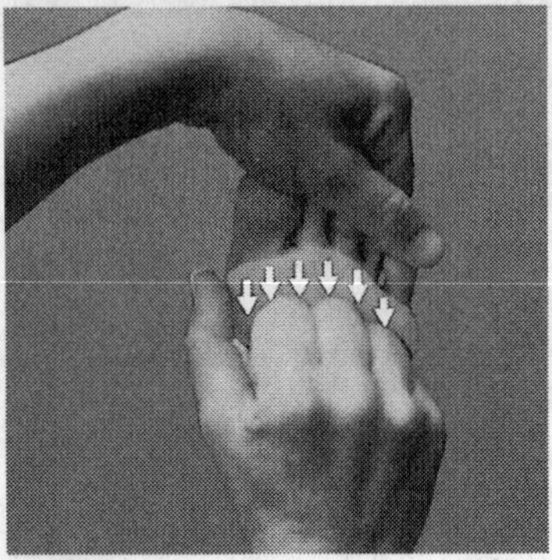

Mit den Knöcheln reiben.

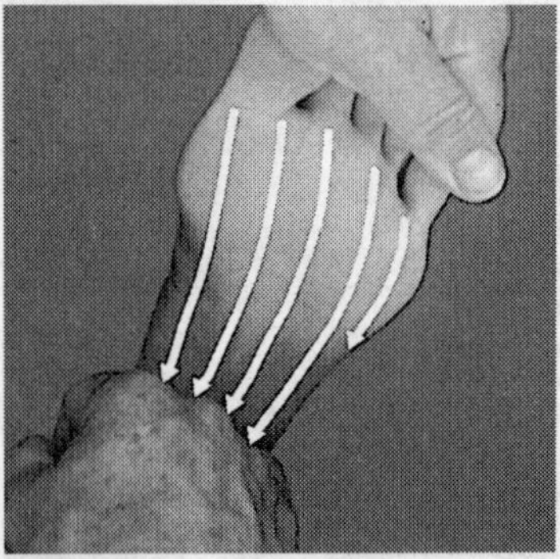

Die Wirbelsäule reiben.

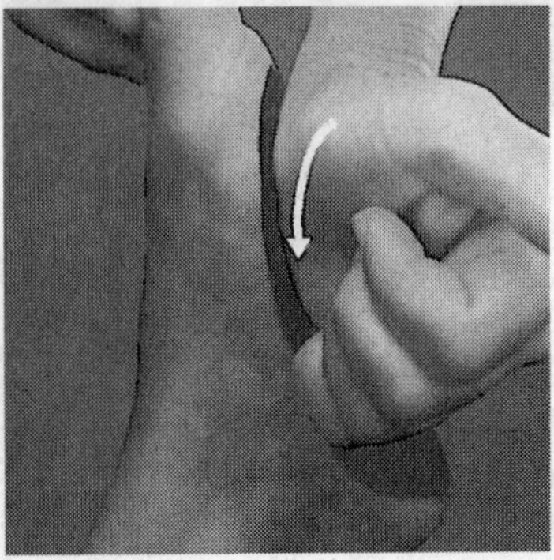

An der großen Zehe im »Raupengang« abwärts gehen, »melkend« und heilend massieren.

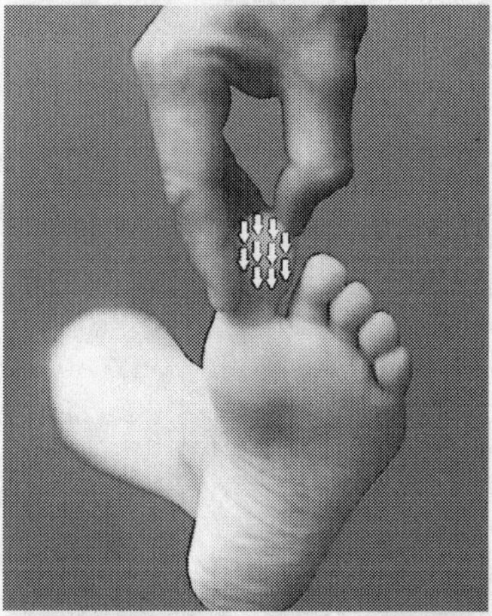

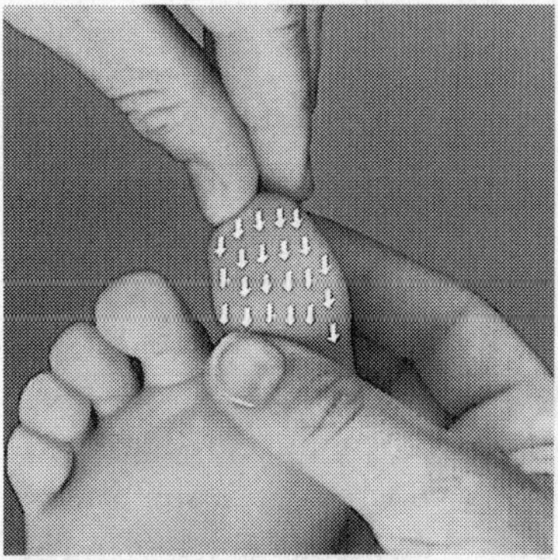

Am rechten *Gehirn*- und *Gesichts*reflex wiederholen.

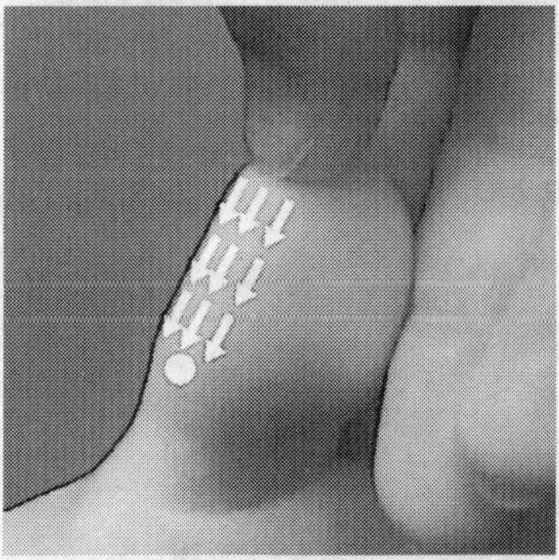

In drei Streifen im »Raupengang« in Richtung des Körpers gehen, »melkend« und heilend massieren.

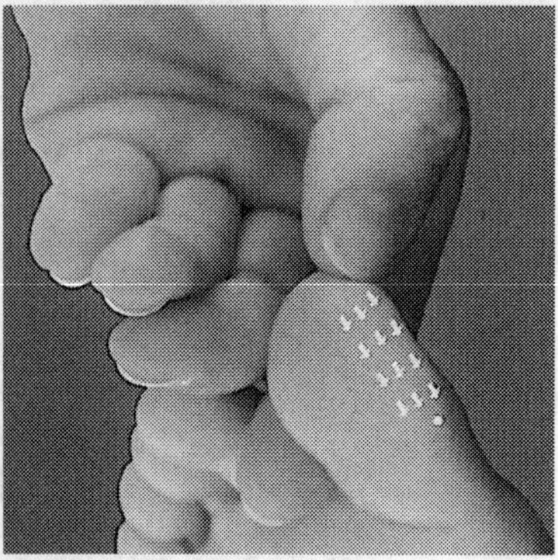

Am rechten *Mittelhirn*reflex wiederholen.

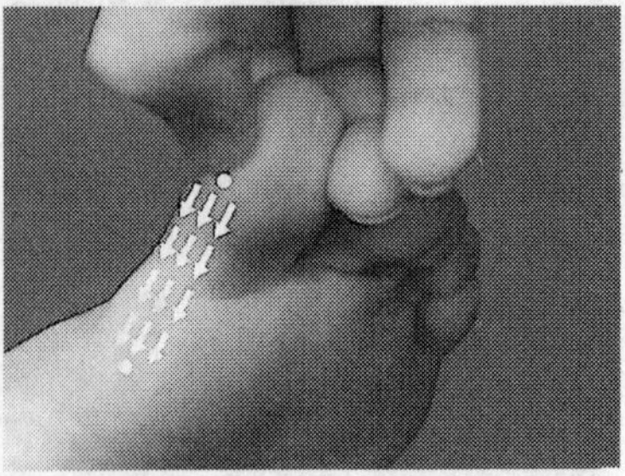

In drei Streifen im »Raupengang« in Richtung des Körpers gehen, »melkend« und heilend massieren. Am rechten *Nacken*reflex wiederholen.

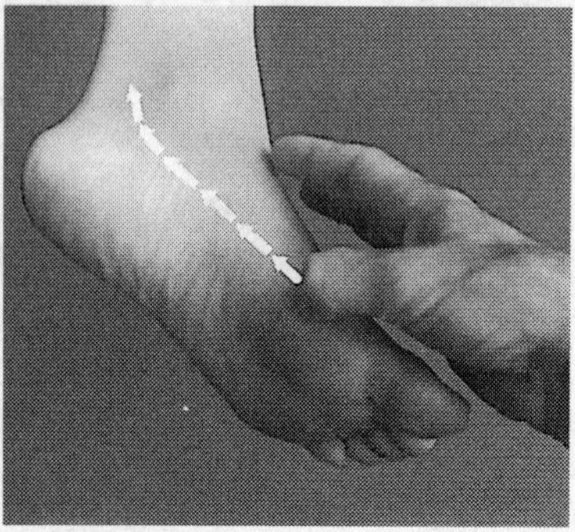

Drei Streifen im »Raupengang« bearbeiten: einen unter dem Knochen, einen direkt auf dem Knochen und einen über dem Knochen. Alle drei Streifen »melkend« und heilend behandeln. Am rechten *Wirbelsäulen*reflex wiederholen.

Den ganzen Reflex mit dem Mittelfinger von der Spitze der linken Zehe zum Knöchel behandeln. Am rechten Fuß wiederholen.

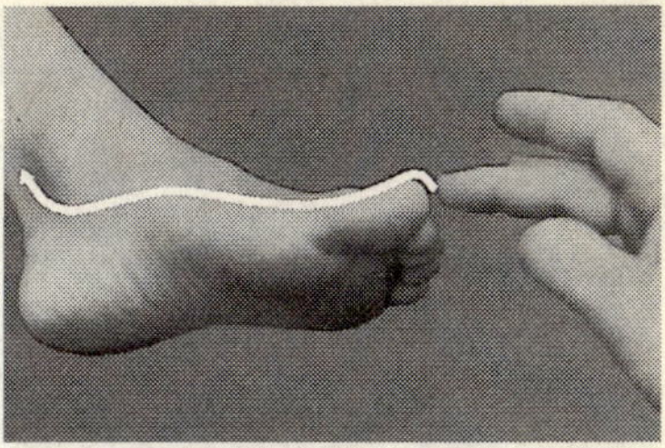

Beide Daumen gleichzeitig auf die beiden *Sonnengeflecht*reflexe legen und sanft drücken. Bis zu fünf Minuten lang halten.

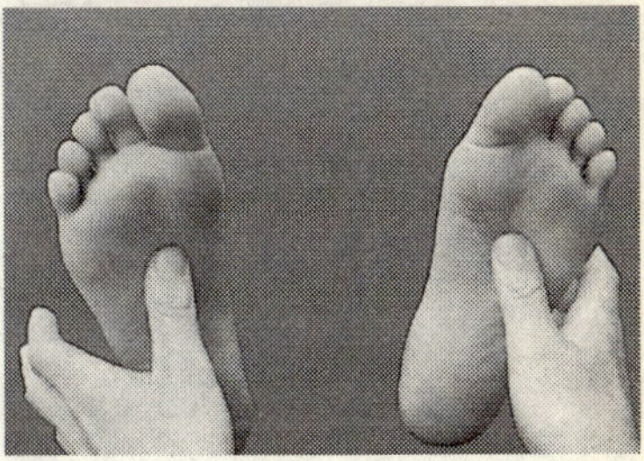

Das Hormonsystem

Den Daumen auf den linken *Hypophysen*reflex legen. Kreisen, sanft drücken und langsam loslassen. Am rechten Reflex wiederholen. Harmonisieren.

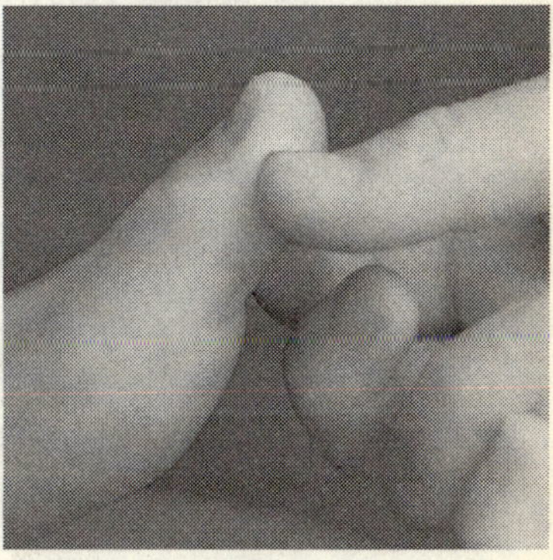

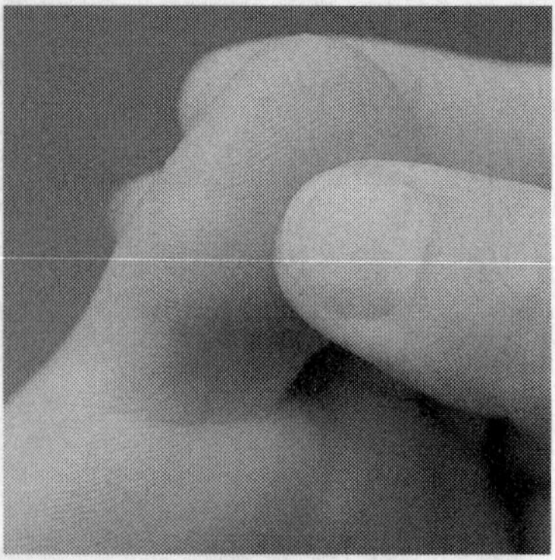

Den linken *Zirbeldrüse*nreflex kreisen, sanft drücken und langsam loslassen. Am rechten Reflex wiederholen. Harmonisieren.

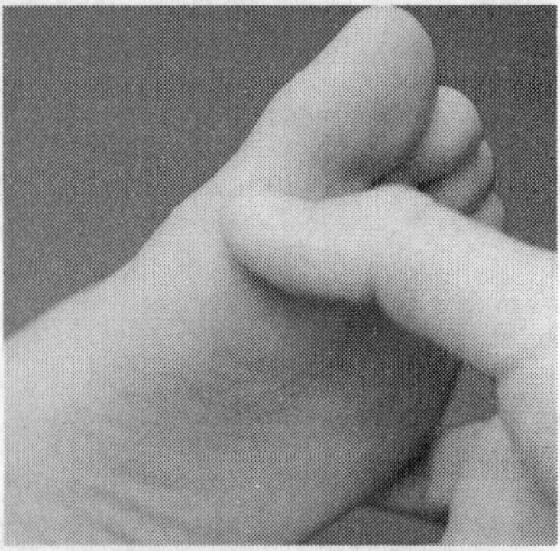

Den linken *Schilddrüse*nreflex kreisen, drücken und loslassen. Am rechten Reflex wiederholen. Harmonisieren.

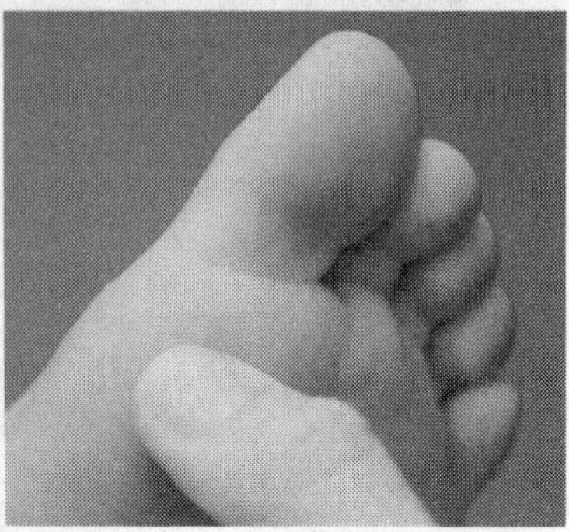

Den linken *Thymus*reflex kreisen, drücken und loslassen. Am rechten Reflex wiederholen. Harmonisieren.

Den linken *Nebennieren*reflex kreisen, drücken und loslassen.

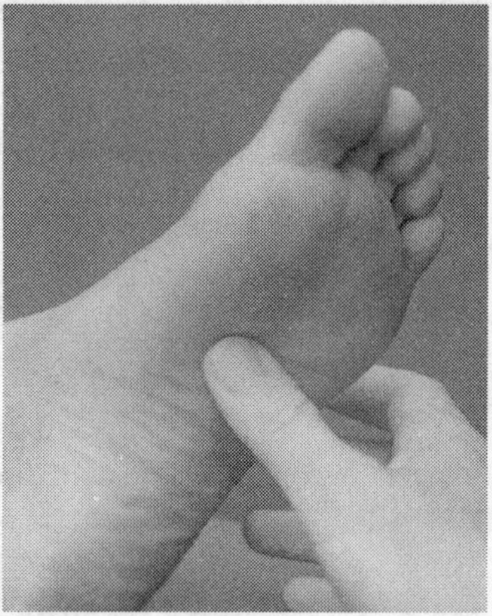

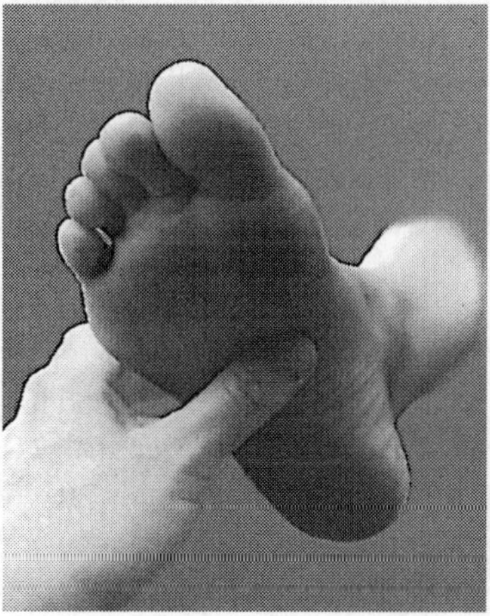

Am rechten *Nebennieren*reflex wiederholen, der etwas tiefer und höher im Fußgewölbe liegt. Harmonisieren.

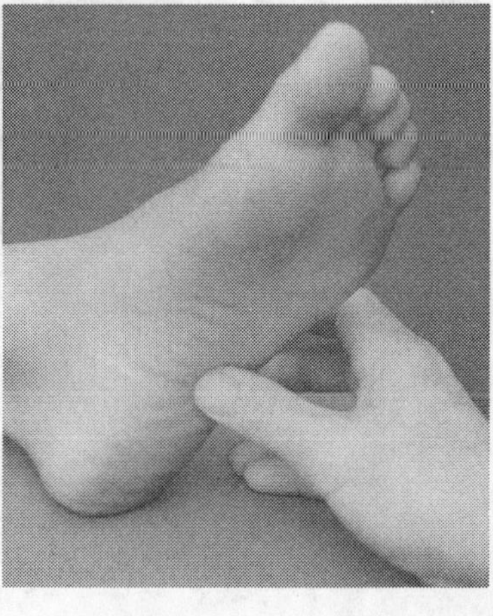

Den linken *Eierstock*reflex kreisen, drücken und loslassen. Am rechten Reflex wiederholen. Harmonisieren.

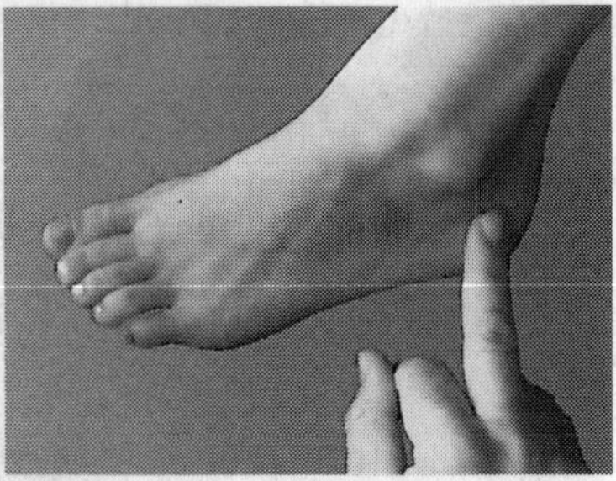

Am *hochbelasteten Eierstock*reflex kreisen, drücken und loslassen. Zuerst den linken, dann den rechten Eierstock behandeln. Harmonisieren.

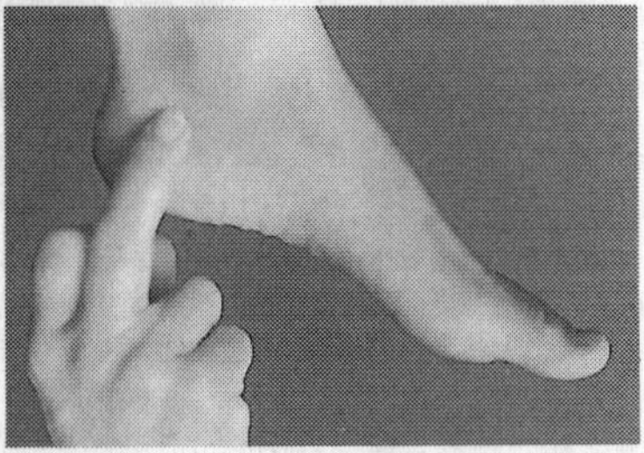

Am linken *Prostata-(Scheiden-)-*Reflex kreisen, drücken und loslassen, anschließend am rechten. Harmonisieren.

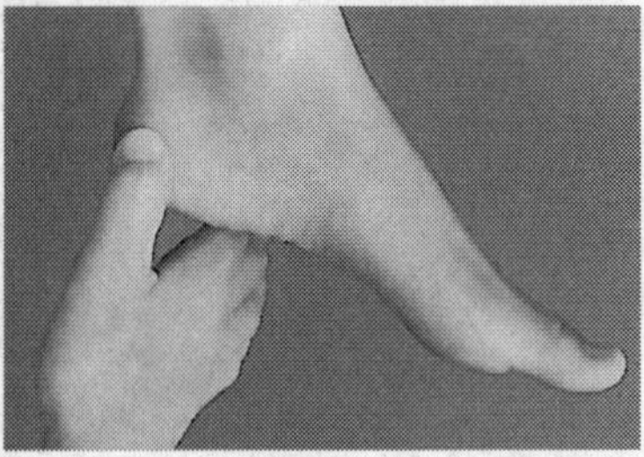

Den linken *Hoden-(Schambein-)-*Reflex drücken, kreisen und loslassen, anschließend den rechten. Harmonisieren.

Nebenhöhlen, Zähne, Augen, Ohren, Nase und Rachen

Am linken *Innenohr*reflex kreisen, drücken und loslassen. Am rechten Reflex wiederholen. Harmonisieren.

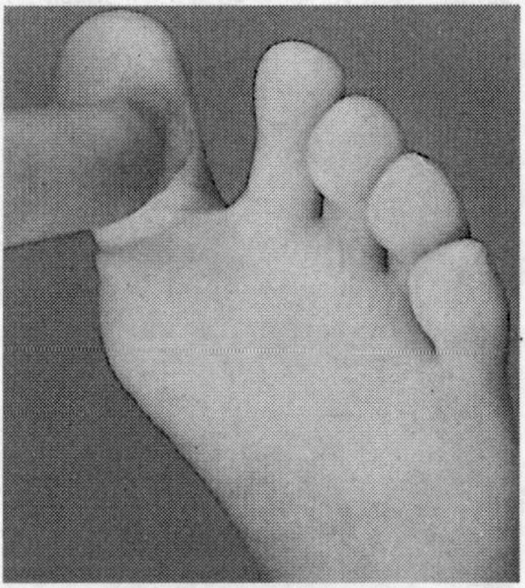

Im »Raupengang« an den kleinen Zehen nach unten gehen und von der kleinen Zehe zur großen Zehe fortschreiten. »Melkend« und heilend massieren. Am rechten Fuß wiederholen. Dies sind die Reflexe von *Nebenhöhlen*, *Zähnen*, *Augen* und *Ohren*.

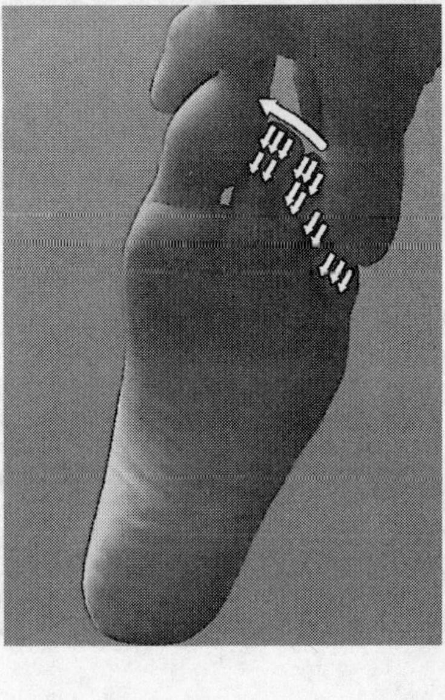

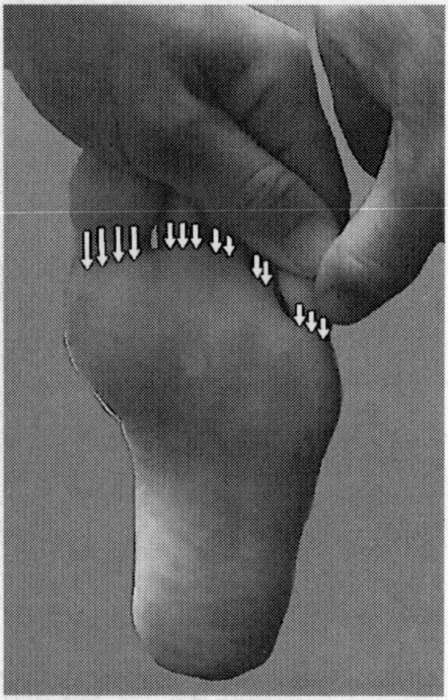

Am Hals der Zehen im »Raupengang« nach unten gehen und sich auf den Hals der großen Zehe konzentrieren. »Melkend« und heilend massieren. Am rechten *Rachen*reflex wiederholen.

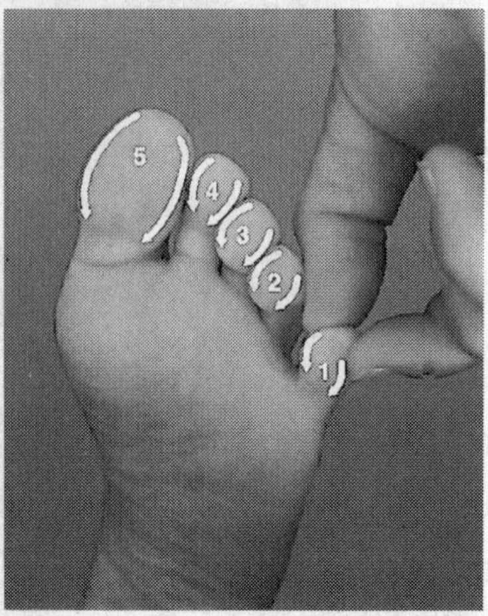

Die Seiten der Zehen zwischen zwei Fingern, nach unten gehend, massieren, um die *Lymphgefäße* zu dränieren.

Obere Lymphgefäße

Im »Raupengang« über die Basis der kleinen Zehen zu der Spalte zwischen großer und zweiter Zehe gehen.

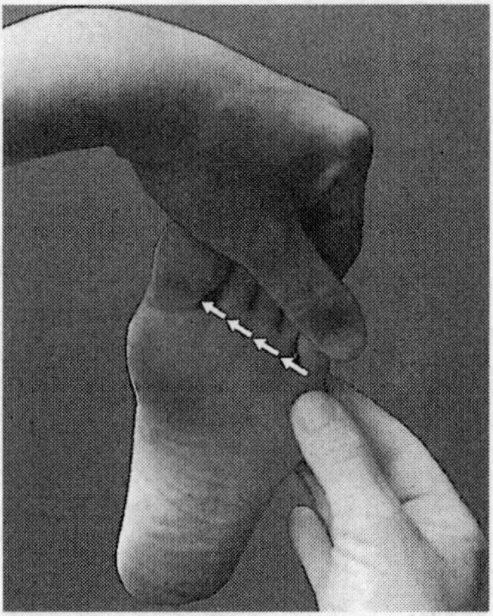

Atem- und Kreislaufsystem

Am Ballen des linken Fußes im »Raupengang« nach unten gehen und anschließend »melkend« behandeln.

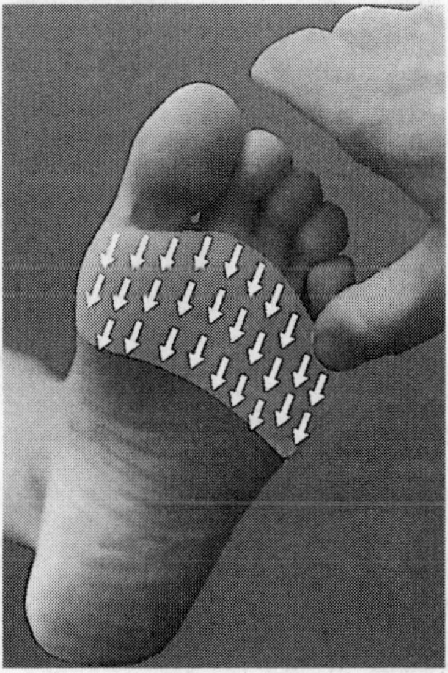

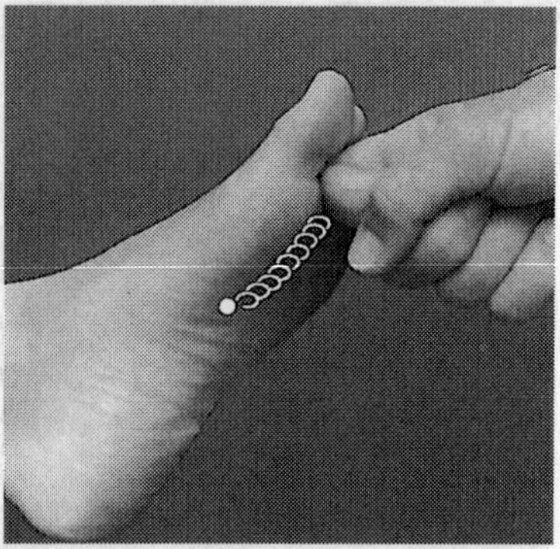

Mit einer Spiralbewegung längs der Falte zum *Sonnengeflecht*reflex gehen.

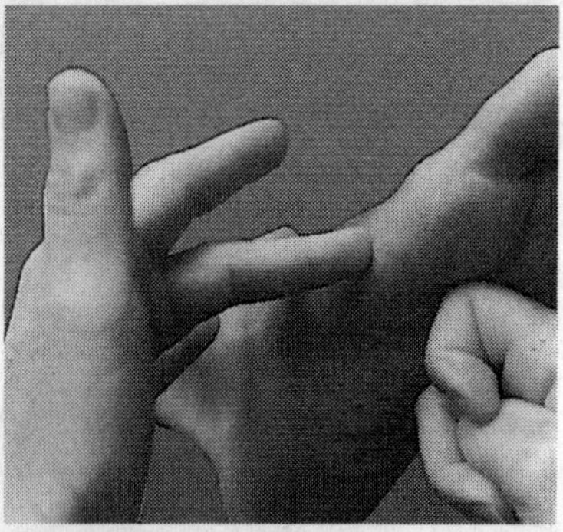

Leicht in den Sonnengeflechtreflex drücken, damit der *Herz*reflex hervortritt. Den *Herz*reflex massieren.

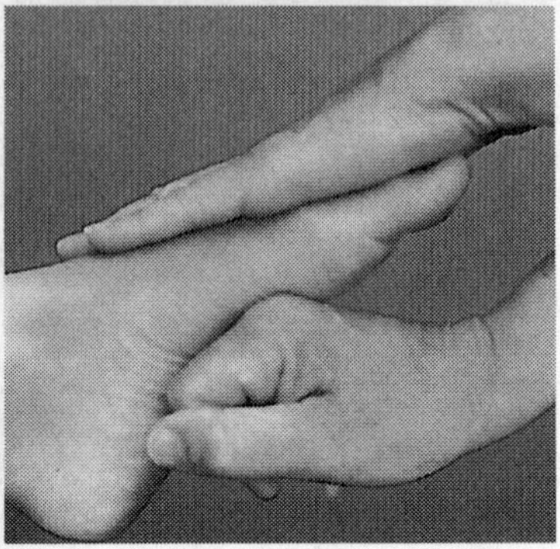

Die rechte Faust unter den linken *Zwerchfell*reflex legen und den Spann des Fußes mehrmals über die Faust nach unten drücken. Den *Zwerchfell*reflex massieren.

Alle vier Schritte am rechten *Brust*reflex wiederholen.

Die Milz

Im »Raupengang« am *Milz*reflex nach unten gehen, »melkend« und heilend behandeln. Nur am linken Fuß.

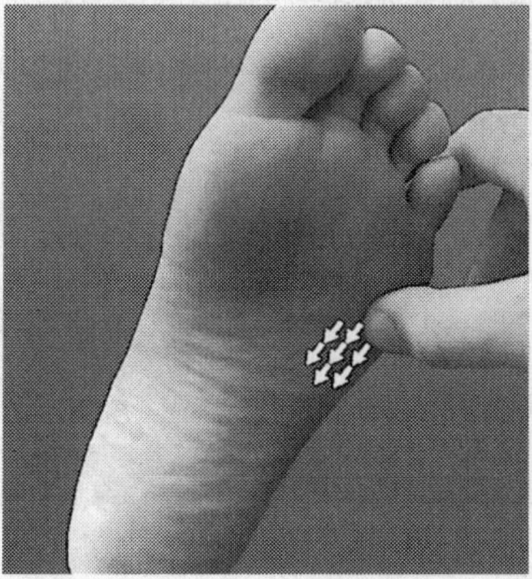

Der Verdauungstrakt

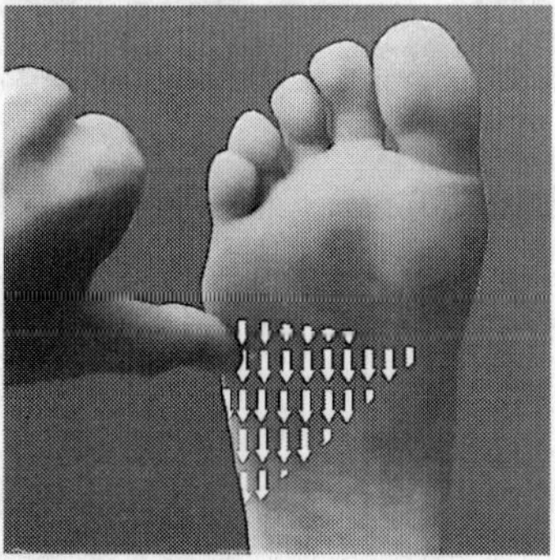

Im »Raupengang« den dreieckigen *Leber*reflex nur am rechten Fuß ausfüllen, anschließend »melkend« und heilend behandeln.

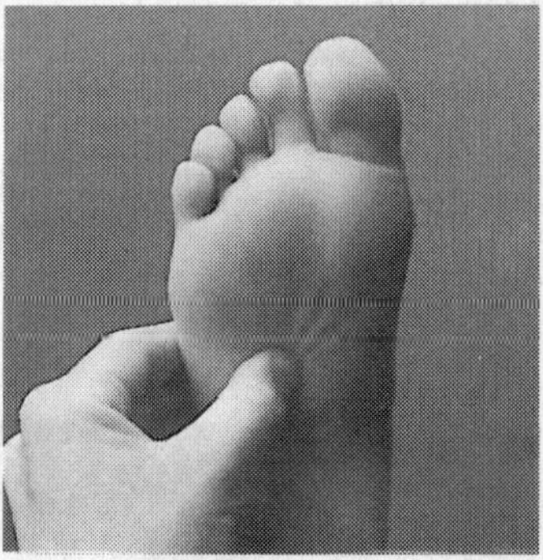

Den G*allenblasen*reflex sanft massieren, drücken und weggehen.

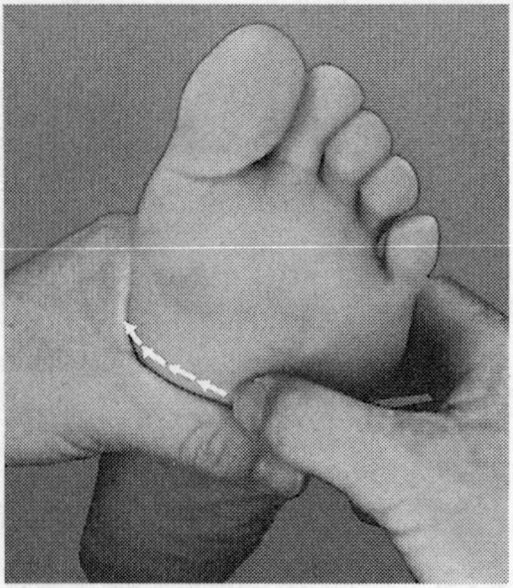

Im »Raupengang« über den linken *Bauchspeicheldrüsen*reflex gehen, »melkend« und heilend behandeln.

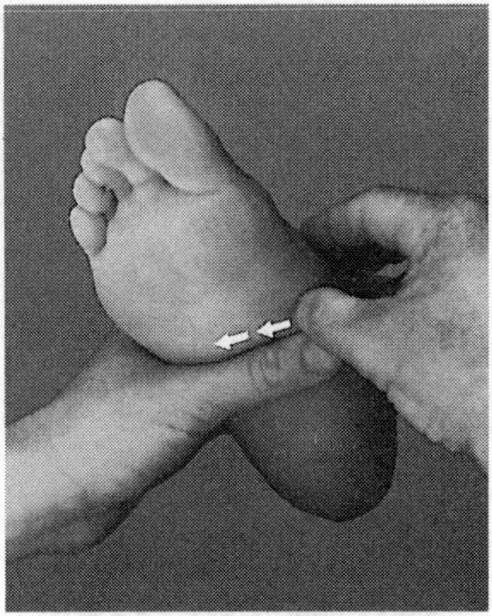

Im »Raupengang« längs des rechten *Bauchspeicheldrüsen*-reflexes von innen nach außen gehen.

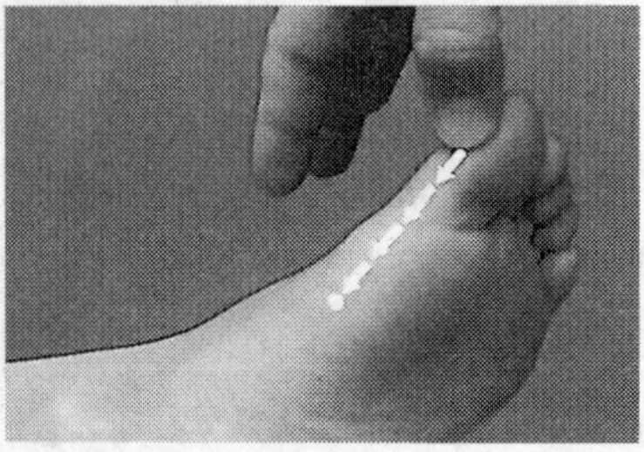

Im »Raupengang« am linken Speiseröhrenreflex zum Reflex des *Ringmuskels des Magenmundes* gehen. Diesen Reflex massieren. Am rechten Fuß wiederholen.

Den linken *Magen*reflex, mit beiden Daumen von einer Seite zur anderen gehend, massieren, so daß der linke Daumen am Ende zum rechten Fuß weist.

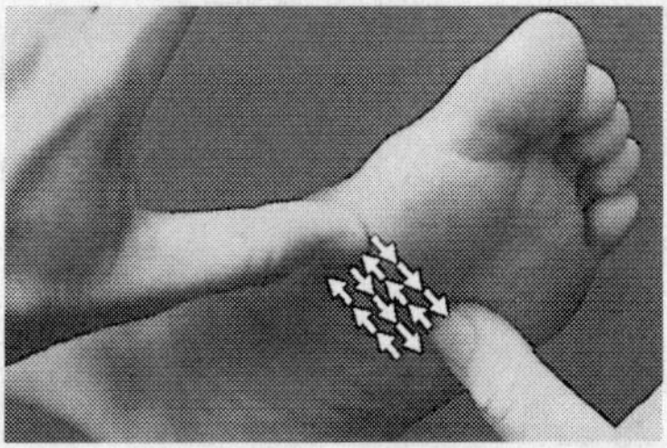

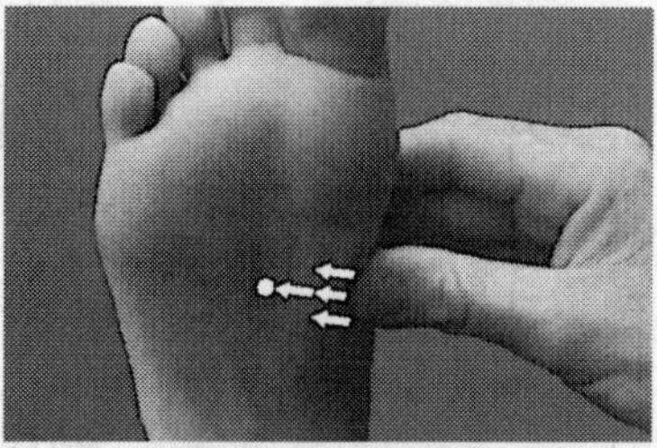

Im »Raupengang« über den rechten Magenreflex von innen nach außen gehen.

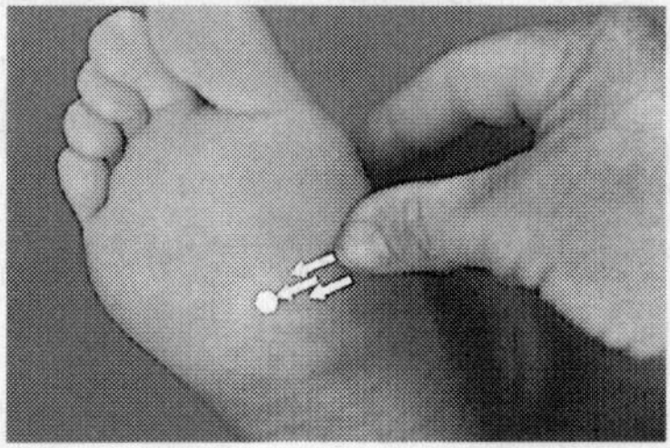

Den Reflex des *Magenpförtners* massieren.

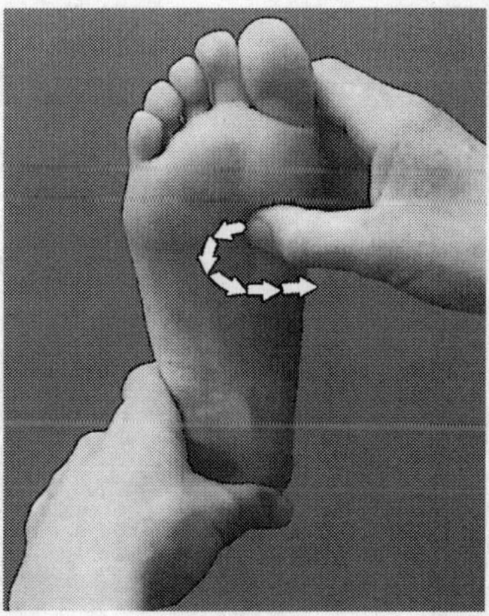

Im »Raupengang« um das »C« des *Zwölffingerdarm*reflexes am rechten Fuß gehen.

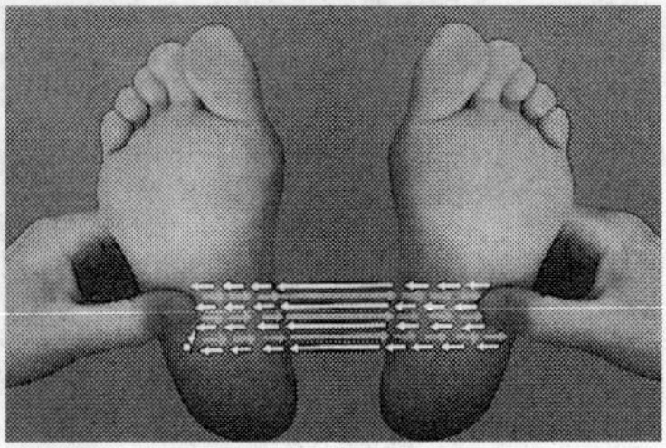

Die Bearbeitung dieses Reflexes am linken Fuß fortsetzen. Im »Raupengang« über den *Dünndarm*reflex von einem Fuß zum anderen gehen.

Den *Ileozökalklappen*reflex massieren. Im »Raupengang« nach oben über den *aufsteigenden Dickdarm* zum *Leber*reflex gehen.

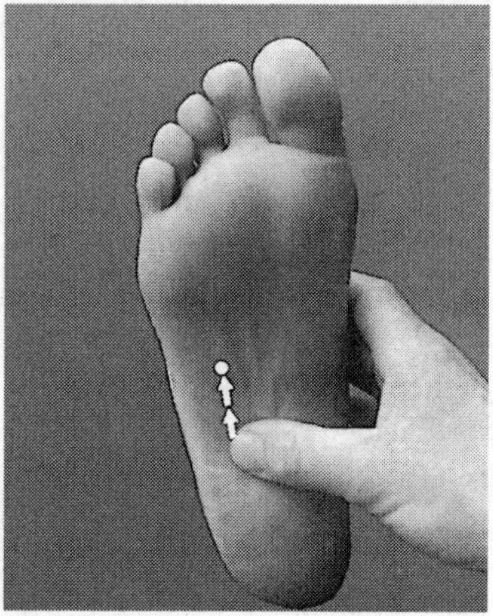

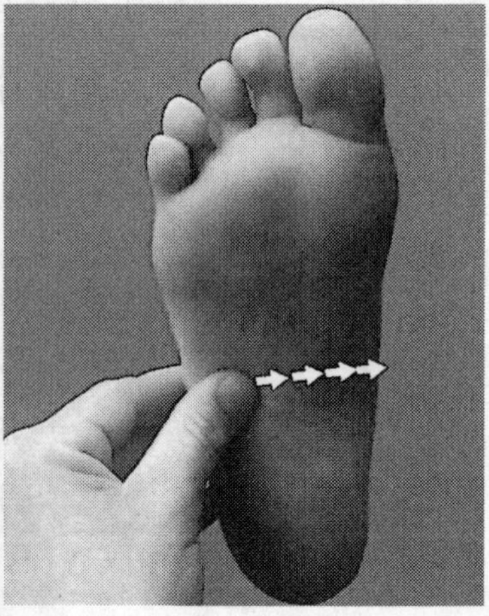

Die *rechte Dickdarmkrümmung* massieren, den Daumen umwenden und im »Raupengang« über den Reflex des *Querdickdarms*, vom rechten zum linken Fuß arbeitend, zur *linken Dickdarmkrümmung* gehen.

Den Reflex der *linken Dickdarmkrümmung* massieren, den Daumen nach unten wenden und im »Raupengang« zum Reflex des *absteigenden Dickdarms* gehen. Den Daumen wiederum wenden und im »Raupengang« über den Reflex der *Sigmaschleife* gehen.

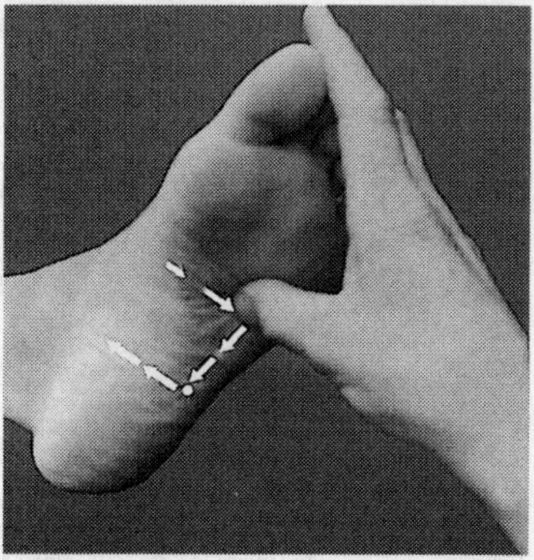

Im »Raupengang« zum *Rektum* gehen und den *Anal*reflex massieren.

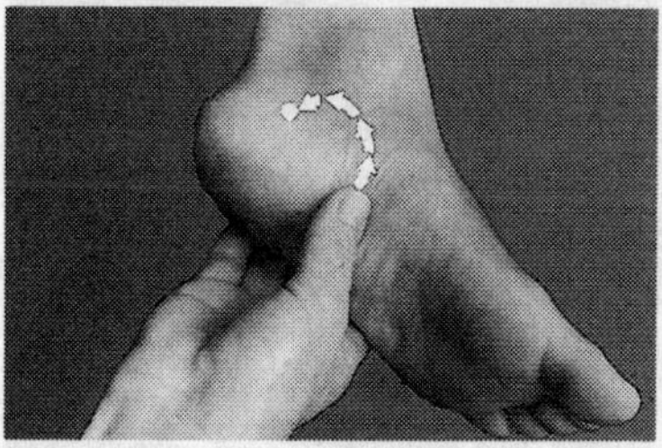

Den gesamten Verdauungskanal »melkend« behandeln, dann beide Fußgewölbe. Abschließend den ganzen Bereich heilend massieren.

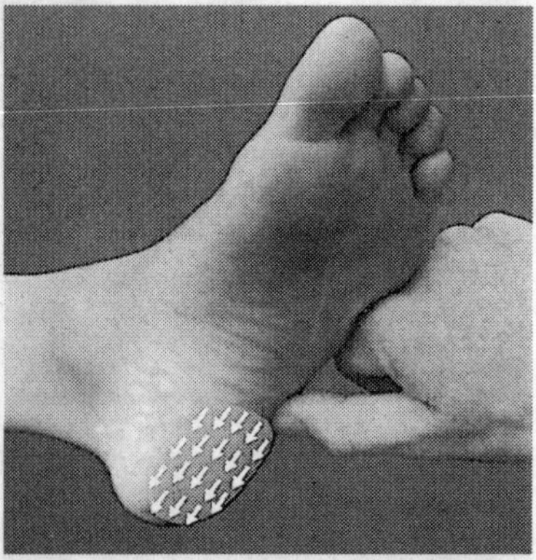

Im »Raupengang« am linken, anschließend am rechten *Becken-* und *Ischias*reflex abwärts gehen, »melkend« und heilend behandeln.

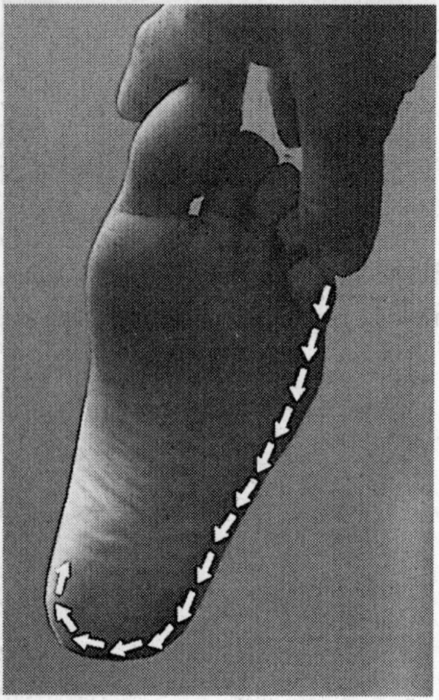

Die Reflexe des *Lymph-»J«* am linken und anschließend am rechten Fuß im »Raupengang« bearbeiten, dann »melkend« und heilend behandeln.

Die Zehenspalten zuerst am linken, dann am rechten Fuß im »Raupengang« und »melkend« bearbeiten.

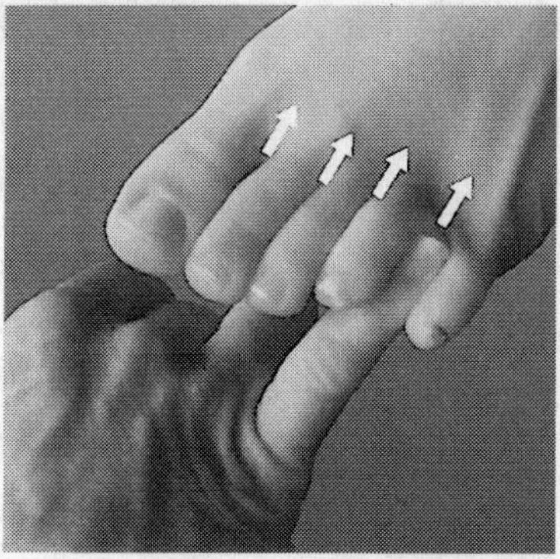

Die Zehennägel zwischen zwei Fingern kneifen, dann im »Raupengang« von den Zehenspitzen zur Sprunggelenkfalte gehen. Mit dem Handballen »melkend« bearbeiten und heilen.
Am rechten Fuß wiederholen.

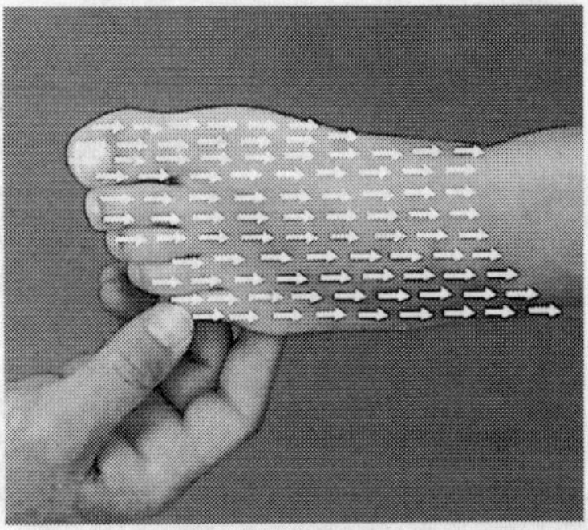

Den Rücken beider Füße mit vier Fingern massieren.

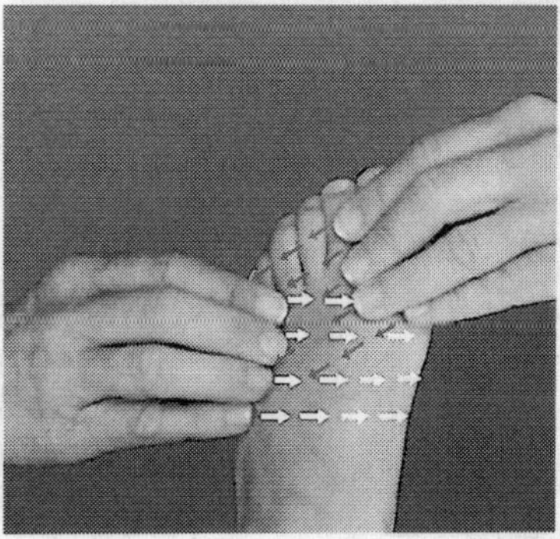

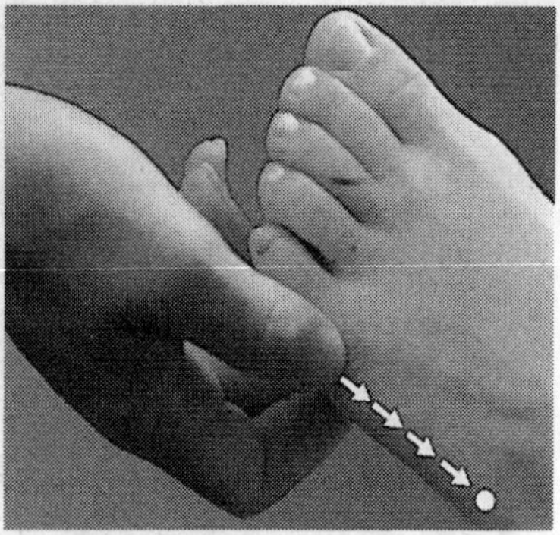

Den Reflex des *Schultergelenks* massieren und anschließend im »Raupengang« zum *Ellbogen*reflex gehen. Am rechten Fuß wiederholen.

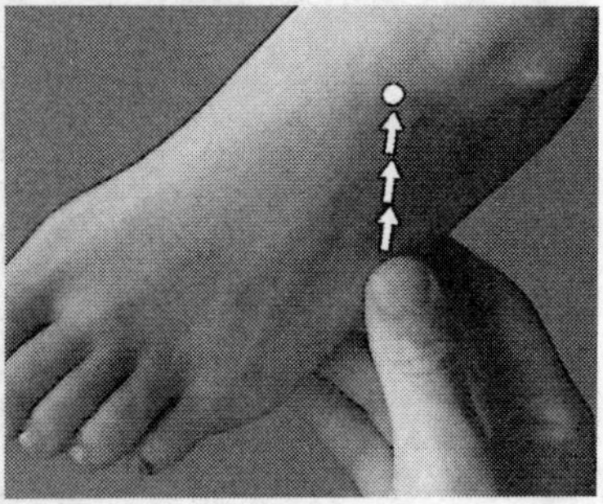

Den *Ellbogen*reflex massieren und anschließend im »Raupengang« zum *Hand*reflex gehen. Am rechten Fuß wiederholen.

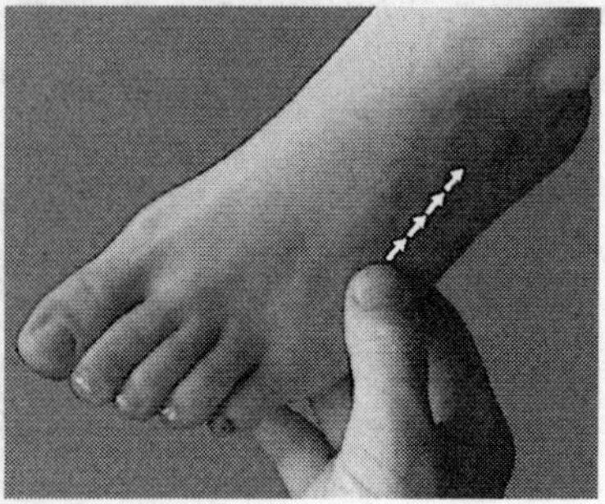

Den *Knie*reflex massieren und anschließend im »Raupengang« zum Reflex des *Hüftgelenks* gehen. Am rechten Fuß wiederholen.

Den linken Außenknöchel im »Raupengang«, dann »melkend« und heilend bearbeiten. An den Reflexen des rechten *Beins* und des *Gesäßes* wiederholen.

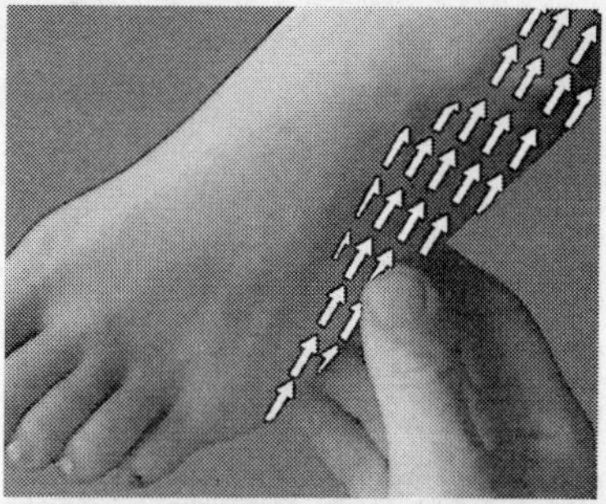

Den Reflex des *Brustraums* zuerst am linken und anschließend am rechten Fuß im »Raupengang«, dann »melkend« und heilend bearbeiten.

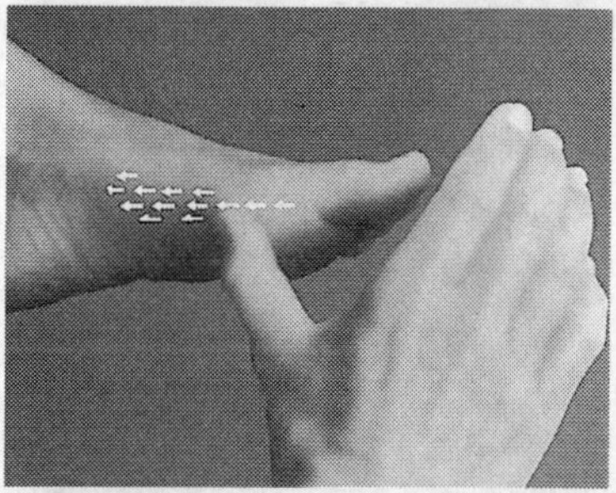

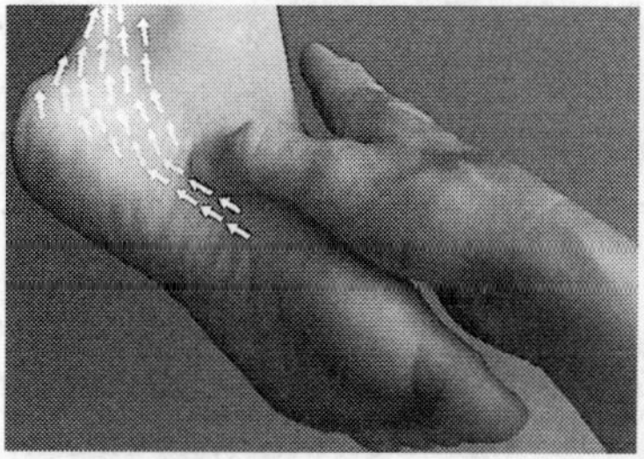

Den linken Innenknöchel im »Raupengang« bearbeiten, dann »melkend« und heilend behandeln und anschließend die rechten Reflexe der *Geschlechtsorgane* und *Beckenorgane*.

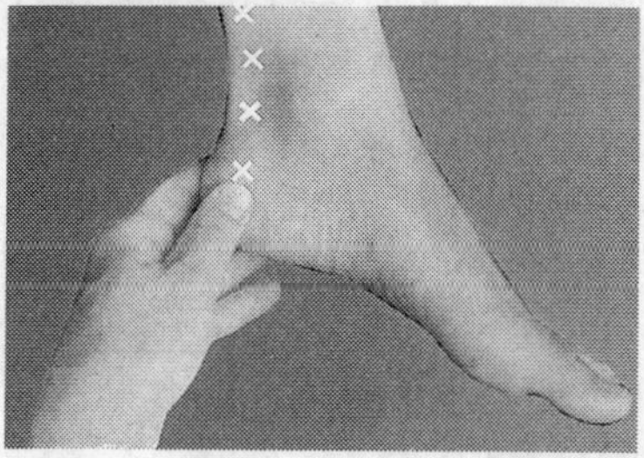

Den linken Fuß anheben und die linke Ferse sanft »kneifen«, dann leicht zusammendrücken. Den rechten Fuß anheben und ebenso verfahren.

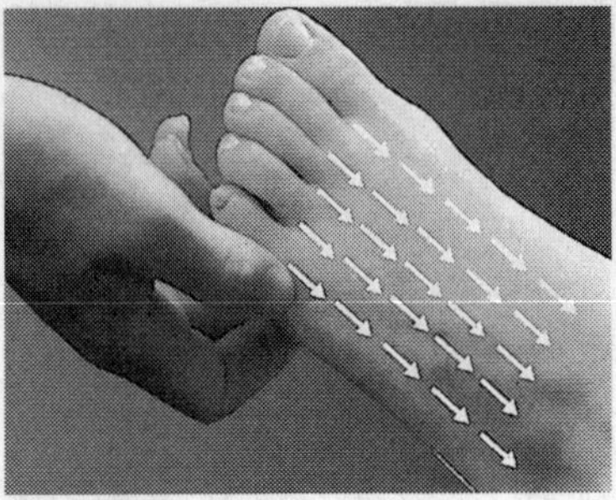

Die fünf linken *Lymphgefäß*streifen massieren und »melkend« bearbeiten, anschließend die rechten.

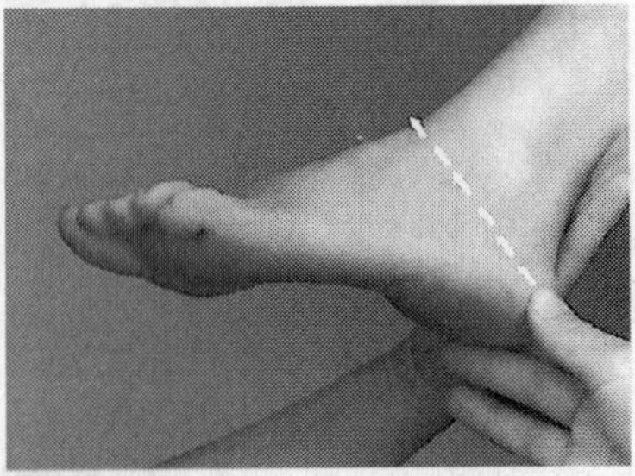

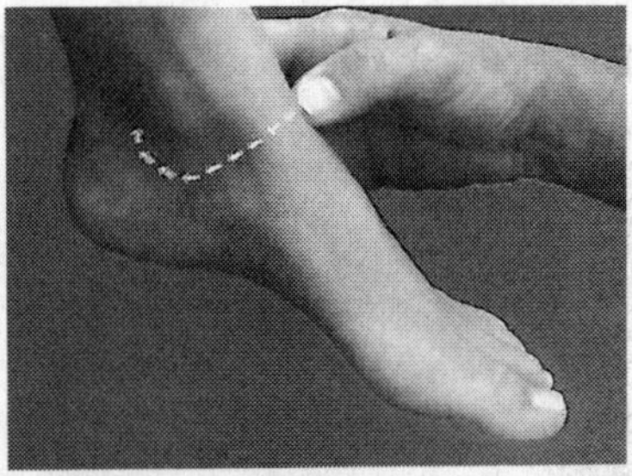

Den linken *Lymph*reflex über die Sprunggelenkfalte und um den Innenknöchel herum im »Raupengang« und »melkend« bearbeiten.

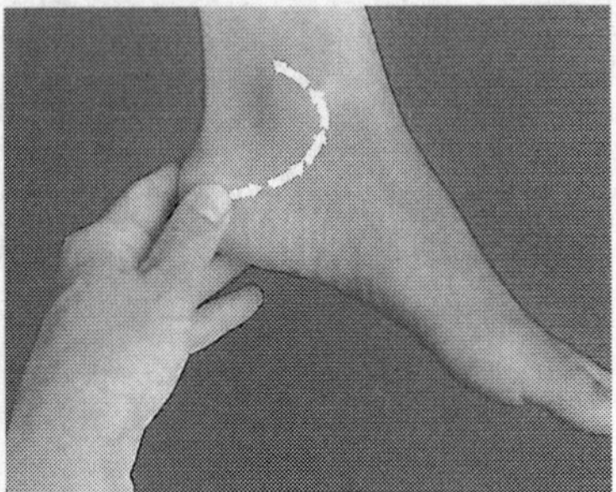

Im »Raupengang« von der Oberkante der linken inneren Ferse zum linken inneren Knöchel gehen. Am rechten Fuß wiederholen.

Im »Raupengang« den äußeren linken Knöchel bearbeiten und »melkend« behandeln, anschließend auf dem rechten *Lymph*reflex wiederholen.

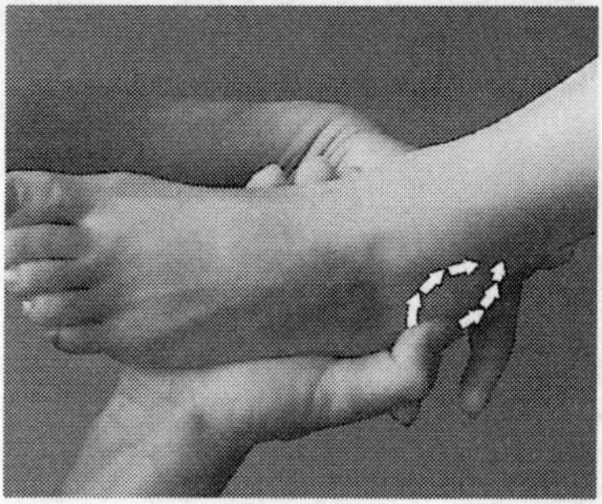

Die harnableitenden Wege

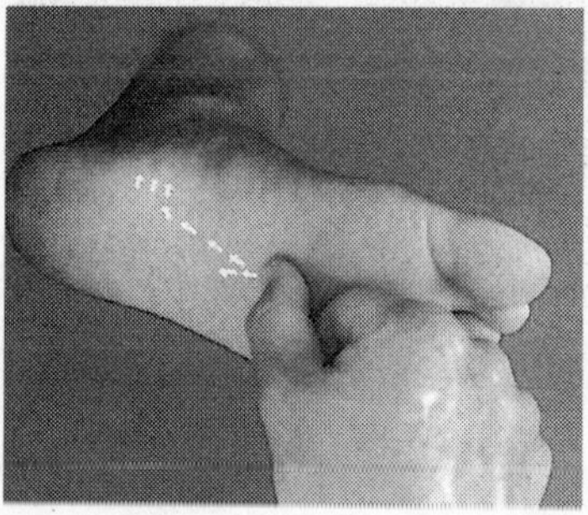

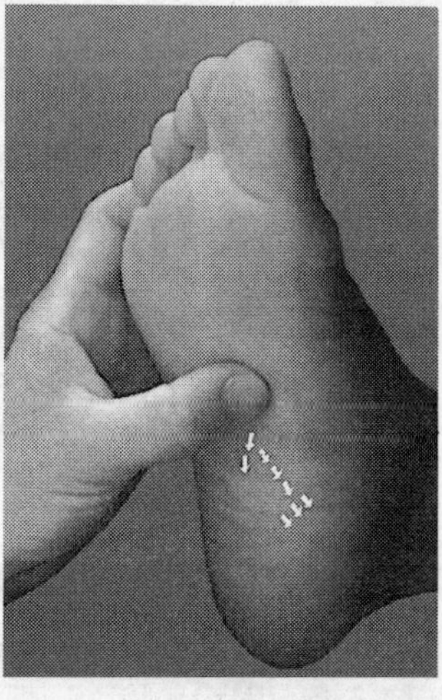

Die Reflexe von *Nieren*, *Harnleiter*, *Blase* und *Harnröhre* zuerst am linken und anschließend am rechten Fuß massieren, dann »melkend« und heilend bearbeiten.

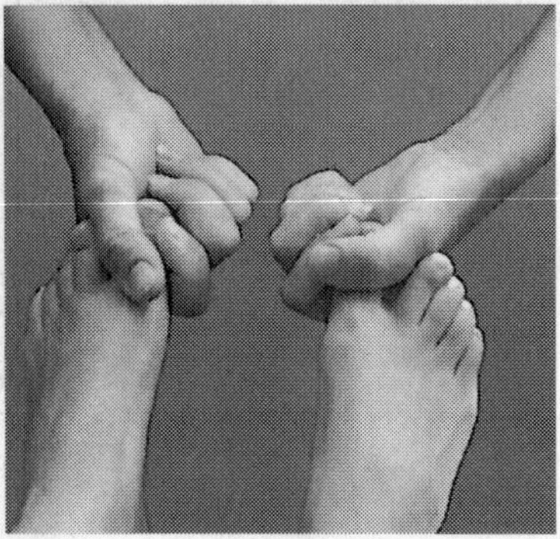

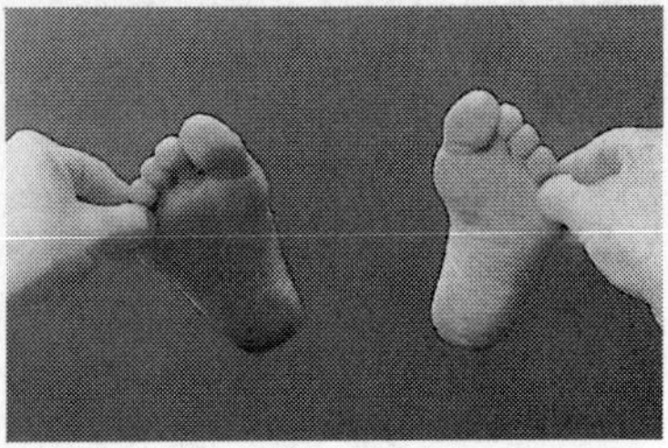

An den Zehen ziehen.

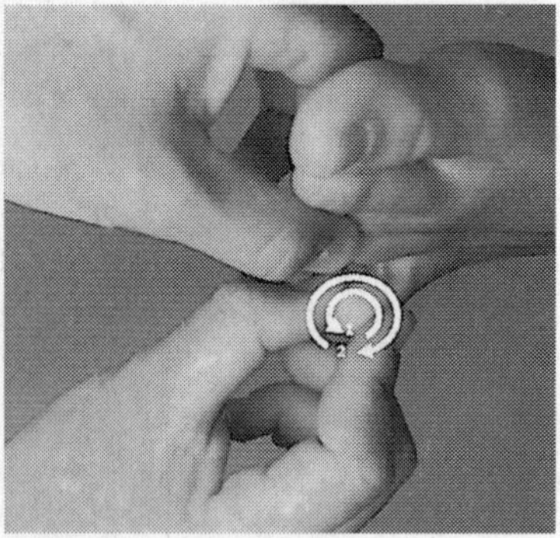

Die Zehen kreisen.

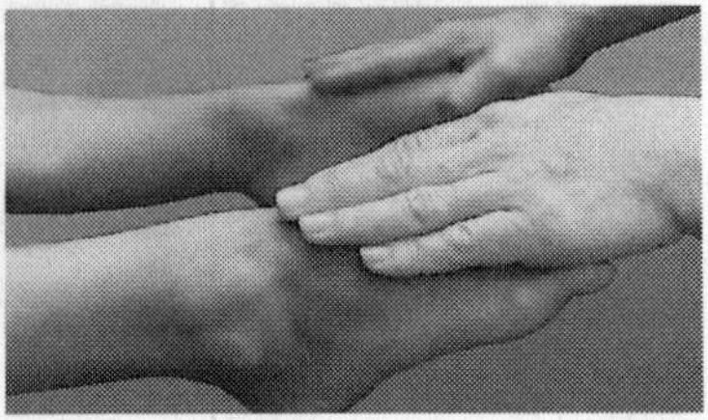

Nach unten und oben dehnen.

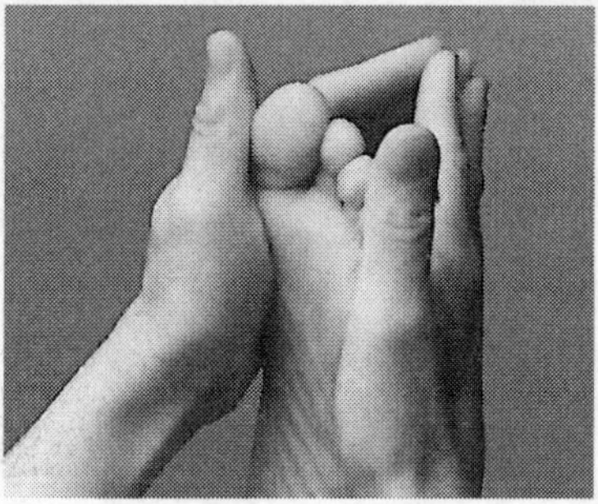

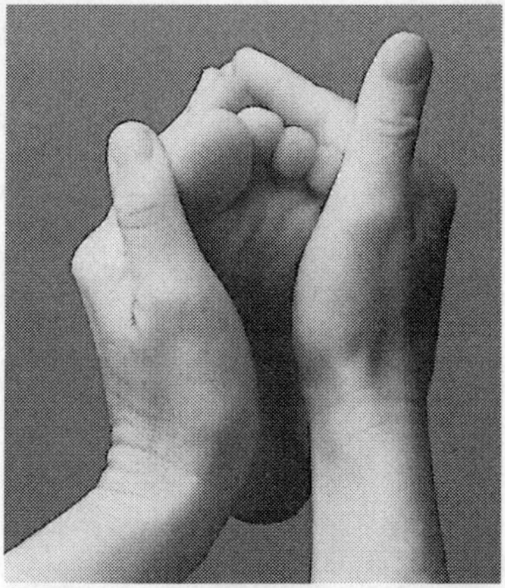

Die Füße hin und her bewegen.

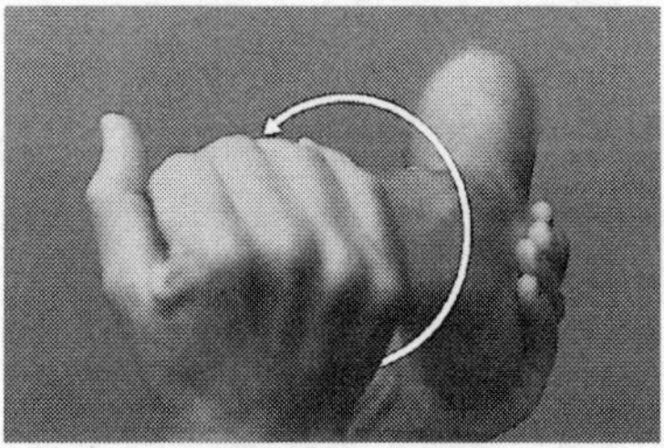

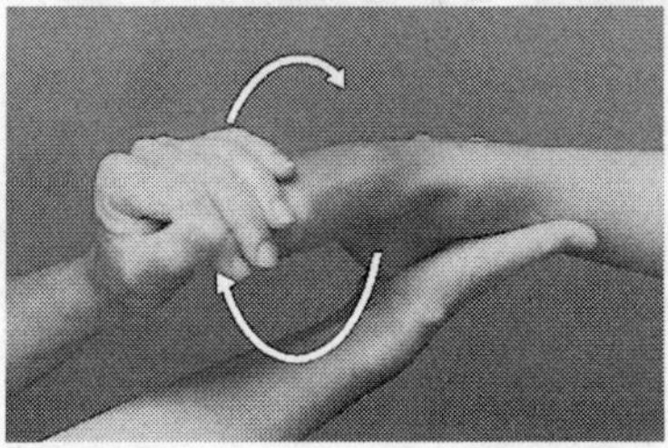

Die Füße kreisen.

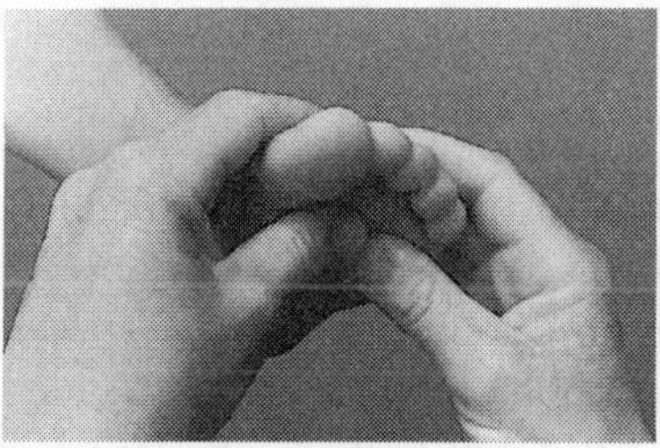

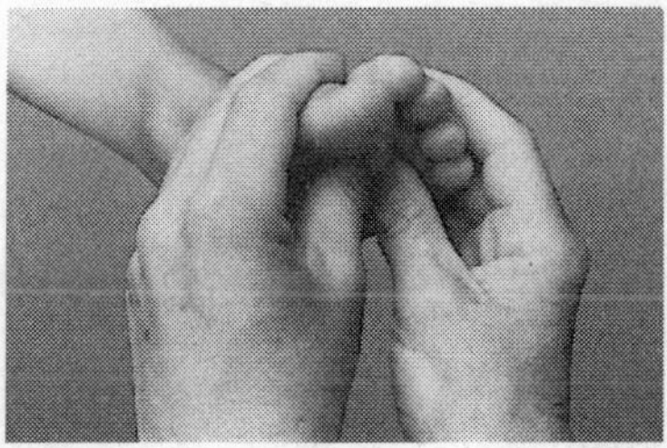

Die Füße öffnen.

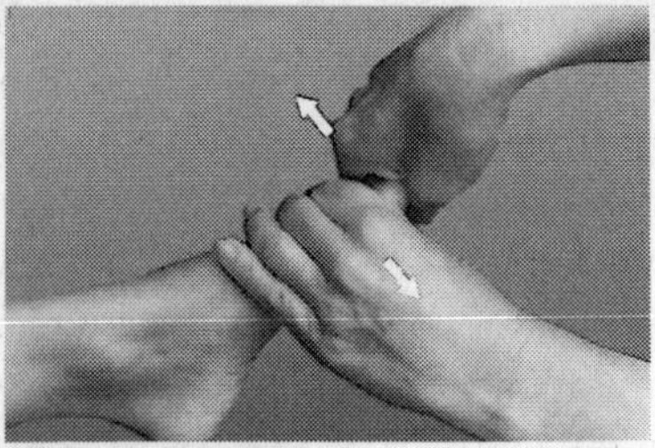

Drehen der Wirbelsäule.

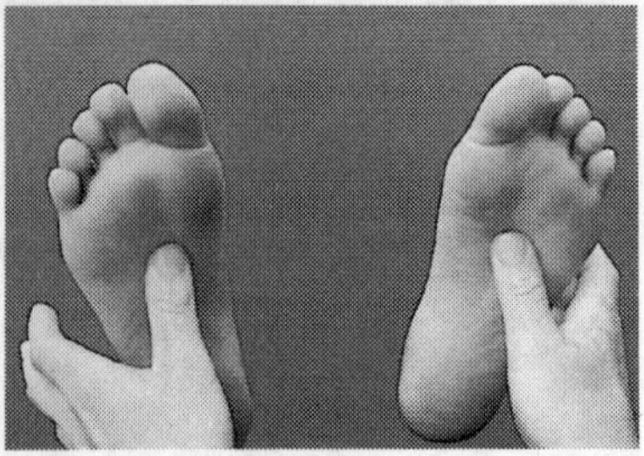

Sonnengeflecht mindestens eine Minute lang halten.

Selbstbehandlung

Selbstbehandlung ist zwar möglich, doch gibt es gewisse Hindernisse. Vor allem ist es schwierig, jene entspannte Haltung einzunehmen, die für den Erfolg der Behandlung so wesentlich ist. Immerhin können bestimmte Beschwerden wie z. B. Kopf- oder Magenschmerzen vorübergehend gelindert werden.

Eine ganz einfache, aber sehr wirksame Therapie ist dadurch möglich, daß man bei jeder Gelegenheit barfuß geht. Besonders wohltuend ist ein Spaziergang ohne Schuhe auf einem Sandstrand oder im Gras am Ufer eines Flusses. Natürlich hat nicht jeder eine solche Idylle vor der Haustür, doch kann man sich auch behelfen. Einige Minuten einen Golfball oder eine Flasche zwischen Fuß und Boden zu bewegen ist besser als überhaupt keine Therapie!

In jedem Fall ist es wichtig, eine entspannte Atmosphäre ohne Streß zu schaffen. Für den einen ist absolute Stille hilfreich, während ein anderer leise, beruhigende Musik bevorzugt. Man kann sich am besten entspannen, wenn es nicht zu heiß und nicht zu kalt ist. Nehmen Sie eine bequeme Haltung ein, und nehmen Sie sich vor der Massage Ihrer Füße Zeit, sich körperlich und geistig zu lockern. Entspannen Sie sich, halten Sie dieses Buch griffbereit, und freuen Sie sich auf die Erleichterung, die Sie sich verschaffen werden.

16 Die ganzheitliche Gesundheitspflege

»Die Herausforderung ist groß.
Der Lohn ist größer.«

Die Reflexzonentherapie ist ein mächtiges Werkzeug für die Schaffung und Erhaltung körperlicher Gesundheit, doch ist sie nur Teil der ganzheitlichen Gesundheitspflege. Die besten Ergebnisse stellen sich ein, wenn man sich mit dem Ganzen – Körper, Seele und Geist, die natürlicherweise eins sind – befaßt, wobei auch andere Therapieformen zu berücksichtigen sind. Je nach den persönlichen Bedürfnissen gehören hierzu Aromatherapie, Shiatsu, Kräuterheilkunde, Akupunktur, Homöopathie und anderes.

Die Reflexzonenarbeit zielt direkt auf die Beseitigung physischer Ungleichgewichte im Körper und indirekt auf die Behebung emotioneller Disharmonien. Es ist klar, daß letzteres vom Empfangenden größere Anstrengung verlangt als vom Gebenden. Die innere Einstellung und ein offener Geist spielen eine wichtige Rolle.

Bei längerer Behandlung entfaltet die Reflexzonentherapie ihre sanfte Wirkung auch auf den emotionellen Bereich, so daß die Seele immer aufnahmefähiger wird. Es fällt dann leichter, negative Gedanken durch positive zu ersetzen und Maßlosigkeit durch Mäßigung.

Die Fülle der positiven Wirkungen der Reflexzonenarbeit, wie sie in diesem Handbuch dargestellt ist, ist außerordentlich, doch erreichen sie erst in einer geeigneten Umgebung ein Höchstmaß. Die Vorzüge der Therapie sind schnell durch einen disharmonischen Lebensstil zunichte gemacht. Oft ist es nötig, liebgewordene Gewohnheiten aufzugeben, sei es im Zusammenhang mit Essen, Trinken, Rauchen, Kleidung usw., damit man einen Gleichgewichtszustand erreicht, in dem ein gesundes und erfülltes Leben möglich ist. Die Verantwortung liegt beim Empfangenden. Die Herausforderung ist groß. Der Lohn ist größer. Brechen Sie auf zu einer neuen Wertschätzung des Lebens.

Das Leben ist kostbar – hüte es.
Das Leben ist eine Herausforderung – bestehe sie.
Das Leben ist eine Anspannung – löse sie.
Das Leben ist ein Versprechen – halte es.
Das Leben ist ein Vergnügen – genieße es.
Das Leben ist rauh – glätte es.
Das Leben ist eine Pflicht – erfülle sie.
Das Leben ist Leben – lebe es.

Anonymus

Literatur

Bierach, Alfred J.: *Reflexzonentherapie. Krankheiten erkennen und selbst behandeln*, Düsseldorf [5]1991.

Dehn, Inge/Maack-Wantzen, Petra: *Therapie der Muskelverspannungen. Gezielte manuelle Lösung durch den Reflexzonen-orientierten Spiraldruck*, Heidelberg 1991.

Dobbs, Barbara/Paratte, Denise/Poletti, Rosette A.: *Reflexzonentherapie für Profis im Gesundheitswesen*, Basel 1989.

Dougans, Inge/Ellis, Suzanne: *Die Kunst der Reflexzonentherapie. Therapeutische Anwendungen unter Einbeziehung des Meridiansystems*, Knaur-Tb. 76037.

Flossdorf, Theo: *Reflexzonenmassage bei 39 verschiedenen Formen von Lumbalgie bzw. Ischialgie*, Uelzen 1986.

Gleditsch, Jochen M.: *Reflexzonen und Somatotopien. Schlüssel zu einer Gesamtschau des Menschen*, Schorndorf 1983.

Helmbold, K.: *Perkutane Regulationstherapie durch Normalisierung gestörter Körperpotentiale und Zellfunktionen über Akupunkturpunkte und Reflexzonen*, Heidelberg 1977.

Ingham, Eunice D.: *Geschichten, die die Füße erzählen können. Reflexzonen-Therapie »Schritte zur besseren Gesundheit«, Bd. 1*, Ergolding [5]1989.

–, *Geschichten, die die Füße erzählt haben. Druckmassage – Reflexzonen-Therapie*, Ergolding [4]1989.

Juhan, Deane: *Körperarbeit. Die Soma-Psyche-Verbindung*, Knaur-Tb. 76004.

Kinadeter, Harald: *Heilung. Dimensionen einer neuen Medizin*, Knaur-Tb. 76003.

Kunz, Kevin/Kunz, Barbara: *Durch die Füße heilen. Anleitungen zur Reflexzonentherapie*, München 1990.

Kuppinger, Ernst: *Tafel zur Fußsohlen-Reflexzonen-Massage. Nach Ingham*, Heidelberg o. J.
Marquardt, Hanne: *Reflexzonenarbeit am Fuß*, Heidelberg 1992.
Rick, Stephanie: *Reflexzonen-Therapie. Techniken für ganzheitliche Gesundheit*, Knaur-Tb. 7841.
Sharamon, Shalila/Baginski, Bodo J.: *Das Chakra-Handbuch. Eine umfassende Anleitung zum Harmonisieren der Energiezentren durch Klänge … Reflexzonen und Meditation*, Altrang [21]1992.
Silva, Kim da: *Gesundheit in unseren Händen. Mudras – die Kommunikation mit unserer Lebenskraft durch Anregung der Finger-Reflexzonen*, hrsg. v. Gillessen, Wolfgang, Knaur-Tb. 76019.
Wagner, Franz: *Reflexzonen-Massage leicht gemacht. Durch die Harmonisierung der Lebenskräfte zu Wohlbefinden und Gesundheit*, München [4]1993.
Zimmermann, Ingrid: *Reflexzonen: Massage in der Pflege. Eine Lehrtafel*, Dorsten 1991.

Adressen

Wenn Sie eine(n) Heilpraktiker(in) suchen, um Fußreflexzonenmassage zu empfangen, können Sie sich an einen der nachfolgend aufgeführten Heilpraktikerverbände wenden. Sie erfahren dann, welche Therapeuten in Ihrer Nähe für Sie in Frage kommen:

Interessengemeinschaft Deutscher
Heilpraktikerverbände e. V.
Kölner Straße 369
40227 Düsseldorf
Tel. 02 11/72 57 77

Verband Deutscher Heilpraktiker e. V.
Ernst-Grote-Straße 13
30916 Isernhagen
Tel. 05 11/6 18 28-9

Therapeut(inn)en, die sich zusätzlich in der Fußreflexzonentherapie schulen lassen möchten, können sich an folgende Adresse wenden (es werden keine »Laien« ausgebildet):

Lehrstätte für Reflexzonentherapie am Fuß
Hanne Marquardt
Professor-Domagk-Weg 15
78126 Königsfeld-Burgberg
Tel. 0 77 25/71 17

Hier können Sie auch ein Adreßverzeichnis mit allen von Frau Marquardt ausgebildeten Therapeut(inn)en erhalten (Gebühr DM 8,- plus Porto).

Auskunft über die Internationale Gesellschaft für Reflexologie erhalten Sie bei:

Andrea Schippers
Thüringer Straße 2
37213 Witzenhausen
Tel.: 0 55 42/7 14 63

Bitte legen Sie Ihrem Schreiben einen ausreichend frankierten und adressierten Briefumschlag bei.